金融手册系列丛书

HANDBOOK
OF FINANCE

[美] 弗兰克·J. 法博齐 主编
(Frank J.Fabozzi)

投资组合管理策略

PORTFOLIO MANAGEMENT STRATEGY

中信出版集团 | 北京

图书在版编目（CIP）数据

投资组合管理策略 / (美) 弗兰克 · J. 法博齐主编；
传神译. -- 北京：中信出版社，2020.10
书名原文：HANDBOOK OF FINANCE VOLUME Ⅱ：
Investment Management and Financial Management
ISBN 978-7-5217-2176-8

Ⅰ. ①投… Ⅱ. ①弗… ②传… Ⅲ. ①投资管理
Ⅳ. ①F830.593

中国版本图书馆CIP数据核字(2020)第172858号

投资组合管理策略

主　　编：［美］弗兰克 · J. 法博齐
译　　者：传　神
出版发行：中信出版集团股份有限公司
（北京市朝阳区惠新东街甲4号富盛大厦2座　邮编　100029）
承 印 者：天津市仁浩印刷有限公司

开　　本：787mm × 1092mm　1/16　　印　　张：21.5　　字　　数：350千字
版　　次：2020年10月第1版　　印　　次：2020年10月第1次印刷
京权图字：01-2009-5999
书　　号：ISBN 978-7-5217-2176-8
定　　价：78.00元

序

过去20多年里，金融方面各类优秀的参考书数不胜数，摆满了金融专家们的书桌。在企业财务管理、金融工具、投资策略、结构性融资、资本预算、衍生品等方面，各类参考书应有尽有，书单还可以继续列出长长的一串。但是，要想真正认识全球金融市场，我们就需要透彻地理解财务决策的制定者们（包括公司财务主管、首席财务官、投资经理、交易员以及证券分析师等）是如何做出财务决策的，他们在这个过程中又运用了哪些金融工具。从这个方面看，我们不难把握本套丛书的写作意图。

金融，就是运用经济学的各项原则和理念来制定经济决策，解决财务问题。金融可分为三大领域：金融市场和金融工具，财务管理，投资管理。

从金融市场和金融工具的角度而言，金融具体是指金融市场在经济中的作用、金融市场的组织结构、市场效率、金融市场的各类参与者（例如，政府、监管部门、银行类金融机构、投资银行和证券公司，以及其他机构投资者和散户投资者等）。此外，影响资产价格和利率的各种因素也包括在内。

财务管理，有时也称企业金融，是一个专业的金融领域，主要是指一个经济体内部的财务决策活动，包括多种具体决策行为。尽管有时也将财务管理称为公司金融，但财务管理的原则通常应用于市政和非营利机构的管理活动中。我们可以将财务管理决策分为两类：投资决策和财务决策。投资决策是指资金的运用，包括购买、持有或者出售各类资产等。通常，购买的资产要么属于运营资本，如存货、应收账款，要么属于长期资产。与前者相关的决策行为可以称为运营资本决策，而与后者相关的决策行为则称为资本预算决策。财务决策是指企业取得资金用于投资获益，并为日常经营提供资金支持。这通常也涉及公司对资本结构的选择，即公司如何分配权益资本和债务资本来为公司运作提供支持，而这也就是人们所称的资本构成决策。财务决策的内涵不止于此，公司收益的留存比例如何划定，公司股利分配额度如何确认，都属于财务决策的内容。其中，后一项财务决策也称股利决策。无论是投资决策还是财务决策，都取决于两项因素：预期收益和风险。预期收益是指潜在收益与潜在成本的差额。风险是指与预期收益紧密相关的不确定性。

投资管理是金融的另一块领域，主要侧重于为机构投资者和个人进行资产组合管理。投资管理也称资产管理，主要工作包括：与客户一起制定投资目标，并为此做出投资决策，选择与投资目标和投资决策一致的投资策略，根据投资策略，建构包括各类资产在内的投资组合。投资管理的第一步，就是要决定在各大类资产（如股票、债券、房地产、另类投资等）之间如何进行资金分配。这项决策也称资产配置决策，要求投资者对特定资产的预期收益和相关风险有全面透彻的认识。由此我们可以看出，对预期收益和风险的全面认识有多么重要。投资策略可分为积极（主动）和消极（被动）两类，具体采用哪一类，要根据客户对目标资产市场效率（如获取超额收益的难度）的判断来确定。进入建构资产组合这个阶段，为实现建构最优的投资组合，需要在投资策略中的各项限制范围内，按照客户的投资目标，针对可能纳入资产组合的各项具体单项资产，进行预期收益和风险的评估。

这 3 个领域的具体实施，还涉及其他领域的金融理论和分析工具。例如，资产定价理论和利率决定理论就是从经济学的其他理论衍生出来的。实际上，许多学院派人士都把金融称为金融经济学。有的投资管理策略要用到心理学的理论概念，由此衍生出行为金融学这一全新的专业领域。金融市场高度复杂的特点，要求金融从业人员充分利用统计学和计量经济学的知识分析资产价格和收益的波动，并采取有效的风险管理措施。在融资管理和投资管理中都得到普遍应用的金融风险管理，也要用到这些工具。同样利用这些工具，投资经理建构投资模型测试各类投资决策，并将投资模型运用到对衍生品这类复杂的金融工具进行估值（定价）的过程中。运筹学和管理学的数学模型十分复杂，可以帮助投资经理和财务经理做出最优的资产配置决策，在建构资产组合和选择资本项目等业务中起到了重要作用。仿真模型是运筹学的工具之一，在公司的多项业务活动和投资决策中，公司经理将这一模型发扬光大。金融工程学有时也称金融数学，是金融学中一个相对较新的领域，主要利用统计和数学工具，来研究解决金融和风险管理领域的问题。

这套多卷式的参考丛书对金融的各领域进行了简要概括，有助于读者认识“金融”这个大概念下的各个主要问题。市面上也有对金融特定领域进行介绍的参考书，本套丛书希望不仅能够涵盖上述各个领域，还能作为金融专家以及经济学专业学生的参考资料。

本套丛书不仅涵盖了金融学的成熟内容，还囊括了金融领域的经典理论和鲜活实践。各章节不仅有业界和学界的全球知名专家的贡献，还具有下列独到的特点：

- 本套丛书由全球 190 多名专家合作编写而成。在不断演进的金融学领域，这种广泛的人才汇聚所形成的合力，是本套丛书能够涵盖金融学全部的成熟理论和新兴理论、包含各类金融工具和金融应用的原因所在。

- 本套丛书既关注金融领域的技术研究，也重视金融领域的管理实践。对于研究人员、教育工作者、学生以及实际操作者来说，这种思路一方面有利于他们更均衡全面地增强对金融各专题的认识，另一方面也为他们处理金融领域各类问题提供了所需的背景知识。

- 本套丛书提供了大量范例和图表数据，对复杂的专题进行了详细说明，有利于读者的进一步学习。

CONTENTS

目 录

第一篇　概览

第 1 章　投资组合选择

本章中，我们将介绍马科维茨在 1952 年提出的投资组合选择理论。该理论也被称为“均值 – 方差投资组合分析”或者“均值 – 方差分析”。

基础概念

投资组合理论吸纳了来自两个领域的概念：一为金融经济理论，二为概率学和统计学理论。本部分将介绍投资组合理论中所运用的金融经济理论概念。尽管这里提到的许多概念有更加专业或严格的定义，但我们的目的是让解说简单明了，便于读者领会这些概念在现代投资组合理论的发展过程中所起的重要作用。

效用函数与无差异曲线

在生活中许多情况下，实体（个人或公司）会面对两种或两种以上的选择。经济学中的“选择理论”采用由冯·诺依曼和摩根斯坦在 1944 年提出的效用函数，描述实体面对多种选择时做出决定的方法。效用函数为实体所面临的所有可能的选择赋予一个数值，一个特定选择的数值越高，则实体从中获益越大。在实体面临的一系列限制（如预算）条件下，能产生最大效用的选项则被选中。

在投资组合理论中，实体也面临多种选择。不同的投资组合具有不同水平的预期收益和风险。同样，预期收益水平越高，风险也越大。实体要从所有可能的风险/收益组合中选出一个投资组合：收益是积极成分，能提高效用；风险则是消极成分，会使效用降低。因此，实体从不同的风险/收益组合中获得不同的效用水平。所有的效用都会在效用函数中得到体现。简单来说，效用函数体现实体对风险和预期收益组合的偏好。

效用函数可用一组无差异曲线表示，如图 1.1 所示，3 条无差异曲线为 U_1、U_2 和 U_3。按惯例，横轴表示风险，纵轴表示预期收益。每条曲线代表一个包含不同风险和预期收益的投资组合。无差异曲线上所有的点表示对于既定投资者来说具有同等效用的风险和预期收益的组合。比如，在效用曲线 U_1 上，有 U 和 U' 两个点，点 U 比点 U' 对应的预期收益更高，但风险也更高。由于这两个点位于同一条无差异曲线上，投资者对于这两个点的投资组合不存在任何偏好（或不认为有什么差异），或者说对于该曲线上的所有点都不存在偏好。无差异曲线的（正）斜率表明，为了维持同等效用水平，投资者要求预期收益随风险增大而增大。

如图 1.1 所示，离横轴越远的无差异曲线对应效用越高，因为在同一风险水平下，该曲线的收益水平更高。因此，这 3 条无差异曲线中，U_3 效用最高，U_1 最低。

有效投资组合与最优投资组合

所谓有效投资组合，是指在确定的风险水平下具有最高期望回报率的投资组合。要组建有效投资组合，就必须对投资者的投资决策行为进行假设。一个合理的假设是，投资者厌恶风险。一个厌恶风险的

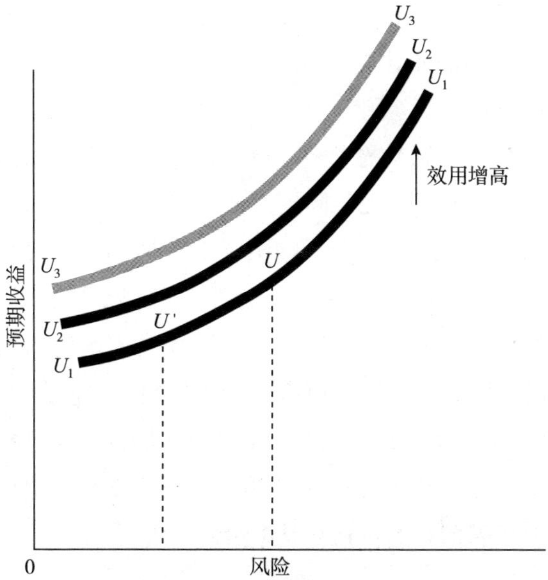

图 1.1　无差异曲线

投资者在面临两个具有同等预期收益的投资选择时，会倾向于风险较低的选择。

在选择投资组合时，投资者在可承受的风险范围内，会寻求预期收益最大化。换种说法，在目标预期收益确定的情况下，投资者会寻求风险最小化。在多个有效投资组合中，最优投资组合是投资者最倾向的选择。

风险资产与无风险资产

风险资产是指未来回报率不确定的资产。例如，一个投资者在今天购买辉瑞公司的股票，打算持有一段时间，但并不知道最后会得到多少回报。这种回报取决于辉瑞股票在出售时的价格以及辉瑞在投资者持有期间支付的股息。因此，辉瑞股票乃至所有公司的股票都是一种风险资产。

由美国政府发行的证券同样具有风险。例如，一个投资者购买

30 年期美国国债，在仅持有 1 年后，就不能确定到底会有多少回报，因为这 1 年中利率的变化将影响来年的债券价格，进而影响来年的回报。

然而，还有一种资产的未来回报率在今天是可以确定的，这种资产即被称为无风险资产。无风险资产通常被定义为美国政府发行的短期债券。例如，如果一位投资者购买了 1 年期国债，打算持有 1 年，那么回报率是完全确定的。（注：此处的“回报率”指的是名义回报率。真实回报率则根据通货膨胀调整，因此是不确定的。）投资者知道在 1 年后的债券到期日，政府将以特定数额收回债券。虽然 1 年期和 30 年期债券都是美国政府发行的，前者因为 1 年到期，因此回报率确定。相反，虽然知道政府将在 30 年后收回 30 年期债券，但投资者并不知道 1 年后债券的价格将是多少。

度量投资组合的预期收益

现在，我们可以定义风险资产和风险资产投资组合的实际收益和预期收益。

度量单周期投资组合的收益

资产投资组合在特定时间段内的实际收益可直接通过以下公式计算：

$$R_p = w_1R_1 + w_2R_2 + \cdots\cdots + w_GR_G \tag{1.1}$$

其中：

R_p = 投资组合在该时间段的收益率；

R_g = 资产 g 在该时间段的收益率；

W_g = 资产 g 在投资组合中的比重（即资产 g 的市值与整个投资组合的市值之比）；

G = 投资组合的资产数量。

公式（1.1）可以简化为：

$$R_p = \sum_{g=1}^{G} w_g R_g \qquad (1.2)$$

如公式（1.2）所示，G 资产的投资组合收益率（R_P）等于各资产在投资组合中的比重乘以各自的收益率。投资组合的收益率（R_P）有时被称为持有期收益率或事后收益率。

例如，假设一投资组合包含以下 3 项资产：

资产	持有期之初的市场价值	持有期收益率
1	600 万美元	12%
2	800 万美元	10%
3	1 100 万美元	5%

该投资组合的总市值在持有期之初为 2 500 万美元，因此：

W_1 = \$ 600/ \$ 2 500 = 0.24，即 24%，另 R_1 = 12%

W_2 = \$ 800/ \$ 2 500 = 0.32，即 32%，另 R_2 = 10%

W_3 = \$ 1 100/ \$ 2 500 = 0.44，即 44%，另 R_3 = 5%

注意，各资产比重之和等于 1。套入公式（1.1），我们得到，持有期投资组合收益率为：

$R_p = 0.24 \times 12\% + 0.32 \times 10\% + 0.44 \times 5\% = 8.28\%$

由于投资组合的持有期收益率是 8.28%，因此，在持有期内，投资组合的价值增长为：\$ 25 000 000 × 8.28% = \$ 2 070 000。

风险资产投资组合的预期收益

公式（1.1）展示了如何计算投资组合在特定时期内的实际收益。在投资组合管理中，投资者还期望知道风险资产投资组合的预期（或预估）收益。投资组合的预期收益是组合中各项资产预期收益的加权平均值。分配给各项资产预期收益的权重为该项资产市值占投资组合总市值的百分比，公式如下：

$$E(R_p) = w_1E(R_1) + w_2E(R_2) + \cdots\cdots + w_GE(R_G) \qquad (1.3)$$

E（ ）表示预期，E（R_p）有时被称为事先收益，即投资组合在特定时期内的预期收益。

风险资产 i 的预期收益 E（R_i）计算如下。首先，需指定能够实现的收益率的概率分布情况。概率分布是一个函数，该函数对随机变量所有可能产生的结果的概率进行分配。在概率分布中，随机变量的预期值为所有可能结果的加权平均值。

在我们的案例中，随机变量是资产 i 的不确定收益。在指定可能的收益率的概率分布之后，资产 i 的预期收益率由所有可能结果的加权平均值来衡量。最后，我们用"预期收益"来简洁表达，而不用"某资产收益的预期价值"这个说法。在数学计算中，资产 i 的预期收益为：

$$E(R_i) = p_1R_1 + p_2R_2 + \cdots\cdots + p_NR_N \qquad (1.4)$$

其中：

R_n = 资产 i 的第 n 个可能收益率；

P_n = 资产 i 实现第 n 个收益率的概率；

N = 可能收益率的个数。

我们如何才能列举某项资产的收益概率分布情况呢？我们将在本章后面看到，在大多数情况下，收益的概率分布是基于历史收益的。根据某项不确定投资行为的过去表现，分配给各项收益结果的概率是评估概率分布的很好参照。不过，为了更清晰地说明，我们假定，某位投资者正在考虑投资股票 XYZ，该股票在某时期内有 5 种可能的收益率，各收益率概率分布情况如表 1.1 所示。

表 1.1 股票 XYZ 收益率的概率分布

n	收益率	发生概率
1	12%	0.18
2	10%	0.24

续表

n	收益率	发生概率
3	8%	0.29
4	4%	0.16
5	-4%	0.13
总计		1.00

代入公式（1.4），我们得到：

$$E(R_{XYZ}) = 0.18 \times 12\% + 0.24 \times 10\% + 0.29 \times 8\% + 0.16 \times 4\% + 0.13 \times (-4\%) = 7\%$$

因此，股票XYZ的预期收益率为7%。

度量投资组合的风险

在词典中，对风险的定义为：危险，冒险，遭受损失或伤害的可能性。在投资中，投资者对风险有许多定义。马科维茨（1952，1959）利用著名的方差及协方差统计方法对风险进行了量化定义。他将投资组合的风险定义为，各项投资的方差和投资间的协方差之和。在投资组合中引入各项投资收益间的协方差来度量投资组合风险，这一想法永久地改变了投资界对风险概念的看法。

风险度量：方差与标准差

随机变量的方差是指可能的结果相对于预期值（均值）的偏离。对于资产收益来说，方差是指可能的收益率相对于预期收益率的偏离。

资产i的预期收益的方差可表示为$var(R_i)$，公式为：

$$var(R_i) = p_1[r_1 - E(R_i)]^2 + p_2[r_2 - E(R_i)]^2 + \cdots\cdots + p_N[r_N - E(R_i)]^2$$

或者：

$$var(R_i) = \sum_{i=1}^{N} p_n [r_n - E(R_i)]^2 \qquad (1.5)$$

套用股票 XYZ 的收益率概率分布，我们可以计算出其方差为：

$$var(R_{XYZ}) = 0.18 \times (12\% - 7\%)^2 + 0.24 \times (10\% - 7\%)^2 + 0.29 \times (8\% - 7\%)^2 + 0.16 \times (4\% - 7\%)^2 + 0.13 \times (-4\% - 7\%)^2 = 24.1\%$$

与收益率概率分布相关联的方差度量了概率分布和均值（或预期值）之间的紧密程度。马科维茨提出，这种紧密程度或方差等同于投资的不确定性或风险。如果某项资产是无风险资产，则其预期收益的偏差为零。换句话说，其收益（在此情况下等同于预期收益）是确定的。

标准差

由于方差是平方值，所以将方差开方后转化为标准差很常见，即：

$$SD\ (R_i) = \sqrt{var\ (R_i)}$$

对于股票 XYZ 而言，标准差为：

$$SD\ (R_{XYZ}) = \sqrt{24.1\%} = 4.9\%$$

方差和标准差在概念上是一样的，也就是说，方差或标准差越大，投资风险也越大。

对于使用方差来度量风险的方法，有两种批评。第一种批评是，由于方差衡量的是资产实际收益和预期收益的偏差，所以其对实际收益高于或低于预期收益的处理是相同的。行为金融学领域的研究表明，投资者看待实际收益高于预期收益和低于预期收益是不同的——人们期望实际收益高于预期收益，厌恶实际收益低于预期收益。正因如此，一些研究者认为，风险的度量不应考虑高于预期收益的可能收益结果。

马科维茨承认这种局限性，事实上，他提出过跌价风险（实际收益低于预期收益的风险）的度量方法，并称之为半方差。半方差与方差类似，只是在计算中没有考虑高于预期收益的收益。然而，由于使用半方差存在计算问题以及马科维茨当时可获得的资源有限，他最后采用方差来开发投资组合理论。

如今，从业者采用多种方法度量跌价风险，然而，不论他们采用何种方法，由马科维茨提出的投资组合理论的基本原理仍然适用。选择不同的度量方法可能会影响计算，但并不会与基础理论相左。

第二种批评是，方差仅仅是度量收益如何围绕预期收益变化的一个指标。当收益概率在预期收益周围分布不对称时，除了使用方差，还应考虑这种非对称性的统计数据。

由于预期收益和方差是投资者在做投资决定时所考虑的仅有的两个参数，因此，马科维茨提出的投资组合理论常常被称为“二参数模型”，也被称为“均值－方差分析”。

包含两种资产的投资组合的风险度量

公式（1.5）给出了单个资产的收益方差的计算方法。包含两种资产的投资组合的方差计算稍微复杂一些，其不但取决于两项资产的方差，还取决于其中一项资产的收益与另一项资产收益的趋近程度。计算公式为：

$$var(R_p) = var(R_i) + var(R_j) + 2w_iw_jcov(R_i,R_j) \tag{1.6}$$

其中，$cov\ (R_i,\ R_j)$ ＝资产 i 和资产 j 收益之间的协方差。

用文字来表达，公式（1.6）表示，投资组合的收益方差为两种资产预期收益的方差加上两种资产间加权收益协方差的两倍。我们将在后面看到，该公式也可应用于包含两种资产以上的投资组合中。

协方差

和方差一样，协方差有着精确的数学转换。其实际含义是，两种资产收益共同改变的程度。事实上，协方差只是方差的广义概念，适用于多个资产。两种资产间的正协方差是指这两种资产的收益走向相同，负协方差则是指它们的收益走向相反。任意资产 i 和资产 j 之间的协方差可按以下公式计算：

$$cov(R_i,R_j) = p_1[r_{i1} - E(R_i)][r_{j1} - E(R_j)] + p_2[r_{i2} - E(R_i)][r_{j2} - E(R_j)] + \cdots\cdots + p_N[r_{iN} - E(R_i)][r_{jN} - E(R_j)] \quad (1.7)$$

其中：

r_{in} = 资产 i 第 n 个可能的收益率；

r_{jn} = 资产 j 第 n 个可能的收益率；

p_n = 资产 i 和资产 j 实现第 n 个收益率的概率；

N = 可能收益率的个数。

资产 i 和资产 i 之间的协方差正是资产 i 的方差。

我们以表 1.2 中给出的两只股票为例，说明两种资产协方差的计算方法。第一只股票是表 1.1 给出的股票 XYZ，我们之前用它来解释了预期收益和标准差的计算方法。第二只股票是股票 ABC，表 1.2 给出了其具体数据。将两只股票的数据代入公式（1.7），则资产 i 和资产 j 之间的协方差为：

$$\begin{aligned} cov(R_{XYZ},R_{ABC}) = {} & 0.18 \times (12\% - 7\%) \times (21\% - 10\%) + \\ & 0.24 \times (10\% - 7\%) \times (14\% - 10\%) + \\ & 0.29 \times (8\% - 7\%) \times (9\% - 10\%) + \\ & 0.16 \times (4\% - 7\%) \times (4\% - 10\%) + \\ & 0.13 \times (-4\% - 7\%) \times (-3\% - 10\%) \\ = {} & 0.0034 \end{aligned}$$

表 1.2　资产 XYZ 和资产 ABC 的收益率的概率分布

n	资产 XYZ 的收益率	资产 ABC 的收益率	发生概率
1	12%	21%	0.18
2	10%	14%	0.24
3	8%	9%	0.29
4%	4%	4%	0.16
5	−4%	−3%	0.13
总计			1.00
预期收益	7.0%	10.0%	
方差	24.1%	53.6%	
标准差	4.9%	7.3%	

协方差与相关系数的关系

相关系数类似于两种资产预期收益间的协方差。具体来说，资产 i 和资产 j 收益之间的相关系数为这两种资产收益间的协方差除以它们标准差的乘积，即：

$$cor(R_i,R_j) = cov(R_i,R_j)/[SD(R_i)SD(R_j)] \qquad (1.8)$$

相关系数和协方差在概念上是同等的。用两种资产收益间的协方差除以它们标准差的乘积，便得到这两种资产收益的相关系数。由于相关系数是一个标准化数字（已根据收益的标准差进行纠正），因此，不同资产收益间的相关系数具有可比性。股票 XYZ 和股票 ABC 收益的相关系数为：

$$cor\ (R_{XYZ},\ R_{ABC}) = 0.0034/\ (4.9\% \times 7.3\%) = 0.95$$

相关系数的范围为 +1.0（表示完全朝同一方向共同运动）到 -1.0（表示完全朝相反方向运动）。还要注意，由于标准差往往是正数，因此，相关系数只有在协方差是负数的情况下才是负数。相关系数为零则表明，收益之间不存在关联。最后，尽管因果性意味着相关性，但相关性并不意味着因果性。

包含两种以上资产的投资组合的风险度量

到目前为止，我们已经定义了包含两种资产的投资组合的风险。扩展到 3 种资产，资产 i、资产 j 和资产 k，则方差计算如下：

$$var(R_p) = w_i^2 var(R_i) + w_j^2 var(R_j) + w_k^2 var(R_k) + 2w_i w_j cov(R_i,R_j) + 2w_i w_k cov(R_i,R_k) + 2w_j w_k cov(R_j,R_k) \qquad (1.9)$$

以文字来表达，公式（1.9）表示，投资组合的收益方差等于各资产方差乘以加权平方加上两两资产之间加权协方差的两倍。概括地说，对于包含 G 个资产的投资组合来说，投资组合方差为：

$$var(R_p) = \sum_{g=1}^{G}\sum_{h=1}^{G} w_g w_h cov(R_g, R_h) \qquad (1.10)$$

在公式（1.10）中，如果 $g = h$，则得出 G 个资产的方差；如果 $g \neq h$，则得出 G 个资产中两两资产之间所有可能的协方差。因此，公式（1.10）是简略表示法，表示了 G 个资产的方差和 G 个资产间所有可能的协方差之和。

投资组合多元化

人们常常听到投资者谈论投资组合多元化。这些投资者的意思是，在不减少收益的前提下降低投资组合的风险，这当然是他们追求的目标，不过问题是，在实际操作中要如何才能实现。

一些投资者会说，投资组合多元化意味着在投资组合中包含各种资产。例如，可能会有投资者认为，投资股票、债券和房地产，就应该实现了投资组合多元化。这种想法可能有些道理，不过要组建一个多元化的投资组合，必须关注两个问题。第一个问题是：应如何分配各种资产的投入？股票投入 40%，债券 50%，房地产 10%？或者是其他更合理的分配？第二个问题是：确定分配比重后，投资者应该具体选择哪些股票、债券和房地产？

一些只专注于一种资产（如普通股）的投资者也提出要实现投资组合的多元化，他们的意思是，投资者不应将所有资金全部投入一家公司的股票。这里也有两个问题需要注意，只有回答了这些问题，投资者才能组建多元化的投资组合。第一个问题是：投资组合中应该选择哪些公司的股票？第二个问题是：各公司的股票在投资组合中所占比重如何？

在投资组合理论发展之前，投资者常常这样宽泛地谈论多元化，他们无法凭借任何分析工具来回答上面的问题。例如，D. H. 李文斯在 1945 年写道：

> 过去25年来出现的约50部有关投资的书和众多文章中大多数都提到了投资组合多元化，然而，其中绝大多数仅仅是泛泛而谈，没有明确阐释为什么要让投资组合多元化。

李文斯在假定多种风险相互独立的情况下，阐释了投资组合多元化的益处。然而，他在文章的最后一段告诫道：

> 前面提到的各证券的表现相互独立的假定十分重要，尽管在实际中不可能完全符合。在一个行业中选择多家公司的证券并不能避免可能影响到整个行业的不利因素带来的影响；在这种情况下，需要进行行业间的多元化选择，然而，行业间的多元化选择也不能避免同时抑制所有行业发展的周期性因素带来的影响。

投资组合选择理论的主要贡献在于结合以上讨论的概念，提出了投资组合多元化的量化方法，采用这种方法可以使投资者最大限度地实现多元化的收益。

马科维茨多元化策略主要关注的是投资组合中各资产收益间的协方差。确实，其主要贡献是从资产投资组合的角度明确阐释了资产风险，而不是孤立解释资产风险。马科维茨多元化策略试图在不牺牲收益的情况下，将投资组合中的资产和并非完全正相关的收益结合起来，以降低投资组合的风险（方差）。马科维茨多元化策略通过分析资产收益间的协方差降低风险，维持收益，这正是该多元化策略与单纯的多元化方法有所区别的地方，也使之成为更加有效的方法。

我们可以借助一个简单的包含两种资产的投资组合来具体说明马科维茨多元化策略以及资产相关系数的重要性。首先，我们将说明这个投资组合的风险和各资产收益相关系数之间的一般关系。然后，我们将研究相关系数不同的资产对投资组合的风险的影响。

投资组合的风险及相关系数

在包含两种资产的投资组合中，假定资产C和资产D的预期收益和标准差如下所示：

资产	*E*（*R*）	*SD*（*R*）
资产C	12%	30%
资产D	18%	40%

如果股票C和股票D所占比重各为50%，则该投资组合的预期收益为：

$$E(R_p)=0.50\times 12\%+0.50\times 18\%=15\%$$

根据公式（1.6），该投资组合收益的方差为：

$$var(R_p)=w_C^2var(R_C)+w_D^2var(R_D)+2w_Cw_Dcov(R_C,R_D)$$
$$=(0.5)^2\times(30\%)^2+(0.5)^2\times(40\%)^2+2\times(0.5)\times(0.5)\times cov(R_C,R_D)$$

根据公式（1.8），

$$cor(R_C,R_D)=cov(R_C,R_D)/[SD(R_C)SD(R_D)]$$

因此，

$$cov(R_C,R_D)=SD(R_C)SD(R_D)cor(R_C,R_D)$$

$SD(R_C)=30\%$，$SD(R_D)=40\%$，则

$$cov(R_C,R_D)=30\%\times 40\%\times cor(R_C,R_D)$$

代入计算 $var(R_p)$ 的公式，我们得到

$$var(R_p)=(0.5)^2\times(30\%)^2+(0.5)^2\times(40\%)^2+2\times 0.5\times 0.5\times 30\%\times 40\%\times cor(R_C,R_D)$$

方差开方得到：

$$SD(R_p)=\sqrt{(0.5)^2\times(30\%)^2+(0.5)^2\times(40\%)^2+2\times 0.5\times 0.5\times 30\%\times 40\%\times cor(R_C,R_D)}$$

$$= \sqrt{0.0625 + 0.06 \times cor(R_C, R_D)} \tag{1.11}$$

资产收益相关系数对于投资组合风险的影响

这个包含两种资产的投资组合中，若两种股票的相关系数不同，那么投资组合的风险会有何变化呢？我们假定以下 3 种相关系数：+1.0、0 以及 -1.0。将这 3 种情况下的 cor（R_C, R_D）代入公式（1.11），我们得到：

cor	*E*	*SD*
+1.0	15%	35%
0.0	15%	25%
-1.0	15%	5%

随着股票 C 和股票 D 的预期收益间的相关系数从 +1.0 变为 0 再到 -1.0，投资组合的预期收益的标准差也从 35% 降到了 5%。不过，在这 3 种情况下，投资组合的预期收益率都维持在 15%。

这个例子清晰地说明了马科维茨多元化策略的作用。马科维茨多元化策略的原理是，在投资组合中，如果资产收益间的相关系数（协方差）降低，则投资组合的方差及标准差也随之降低。这取决于资产预期收益之间的相关程度。

好的方面是投资者能够组合相关系数较低（最好为负数）的资产从而降低风险，维持预期收益。坏的方面是没有多少资产与其他资产之间的相关系数很小或者为负数！接下来的问题是，如何在海量的资产中找出一个预期收益既定但风险最低的投资组合，或者风险既定而预期收益最高的投资组合。

现在，让我们来讨论有效投资组合及其组建。

选择风险资产投资组合

马科维茨教授提出的投资多元化理论引导人们组建风险水平既定而预期收益最高的投资组合。这种投资组合被称为有效投资组合。为了组建有效投资组合，该理论对投资者的资产选择行为进行了一些基本假定。假定内容如下：

假定 1：影响投资者决策的参数只有两项，即预期收益和方差。（也就是说，投资者会凭借由马科维茨提出的二参数模型进行决策。）

假定 2：投资者厌恶风险。（也就是说，当面对预期收益相同的两项投资时，投资者倾向于选择风险较低的投资。）

假定 3：在风险水平既定的情况下，所有投资者都寻求最高的预期收益。

假定 4：对于所有风险资产的预期收益、方差和协方差，所有投资者都有相同的期望（即同种期望假定）。

假定 5：所有投资者具有相同的投资期限。

组建有效投资组合

在众多证券中挑选并组建有效投资组合需要进行大量计算。在包含 G 种证券的投资组合中，有（G^2-G）/2 个协方差需要计算。因此，对于一个包含 50 种证券的投资组合来说，共有 1 224 个协方差需要计算。对于包含 100 种证券的投资组合来说，共有 4 950 个协方差需要计算。此外，为了找出在各收益水平下风险最低的投资组合，必须使用一种被称为“二次规划”的数学方法。本章对这种方法没有进行讨论，不过我们可以再次通过由资产 C 和资产 D 组成的简单投资组合来说明构建有效投资组合的大致方法。

如前文所示，资产 C 和资产 D 的信息为：$E(R_C)=12\%$，

SD（R_C）=30%，E（R_D）=18%，SD（R_D）=40%。现在我们进一步假设 cor（R_C，R_D）= −0.5。表 1.3 列出了由资产 C 和资产 D 组成的 5 种不同投资组合的预期收益和标准差。

表 1.3　投资组合预期收益及资产 C、资产 D 的 5 种组合的标准差

投资组合	资产 C 比重	资产 D 比重	E（R_p）	SD（R_p）
1	100%	0	12.0%	30.0%
2	75%	25%	13.5%	19.5%
3	50%	50%	15.0%	18.0%
4	25%	75%	16.5%	27.0%
5	0	100%	18.0%	40.0%

资产 C：E（R_C）=12%，SD（R_C）=30%

资产 D：E（R_D）=18%，SD（R_D）=40%

资产 C 和资产 D 之间的相关系数 = cor（R_C，R_D）= −0.5

可行投资组合与有效投资组合

可行投资组合是指投资者在可选择的资产范围内能够组建的任意投资组合。表 1.3 中的 5 种投资组合都是可行投资组合。所有可行投资组合的集合被称为投资组合可行集。在只有两种资产的情况下，投资组合的可行集被画成一条曲线，表示那些通过从两种资产的所有可能组合中获得的风险和预期收益的组合。

图 1.2 显示了资产 C 和资产 D 所有组合的可行集。如前文提到的，表 1.3 中列出的投资组合属于这个可行集，分别由点 1 到点 5 表示。从点 1 到点 5，资产 C 的比重由 100% 降为 0，而资产 D 则由 0 升至 100%，因此，资产 C 和资产 D 的所有可能组合都包含在投资组合 1 到投资组合 5 之间，即曲线 1—5 之间。对于由这两种资产组成的投资组合来说，任何位于曲线之外的风险/收益组合都不可能实现，因为资产 C 和资产 D 没有这种组合。由此，我们可将曲线 1—5 看作可行集。

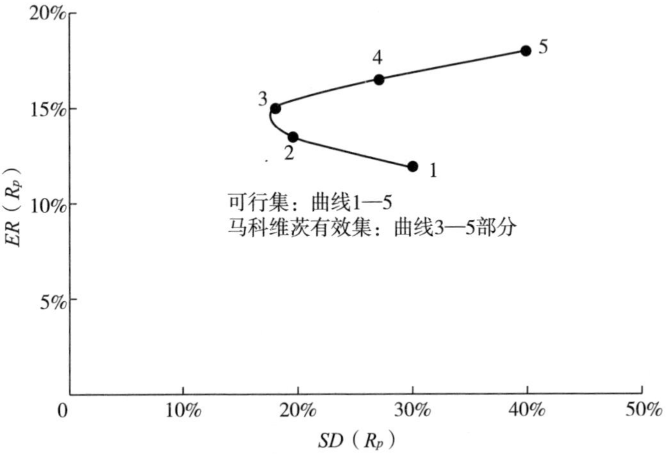

图 1.2　资产 C 和资产 D 的可行集及有效集

和可行投资组合相比，有效投资组合是指在风险水平相同的情况下，所有可行投资组合中预期收益最高的投资组合。有效投资组合也被称为均值 - 方差有效投资组合。因此，在各风险水平下都有一个有效投资组合。所有有效投资组合的集合，即被称为有效集。

图 1.2 中表示的可行集在曲线 3—5 部分发生突变，这一部分正是资产 C 和资产 D 组成的有效投资组合，这些投资组合在既定风险水平下提供最高的预期收益。注意，5 个点中有两个点的投资组合［投资组合 1，$E(R_p)=12\%$，$SD(R_p)=20\%$；投资组合 2，$E(R_p)=13.5\%$，$SD(R_p)=19.5\%$］没有包含在有效集中，这是因为在有效集中至少有一个投资组合（例如，投资组合 3）比这两个组合的预期收益更高且风险更低。我们还可以看到，投资组合 4 比投资组合 1 的预期收益更高且风险更低。事实上，曲线 1—3 部分的组合都不是有效投资组合。对于这一部分的所有风险/收益组合，在曲线 3—5 部分都有另外的组合在同等风险下收益更高，或者在同等收益下风险更低。换句话说，相对曲线 1—3 部分的风险/收益组合来说（不包括投资组合 3），都有更优的组合，或者收益相同而风险更低，或者风险相同而收益更高，又或者风险更低而收益更高。例如，投资组合 4 优

于投资组合 1，投资组合 3 优于投资组合 1 和 2。

图 1.3 展示了包含两种以上资产组合的可行集和有效集。和有两种资产的组合情况不同，在这种情况下，可行集不是一条曲线，而是一个区域，这是因为能够创造的风险/收益组合不但可以位于曲线 I—II—III 上，还能位于阴影部分。但有效集为曲线 II—III 部分。显而易见，位于有效集中的投资组合都优于阴影部分的投资组合。

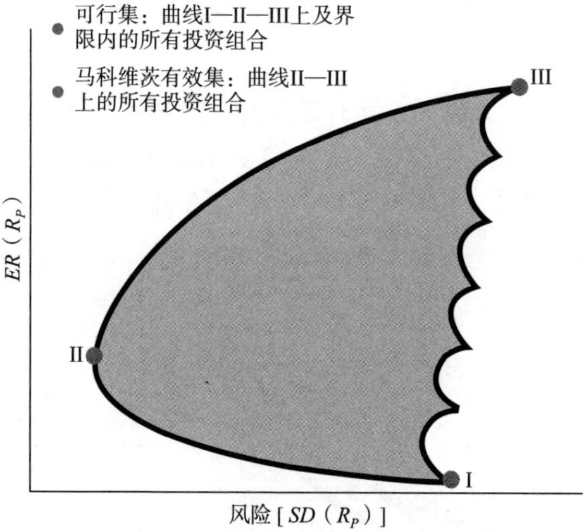

图 1.3　包含两种以上资产组合的可行集与有效集

注：该图仅用于说明，可行区域的实际形状取决于所选资产的收益和风险以及资产间的相关性。

投资组合的有效集有时被称为有效边界，因为在图中所有的有效投资组合都位于可行投资组合的边界，在既定风险下拥有最高收益。有效边界上方的风险/收益组合是不可能实现的，而构成有效边界的投资组合则优于边界下方的所有组合。

在有效集中选择最优投资组合

我们已经组建了投资组合的有效集，下一步是确定最优投资组合。

由于有效边界上的所有组合都在各自风险水平上提供最高收益，投资者或者实体需要从中选出一个投资组合。注意，位于有效边界上的投资组合实现了风险和收益的平衡。从有效边界的左边向右边移动，风险增高，预期收益同样增高。问题是，投资者应该选择其中哪一个投资组合？有效边界上最好的投资组合是最优投资组合。

从直观上来看，最优投资组合应该取决于投资者对于不同的风险/收益平衡的喜好。如之前解释过的，这种喜好可以通过效用函数表示。

在图 1.4 中，3 条无差异曲线代表了一个效用函数，此图还绘出了有效边界。无差异曲线代表了同等效用下的风险和预期收益组合。此外，无差异曲线距离横轴越远，则效用越高。

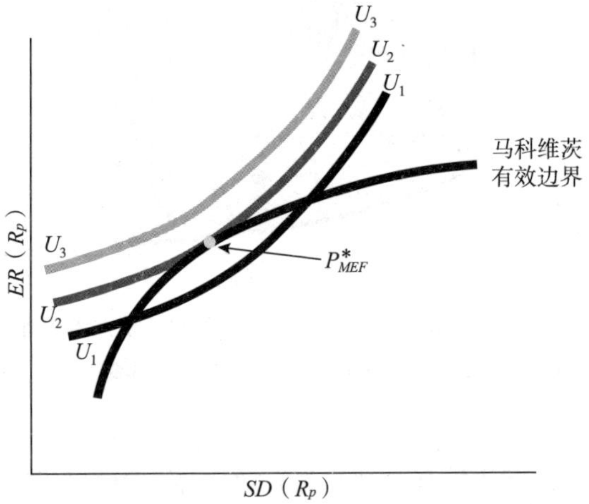

U_1、U_2、U_3 为无差异曲线，其中，$U_1 < U_2 < U_3$

P^*_{MEF} 为马科维茨有效边界上的最优投资组合

图 1.4　最优投资组合的选择

从图 1.4 可以看出，凭借无差异曲线，我们可以为投资者选出最优投资组合。记住，投资者期望在有效边界上找到可以实现的最高的无差异曲线。根据这种期望，最优投资组合为无差异曲线与有效边界的切点。在图 1.4 中，这个点就代表投资组合 P^*_{MEF}。举个例子，假设 P^*_{MEF} 对应图 1.2 中的投资组合 4，我们从表 1.3 中得知，投资组合 4 由

25%的资产C和75%的资产D组成，$E(R_p)=16.5\%$，$SD(R_p)=27.0\%$。

因此，根据投资者对于风险和收益的喜好（由图1.4中无差异曲线的形状确定），以及投资者对于资产C和资产D的数据（收益和方差、协方差）的期望（由表1.2给出），投资组合4是最优投资组合，因为它让投资者实现了最高效用。如果投资者对预期收益和风险有着不同的喜好，那么最优投资组合也不同。比如，图1.5显示了与图1.4中显示的相同的有效边界，但3条无差异曲线不同。在这种情况下，最优投资组合为P^{**}_{MEF}，该组合比图1.4中的组合P^{*}_{MEF}预期收益更低，但风险也更低。同样，如果投资者对资产的期望不同，则最优投资组合也会不同。

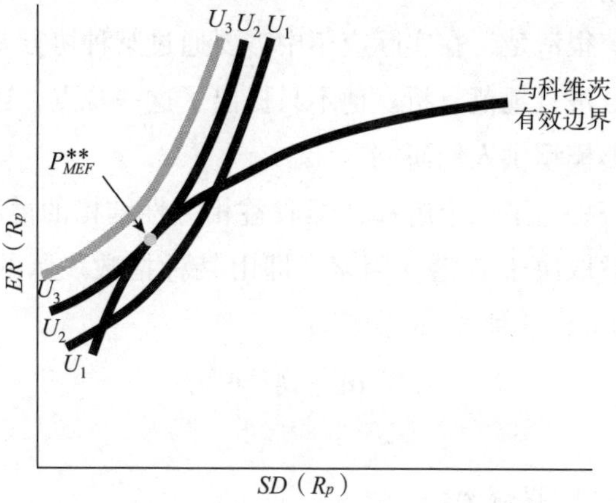

U_1、U_2、U_3为无差异曲线，其中，$U_1 < U_2 < U_3$

P^{**}_{MEF}为马科维茨有效边界上的最优投资组合

图1.5　在不同的无差异曲线（效用函数）中选择最优投资组合

讨论到这里，一个自然要面对的问题是，如何预估投资者的效用函数以便确定无差异曲线。然而，对于如何组建效用函数，没有多少指导可以遵循。大体说来，经济学家们还没有找到成功预估效用函数的方法。

无法预估效用函数并不意味着这条理论存在缺陷，只是意味着，当构建有效边界时，投资者将根据自己对风险的忍耐程度从主观上确定合适的有效投资组合。

与协方差结构近似的指数模型

均值-方差分析所需的数据包括预期收益、收益方差以及各对证券收益间的协方差或相关系数。比如，要对200种证券进行分析，需要200个预期收益、200个收益方差以及19 900个相关系数或协方差。你可以期望一个追踪200种证券的投资团队能够给出200个均值和200个方差，但显然他们不可能给出19 900个经仔细考虑的相关系数或协方差。

马科维茨很清楚，在实际应用中需要通过某种协方差结构模型对大型投资组合进行规范分析。他不只提出了这一观点，还提出了几种可能的协方差模型供人们研究。

马科维茨提出了一个解释证券收益相关性结构的模型，假定第 i 个证券的收益取决于“潜在因素，即由某种指数表示的市场一般前景”。在数学上，这种关系表示为：

$$r_i = \alpha_i + \beta_i F + u_i \tag{1.12}$$

其中：

r_i = 证券 i 的收益率；

F = 某指数的数值；

u_i = 误差项。

注：马科维茨（1959）在提出公式（1.12）时使用的是大写字母 I。u_i的预期值为0，与 F 和其余证券的误差项无关。α_i和β_i是需要计算的参数。采用回归分析法，β_i等于资产 i 的收益率和 F 之间的协方差除以 F 的方差。

马科维茨进一步提出，这种关系不一定为线型，并且可以有多种潜在因素。

单指数市场模型

夏普在 1963 年对公式（1.12）进行了测试，解释证券收益如何随着整体市场指数 F 的变化上升和下滑。对于市场模型中的指数 F，夏普使用了某一市场指数。具体来说，夏普采用回归分析搭建以下模型：

$$r_{it} = \alpha_i + \beta_i r_{mt} + u_{it} \tag{1.13}$$

其中：

r_{it} = 资产 i 在时期 t 内的收益率；

r_{mt} = 市场指数在时期 t 内的收益率；

α_i = 资产 i 的收益率中的非市场成分；

β_i = 资产 i 的收益率和市场指数的收益率之间的协方差与市场指数收益率方差之比；

u_{it} = 零均值随机误差项。

公式（1.13）给出的模型被称为单指数市场模型，或简称为市场模型。有一点值得注意，夏普在探讨利用公式（1.12）对协方差结构进行预估的可行性时，他建议使用的指数并不一定是市场指数。

假设利用道琼斯威尔希尔 5000 指数代表市场指数，采用回归分析预估包含 G 项资产的投资组合的 β_S 和 α_S 值。投资组合的贝塔系数（β_p）为各项资产的贝塔系数（β_i）的加权平均值，其中，权重为各项资产市值与投资组合总市值之比。数学表达式为：

$$\beta_p = \sum_{i=1}^{G} w_i \beta_i$$

举个例子，某个投资组合的贝塔系数如下：

公司	权重	β
通用电气	20%	1.24
麦格劳 - 希尔	25%	0.86

续表

公司	权重	β
IBM（国际商业机器公司）	15%	1.22
通用汽车	10%	1.11
施乐	30%	1.27

则该投资组合的贝塔系数计算如下：

投资组合贝塔系数 = 20% × 1.24 + 25% × 0.86 + 15% × 1.22 + 10% × 1.11 + 30% × 1.27 = 1.14

多指数市场模型

夏普认定，如同协方差般复杂的公式（1.12）是有用的。这种观点在1967年得到了科恩和波格的支持。金在1966年找到了除市场因素之外存在行业因素的有力证据。罗森堡在1974年发现了除市场因素和行业因素以外的其他风险来源。

除完整的均值-方差分析法之外，还可使用多指数或多因素模型获得协方差结构。

第2章　资产定价模型

资产定价理论与马科维茨于1952年提出的投资组合选择理论一起奠定了投资组合管理的基础。投资组合选择的目的是组建与各项投资的可接受风险水平相符的预期收益最大化的投资组合。投资组合选择理论通常被称为均值－方差投资组合分析，是一种规范性理论。也就是说，该理论说明了投资者在组建投资组合时应该遵守的标准或基准，它并不是实际应遵守的理论。资产定价理论进一步解释了资产收益和风险之间的关系，前提是投资者按假定方式行事。与规范性理论相比，资产定价理论是实证性理论，该理论假定投资者如何行事而不是假定其应该如何行事。基于假定的投资者行为，一个提供预期收益的模型衍生而出（根据均值－方差投资组合分析来构造投资组合的关键信息），即资产定价模型。本章将讲述基于资产定价模型的有关证券预期收益的一些重要理论。

投资组合选择理论和资产定价理论提供了一个具体量化投资风险的框架，也是研究资产预期收益和风险之间关系的框架（进一步说，也是研究风险和要求收益率之间关系的框架）。然而，要明白投资组合选择理论是一个独立于所有资产定价理论之外的理论，这一点至关重要。投资组合选择理论的有效性并不依赖于资产定价理论的有效性。

资产定价模型的特征

在运转良好的资本市场中，投资者会因承担资产投资的各种风险而得到回报。风险也被称为“风险因素”或“因素”。我们可以用下面的公式表示基于风险因素的资产定价模型：

$$E(R_i) = f(F_1, F_2, F_3, \cdots, F_N) \tag{2.1}$$

其中：

$E(R_i)$ = 资产 i 的预期收益率；

F_k = 风险因素 k；

N = 风险因素的个数。

根据公式（2.1），预期收益率是由 N 个风险因素组成的函数，所以关键是找出有哪些风险因素，并明确预期收益和风险因素之间的准确关系。

考虑到我们可以从资产投资中获得的最小预期收益率，我们微微调整一下公式（2.1）。如果在一定期限内持有美国财政部发行的证券，持有人可以获得确定的收益率。这种预期收益被称为无风险收益率或无风险利率。要投资这类证券之外的资产，投资者就要求有高于无风险利率的溢价。那么，投资者要求的预期收益率为：

$$E(R_i) = R_f + \text{风险溢价}$$

其中，R_f为无风险利率。

风险溢价（或额外预期收益）取决于资产投资的相关风险因素。因此，我们可以将资产定价模型的一般公式（2.1）转变为如下形式：

$$E(R_i) = R_f + f(F_1, F_2, F_3, \cdots, F_N) \tag{2.2}$$

风险因素可分为两大类。第一类为无法凭借多元化投资而消除的风险因素，即无论投资者怎么做，都无法消除这些风险因素。这种风险因素被称为系统风险因素或不可分散风险因素。第二类风险因素可通过多元化投资消除。这些风险因素是资产独有的风险因素，被称为非系统风险因素或可分散风险因素。

资本资产定价模型

经济学理论中衍生出来的第一个资产定价模型由夏普（1964）、林特纳（1965）、特雷诺（1961）和莫辛（1966）提出，被称为资本资产定价模型（CAPM）。CAPM 中只包含唯一的系统风险因素，即市场整体运作的风险。这种风险因素被称为“市场风险”。因此，在 CAPM 中，“市场风险”和“系统风险”可互换使用。“市场风险”指的是持有包含所有资产的投资组合（可称为“市场投资组合”）而具有的风险。本书在后文中将解释，在市场投资组合中，某项资产的持有比例等于其市场价值与投资组合总市值之比。例如，如果所有资产的总市值为 X 美元，资产 j 的市值为 Y 美元，那么资产 j 在市场投资组合中占据的比重为 \$ Y/ \$ X。

CAPM 由以下公式表示：

$$E(R_i) = R_f + \beta_i[E(R_M) - R_f] \tag{2.3}$$

其中：

$E(R_M)$ =“市场投资组合”的预期收益率；

β_i =“市场投资组合”中资产 i 的系统风险的数值。

我们将在后面对 CAPM 进行推导。现在，让我们看看这个模型讲的是什么。

根据 CAPM，资产 i 的预期收益率等于无风险利率加上风险溢价。

$$\text{CAPM 中的风险溢价} = \beta_i [E(R_M) - R_f]$$

首先，看看风险溢价中的 β_i。β_i 反映了资产 i 的收益率对市场投资组合收益率的敏感度。如果 β 数值为 1，表示资产或投资组合的风险量与市场投资组合的风险量相同。如果 β 数值大于 1，表示资产或投资组合的市场风险大于市场投资组合的市场风险；如果 β 数值小于

1，则表示资产或投资组合的市场风险小于市场投资组合的市场风险。我们将在本章后面看到如何估算 β 数值。

CAPM 中风险溢价的第二个成分是市场投资组合的预期收益率 $E(R_M)$ 与无风险利率的差额。该差额衡量了资产投资因承担市场风险而可能获得的超出无风险利率的回报。

将这两个成分放到一起来看，风险溢价是市场风险的量（由 β 衡量）与承担市场风险所获得的潜在补偿［由“$E(R_M)-R_f$”衡量］的乘积。

让我们设定一些 β 数值来检验这一切是否合理。假设某个投资组合的 β 数值为0，也就是说，该投资组合的收益没有市场风险。将 β 数值0代入公式（2.3），我们会发现，预期收益率正好是无风险利率。这个结果是合理的，因为不具有市场风险的投资组合的预期收益率应该等于无风险利率。

假设某个投资组合的 β 数值为1，即该投资组合与市场投资组合具有相等的市场风险。将 β 数值1代入公式（2.3），我们发现，该投资组合的预期收益率等于市场投资组合的预期收益率。这同样合理，因为该投资组合与市场投资组合具有相等的市场风险。

如果某投资组合的市场风险大于市场投资组合的市场风险，β 数值将大于1，该投资组合的预期收益率将大于市场投资组合的预期收益率。同样，如果某组合的市场风险小于市场投资组合的市场风险，β 数值将小于1，该投资组合的预期收益率将小于市场投资组合的预期收益率。

CAPM 的推导

CAPM 是一种基于一系列假设的均衡资产定价模型。我们将在这里介绍其推导过程。

假设

CAPM 是现实资本市场的抽象模型，以一些假设为基础。这些假设对现实情况进行了大量简化，其中有些假设甚至看起来脱离了实际。然而，正是这些假设使得 CAPM 从数学的角度来看更易操作。

假设 1：投资者根据预期收益率和收益率方差做出投资决定。

假设 2：投资者具有理性，厌恶风险。

假设 3：投资者认同马科维茨的投资组合多元化理论。

假设 4：所有投资者的投资周期一样。

假设 5：投资者对于所有资产的预期收益率和方差具有相同的期望。

假设 6：存在一个无风险资产，且投资者可以以无风险利率借贷任意金额的资金。

假设 7：资本市场充分竞争且完全无摩擦。

前 5 个假设与投资者的投资决策方式相关，后两个假设与资本市场的特征相关。

资本市场线

要推导 CAPM，我们要从有效边界开始。在创建有效边界时，我们没有考虑无风险资产。没有无风险利率，我们可以根据预期收益率和方差来组建有效投资组合，其中，最优投资组合来自有效边界与投资者的无差异曲线相切的点。然而，一旦引入无风险资产并假定投资者可以以无风险利率借贷任意金额的资金（假设 6），则有效边界会发生改变，见图 2.1。

无风险资产和有效投资组合的每一个组合都位于以纵轴无风险利率为起点的射线上，该射线与有效边界相切，切点 M 表示投资组合 M。位于射线上所有的点都是投资者可以组建的可行投资组合。位于投资组合 M 左侧的投资组合，代表风险资产与无风险资产的组合。位于投资组合 M 右侧的投资组合，包含以无风险利率借贷的资金所购买的风险资产。这样的投资组合被称为杠杆投资组合，因为使用了借入资金。以无风险利率为起点且与投资组合 M 相切的射线，被称为资本市场线（CML）。

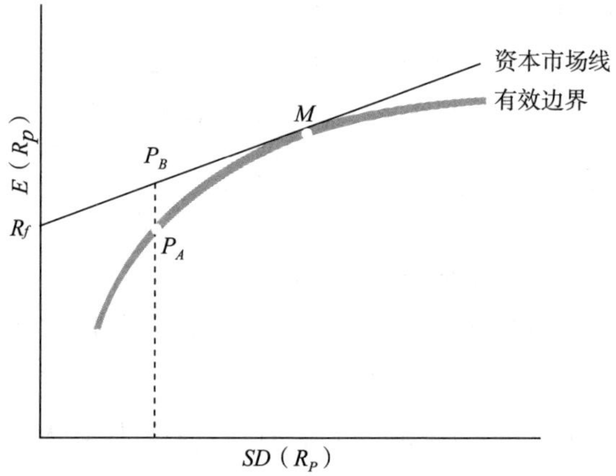

图 2.1 资本市场线

将位于 CML 上的某个投资组合与具有同等风险的位于有效边界上的投资组合进行对比。例如，对比有效边界上的投资组合 P_A 和 CML 上的投资组合 P_B（P_B 由无风险资产和有效组合组成）。注意，在同等风险下，P_B 的预期收益率高于 P_A。根据假设 2，一个厌恶风险的投资者会青睐投资组合 P_B。也就是说，P_B 优于 P_A。事实上位于 CML 上的所有投资组合都符合这一规律，只有一个除外，那就是投资组合 M，因为这一点位于有效边界上。

引入无风险资产后，我们现在可以说，投资者将会选择位于 CML 上的投资组合，即以无风险利率借贷的资金所购买的资产和有效投资组合 M 的组合。投资者在 CML 上的具体选择取决于投资者对风险的承受力，见图 2.2。图 2.2 与图 2.1 相同，只是加入了投资者的无差异曲线。投资者将选择 CML 上与最高无差异曲线 U_3 相切的投资组合。注意，在没有无风险资产的情况下，投资者仅能实现 U_2，即与有效边界相切的无差异曲线。因此，以无风险利率进行借贷的机会使得资本市场中厌恶风险的投资者青睐于由无风险资产和有效边界上某投资组合 M 相结合的投资组合。

我们可以用代数方法推导出 CML 的公式。根据相同期望假设（假设 5），所有投资者可以组建一个有效投资组合，包含 w_f 比重的无

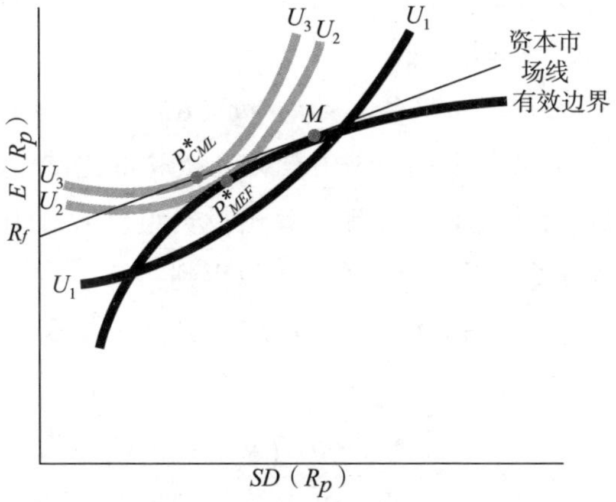

U_1、U_2、U_3为无差异曲线，其中，$U_1 < U_2 < U_3$

M为市场投资组合，R_f为无风险利率

P^*_{CML}为资本市场线上的最优投资组合

P^*_{MEF}为有效边界上的最优投资组合

图2.2 最优投资组合与资本市场线

风险资产和w_M比重的市场投资组合，因此：

$$w_f + w_M = 1,\ 或者\ w_f = 1 - w_M$$

投资组合的预期收益率等于两种资产预期收益率的加权平均值。因此，投资组合预期收益率$E(R_p)$等于：

$$E(R_p) = w_f R_f + w_M E(R_M)$$

我们知道$w_f = 1 - w_M$，因此我们可以将公式转化为：

$$E(R_p) = (1 - w_M) R_f + w_M E(R_M)$$

最后，进一步简化为：

$$E(R_p) = R_f + w_M[E(R_M) - R_f] \quad (2.4)$$

要计算由无风险资产和投资组合M所组成的投资组合的方差，可采用包含两种资产的投资组合的方差计算公式，即：

$$var(R_p) = w_f^2 var(R_f) + w_M^2 var(R_M) + 2w_f w_M cov(R_f, R_M)$$

无风险资产的方差$var(R_f)$等于0，这是因为未来收益率是确定的，不存在偏差。无风险资产和投资组合M之间的协方差$cov(R_f, R_M)$同样为0，因为无风险资产的收益率不存在可变性，不会

随风险投资组合 M 的收益率的变化而变化。将这两个数值代入投资组合的方差公式，我们得到：

$$var\ (R_p)\ = w_M^2 var\ (R_M)$$

换句话说，投资组合的方差由投资组合 M 的比重和方差来表示。

我们可以用标准差替代方差，算出投资组合 M 的比重。由于标准差（SD）是方差的平方根，我们可以得到：

$$SD\ (R_p)\ = w_M SD\ (R_M)$$

由此，

$$w_M = \frac{SD\ (R_p)}{SD\ (R_M)}$$

将 w_M 的结果代入公式（2.4），我们得到：

$$E(R_p)\ = R_f + \left[\frac{E(R_M)\ - R_f}{SD(R_M)}\right] SD(R_p) \qquad (2.5)$$

投资组合 M 是什么？现在我们知道，投资组合 M 是 CML 的关键，我们必须了解它是什么。投资者如何才能组建投资组合 M 呢？法玛在 1970 年论证，投资组合 M 必须包含投资者可以投资的所有资产，并且各资产的比重必须等于其市值与所有资产的总市值之比。也就是说，投资组合 M 是我们在前面讨论过的“市场投资组合”。因此，我们可以将其简称为“市场”。

CML 中的风险溢价。在相同期望下，$SD\ (R_M)$ 和 $SD\ (R_p)$ 为市场对投资组合 M 和投资组合 p 的预期收益率的分配。CML 中的风险溢价为：

$$\left[\frac{E\ (R_M)\ - R_f}{SD\ (R_M)}\right] SD\ (R_p)$$

让我们看看该风险溢价的经济学含义。

第一项乘数的分子是市场投资收益率减去无风险收益率，衡量了风险市场投资组合而非无风险资产的回报。分母表示市场投资组合的市场风险。因此，第一项乘数衡量了单位市场风险的回报。由于 CML 代表了对已知风险进行补偿的收益率，那么位于 CML 上的每一个点都达到了市场均衡。CML 的斜率（即第一项乘数）决定了补偿单位风险变化所需的额外收益率，正因如此，CML 的斜率同样被称为均衡市场风险价格。

CML 表明投资组合的预期收益率等于无风险利率加上风险溢价，风险溢价则等于风险的市场价格（由每单位市场风险的回报衡量）乘以投资组合的风险量（由投资组合的标准差衡量），即：

$$E\ (Rp)\ = R_f + \text{风险的市场价格} \times \text{风险量}$$

系统风险与非系统风险

我们知道，根据预期收益率和方差做出决策的厌恶风险的投资者，应组建由市场投资组合和无风险利率相结合的有效投资组合。该组合之集可用 CML 来确定。以此结论为基础，夏普在 1964 年推导出资产定价模型，指出该如何对风险进行定价。在定价的过程中，我们可以调整一下对资产风险的看法。具体说来，对于投资者应该得到补偿的适度风险，可以不用资产收益率的方差来表示，而换为其他某个变量。因此，我们需要对风险进行进一步的分析。

先看看投资组合的方差。包含 N 个资产的市场投资组合的方差计算如下：

$$var(R_M) = w_{1M}cov(R_1, R_M) + w_{2M}cov(R_2, R_M) + \cdots\cdots + w_{NM}cov(R_N, R_M) \quad (2.6)$$

其中，w_{iM}等于市场投资组合中资产 i 所占比重。

注意，投资组合的方差并非取决于组成市场投资组合的资产的方差，而是取决于这些资产与市场投资组合的协方差。夏普将资产与市场投资组合的共变程度定义为资产的系统风险。更确切地说，他将系统风险定义为共同因素对资产造成的可变性。只要从大量资产中随机选择，达到投资组合多元化，系统风险就是投资组合最低的风险。就本身而论，系统风险源于无法通过投资组合多元化而分散的共同市场和经济条件。

夏普将可以通过多元化而分散的资产的可变性定义为非系统风

险。非系统风险有时也被称为可分散风险、特有风险、剩余风险或企业特有风险。该风险是资产所特有的风险。

因此，总体风险（由方差衡量）可分为系统风险（由资产 i 的收益率与市场投资组合的收益率之间的协方差来衡量）和非系统风险。固有风险为系统风险。我们将在后面介绍如何衡量系统风险。

图 2.3 显示了多元化如何降低投资组合的非系统风险。纵轴为投资组合收益率的标准差，代表了投资组合的总体风险（系统风险加非系统风险）。横轴为不同资产的持有数（例如，不同发行者发行的普通股的数目）。可以看到，当持有资产的数目上升时，非系统风险几乎完全被消除（即被分散）。针对不同资产类别的研究支持了这一结论。例如，针对普通股的几项研究表明，一个包含大约 20 种随意选择的企业普通股的投资组合将完全消除非系统风险，只留下系统风险。

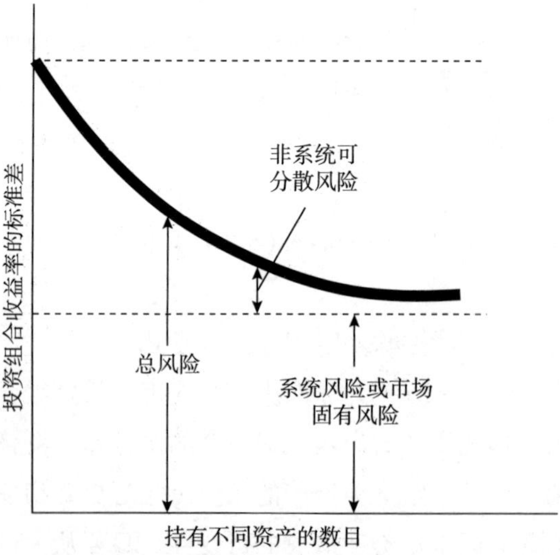

图 2.3　投资组合的系统风险和非系统风险

证券市场线

CML 代表了一种均衡状态，在该状态下，投资组合的预期收益率是市场投资组合预期收益率的线性函数。CML 中没有单个资产，然而夏普在 1970 年论证了单个资产的如下关系：

$$E(R_i) = R_f + \left[\frac{E(R_i) - R_f}{var(R_M)}\right]cov(R_i, R_M) \tag{2.7}$$

公式（2.7）对应的线被称为证券市场线（SML）。

在均衡状态下，单个证券的预期收益率在 SML 上而非 CML 上。确实如此，因为单个资产所包含的高水平非系统风险在投资组合中可被分散。在均衡状态下，只有有效投资组合会同时出现在 CML 和 SML 上。

SML 还可表达为：

$$E(R_i) = R_f + [E(R_i) - R_f]\left[\frac{cov(R_i, R_M)}{var(R_M)}\right] \tag{2.8}$$

如何估算公式（2.8）中各项资产的比率？可以从经验上估算，使用市场投资组合和资产的收益数据。公式（2.8）可实验模拟为：

$$r_{it} - r_{ft} - \alpha_i + \beta_i[r_{Mt} - r_{ft}] + e_{it} \tag{2.9}$$

其中，e_{it}为误差项。

公式（2.9）中的β_i为公式（2.8）中比率的估算值，即：

$$\beta_i = \frac{cov(R_i, R_M)}{var(R_M)} \tag{2.10}$$

将β_i代入公式（2.8），则 SML 公式转化为：

$$E(R_i) = R_f + \beta_i[E(R_M) - R_f] \tag{2.11}$$

这是公式（2.3）给出的 CAPM 形式。公式（2.11）说明，在 CAPM 的假设下，单个资产的预期收益率是其系统风险指数（β 数值）的正线性函数。β 数值越大，则预期收益率越高。

崇尚积极策略的投资者会买进或持有定价偏低的证券，卖出或避开定价偏高的证券（如现有投资组合中包含此类证券，一旦有时机便将其抛空）。如果投资者相信 CAPM 是正确可信的资产定价模型，那么可以用 SML 来鉴别定价有误的证券。如果投资者所预计的证券“预期”收益率高于 SML 规定的“必须”收益率，那么该证券定价偏低。相反，如果投资者所预计的证券“预期”收益率低于 SML 规定的“必须”收益率，那么该证券定价偏高。换句话说，如果预期收益率超出 SML，则证券“定价偏低”；反之，则“定价偏高”。

CAPM 的检验

CAPM 理论是否能得到实验性证据的支持呢？有 1 000 多篇学术论文针对这一问题展开了研究。（几乎所有研究都采用普通股来检验该理论。）这些论文不但包含了实验性证据，还谈及了检验该理论的困难。

先谈实验性证据。CAPM 的实验性检验有两项重要结果质疑它的有效性。第一，检验发现β数值较小的股票的收益率高于 CAPM 的预测，而β数值较大的股票的收益率低于 CAPM 的预测。第二，市场风险不是唯一的风险因素。多项研究发现，还有其他因素会影响股票的收益率。

尽管有人在检验基础上针对 CAPM 提出了一些严重问题，然而一篇重要论文对这些实验性研究的有效性提出了挑战。罗尔在 1977 年论证，只有知道“真正”市场投资组合的确切组成，CAPM 才具备可检验性，并且对 CAPM 唯一有效的检验是观测事前的真正市场投资组合是否是均值 - 方差有效组合。由此，罗尔提出，不存在明确的 CAPM 检验。他并不是说 CAPM 是无效的，而是说由于真正市场组合及其特征的不可观测性，要明确检验 CAPM 是不可能的。

CAPM 的调整

一些研究者对 CAPM 进行了调整，我们将在这里简要描述其中两项调整。

假设不存在无风险利率且投资者不能以无风险利率进行借贷（假设 6），这对 CAPM 会有怎样的影响？布莱克在 1972 年解释了这种情况对初始的CAPM会产生何种影响。布莱克论证，无风险资产或投资者以无风险利率进行借贷对于CAPM来说都不是必要条件。他的观点如下：无风险资产的β系数为零。假设能够组建一个与市场无关的投资组合，则该组合的β系数为零，布莱克将该组合命名为零β投资组合。他提出了组建零β投资组合的条件，然后对CAPM进行了相应调整。具体来说，根据公式（2.3），零β投资组合的收益率为无风险利率。

现在看看这条假设——唯一相关风险是资产收益率的方差（假设1），也就是假设投资者考虑的唯一风险因素是证券未来价格的不确定性。然而，投资者往往还会考虑对自己在未来消费商品和服务的能力产生影响的其他风险，例如，与未来劳动收入、未来消费品的相对价格以及未来投资机会相关的风险。因此，在存在其他风险因素的情况下，将预期收益率的方差作为风险的唯一衡量指标是不恰当的。默顿（1973）认可投资者面临其他风险，对CAPM进行了调整，调整的基础是消费者在面临非市场风险因素时寻求最优终身消费。

套利定价理论模型

除之前讨论的均衡资产定价模型外，还有另一个纯粹建立于套利论点之上的资产定价模型，推导者为罗斯（1976）。该模型被称为套利定价理论（APT）模型，它假定资产的预期收益率受到多种风险因素的影响，而不是CAPM所提出的仅受市场风险的影响。根据APT模型，证券的收益率与H个风险因素存在线性关系。然而，APT模型没有指出这些风险因素是什么，只是推断资产收益率和风险因素之间存在线性关系。此外，由于非系统风险可以被消除，因此，投资者得到的回报仅为承受系统风险的补偿。

套利原理

由于 ATP 模型依赖于套利论点，我们要先明确套利是什么。简单来说，套利是指在两个不同市场以两种价格对同一资产同时买进和卖出。套利者在某一市场低价买进同时在另一市场高价卖出，无须承担风险即可获利。投资者不会屏息等待这样的机会，因为这种机会非常稀少。事实上，一个能够进行无限卖空操作的套利者可以通过在定价偏低的市场用卖空的收益进行融资，来纠正定价错误的情况。（卖空是指在预期价格下跌的情况下卖出不属于自己的资产。）这也意味着，无风险套利机会是转瞬即逝的。

当资产组合能够产生的回报（预期收益）与不同定价的某一资产产生的回报相同时，就有潜在的套利机会存在。此套利依赖于一项金融基本原则，即单一价格法则。该法则称一项既定资产必须具有相同的价格，无论构建该资产的方式如何。根据单一价格法则，如果某项资产的回报可由资产组合综合生成，则资产组合的价格与该项资产的价格一定相同。

当资产组合与具有相同回报的资产的价格存在差异时，理性投资者将对这些资产进行交易，重新建立价格均衡。APT 模型假设存在这种市场机制，该机制建立的基础是套利操作不会让投资者受到交易中资产市价任何反向变化的影响。

举个例子，现有资产 A、B、C，让我们考虑如何创造一个套利机会。我们可以在今天以下表所示价格买进这些资产，1 年后，各资产只能产生两种回报中的一种（参见情形 1 和情形 2）：

资产	价格	情形 1 中的回报	情形 2 中的回报
A	\$ 70	\$ 50	\$ 100
B	\$ 60	\$ 30	\$ 120
C	\$ 80	\$ 38	\$ 112

尽管从以上数据来看并不明显，但投资者可以组建一个由资产 A 和资产 B 组成的投资组合，该组合的收益将与资产 C 在情形 1 和情形 2 中的收益相同。将资产 A 和资产 B 在组合中的比重分别设为 w_A 和 w_B，则该组合在两种情形下的回报（即该组合的最终价值）可用数学式表示为：

情形 1：$\$50w_A+\$30w_B$

情形 2：$\$100w_A+\$120w_B$

我们可以构建一个包含资产 A 和资产 B 的投资组合，复制资产 C 在 1 年后两种情形下的回报。对于任何一种情形（情形 1 和情形 2），我们设定投资组合的预期回报等于资产 C 的预期回报：

情形 1：$\$50w_A+\$30w_B=\$38$

情形 2：$\$100w_A+\$120w_B=\$112$

我们还知道 $w_A+w_B=1$。

计算出同时满足以上等式的 w_A 和 w_B，我们发现，投资组合中资产 A 应占 40%（即 $w_A=0.4$），资产 B 应占 60%（即 $w_B=0.6$）。该投资组合的成本等于：

$$0.4\times\$70+0.6\times\$60=\$64$$

在情形 1 和情形 2 下，该投资组合（资产组合）与资产 C 的回报相同。资产 C 的成本为 \$ 80，而投资组合的成本仅为 \$ 64。这是一个套利机会，投资者可以按以上比重购买资产 A 和资产 B，卖空资产 C。

假设投入 100 万美元组建由资产 A 和资产 B 组成的投资组合，而这 100 万美元来自卖空资产 C 所得的资金，因此，投资者在这两项交易中没有现金支出。情形 1 和情形 2 中的回报如下所示：

资产	投入	情形 1 中的回报	情形 2 中的回报
A	\$ 400 000	\$ 285 715	\$ 571 429
B	\$ 600 000	\$ 300 000	\$ 1 200 000
C	－\$ 1 000 000	－\$ 475 000	－\$ 1 400 000
总计	0	\$ 110 715	\$ 371 429

无论是情形 1 还是情形 2，投资者都可以在无风险情况下获利。APT 模型假设这种机会会被市场快速消除。

APT 模型的构成

APT 模型假定资产的预期收益率受到多种风险因素的影响，这一点与 CAPM 中假定的唯一市场风险不同。也就是说，APT 模型认定资产的收益率与 H 个“因素”之间存在线性关系。APT 模型没有指定这些风险因素是什么，只是假设资产收益率和风险因素之间存在线性关系。具体来说，根据 APT 模型，资产 i 的收益率为：

$$R_i = E(R_i) + \beta_{i,1}F_1 + \beta_{i,2}F_2 + \cdots\cdots + \beta_{i,H}F_H + e_i$$

其中：

R_i = 资产 i 的收益率；

$E(R_i)$ = 资产 i 的预期收益；

F_h = 影响所有资产收益率的第 h 个因素（$h = 1, 2, \cdots, H$）；

$\beta_{i,h}$ = 第 i 项资产对第 h 个因素的敏感程度；

e_i = 资产 i 的非系统风险。

要达到均衡状态，必须满足以下条件：在不增加资金（财富）也不增加风险的情况下，投资组合通常不可能提高收益。本质上讲，该条件表明，市场中不存在赚钱机器。

罗斯（1976）推导出以下关系，被称为 APT 模型：

$$E(R_i) = R_f + \beta_{i,F1}[E(R_{F1}) - R_F] + \beta_{i,F2}[E(R_{F2}) - R_F] + \cdots\cdots + \beta_{i,FH}[E(R_{FH}) - R_F] \quad (2.12)$$

其中，$[E(R_{Fj}) - R_f]$ 为第 j 个系统风险因素对应的收益率与无风险利率的差值，可看作第 j 个系统风险因素的价格（或风险溢价）。

根据公式（2.12）给出的 APT 模型，投资者希望所有对证券收益产生系统影响的风险都能得到补偿。该补偿为各风险因素的系统风险（$\beta_{i,FH}$）和金融市场对其分配的风险溢价 $[E(R_{Fj}) - R_f]$ 的乘积之和。在 CAPM 中，投资者不会因为接受非系统风险而得到补偿。

CAPM 实际上是 APT 模型的一种特殊情形。如果公式（2.12）给出的 APT 模型中唯一的风险因素是市场风险，则 APT 模型可被转化为 CAPM。现在，对比公式（2.3）给出的 CAPM。这两个模型看起来相似，都表示投资者接受系统风险会得到补偿，而接受非系统风险不会得到补偿。CAPM 称系统风险是市场风险，而 APT 模型没有指明系统风险。

APT 模型的支持者提出，相对于 CAPM 或多因素 CAPM，APT 模型具有几大优势。首先，APT 模型中有关投资者对风险和收益的喜好的限制性假设更少。如前文所述，CAPM 假设投资者仅凭预期收益和未来投资的标准差在风险和收益之间寻求平衡，而 APT 模型只对投资者的效用函数提出一些较为宽松的限制。其次，APT 模型没有对资产收益率的分布做出假设。最后，由于 APT 模型不依赖于真实市场组合的鉴定，因此该模型具有潜在的可检验性。

实务中的多因素风险模型

APT 模型为多风险因素下的资产定价模型提供了理论支持，因此，这种类型的模型被称为多因素风险模型。这类模型提供了根据基准量化投资组合风险以及控制风险的工具。在下文中，我们将简要讲述在投资组合管理中应用的 3 种多因素风险模型，分别为统计因素模型、宏观经济因素模型以及基本因素模型。

统计因素模型

在统计因素模型中，股票收益率的历史数据和横截面数据被输入到一个统计模型。该统计模型是用与收益组合线性相关且彼此没有关联的“因素”对所观测股票的收益率做出最好的解释。

举个例子，假设统计 5 000 家企业在 10 年里的月收益。统计分析的目的是找出能对所观测股票的收益率的方差做出最好解释的“因素”。假设有 6 个“因素”，这些因素即为人为规定的统计因素。创建这样统计因素模型的目的就是确定这些统计推导因素的经济学含义。

由于存在解释上的难题，人们很难使用统计因素模型中的因素进行估价、组建投资组合以及控制风险。从业者反而青睐于下文即将讲到的另外两个模型，这两个模型可以让他们预先指定有意义的因素，从而创建更加直观的模型。

宏观经济因素模型

在宏观经济因素模型中，输入到模型中的数据为股票收益率的历史数据以及可观测的宏观经济变量。这些变量被称为原始描述元（raw descriptor）。创建宏观经济因素模型的目的是确定何种宏观经济变量能够普遍解释股票的历史收益率，这些变量即为因素，被纳入模型。利用历史上的时间序列数据，可估算个股对这些因素的敏感程度。

伯麦斯特、罗尔和罗斯在 2003 年提出的模型即属于宏观经济因素模型。该模型纳入了 5 个宏观经济因素，反映出以下宏观经济变量意料之外的变动：投资者的信心（信心风险）、利率（投资期限风险）、通胀（通胀风险）、真实经营活动（经营周期风险）以及市场指数（市场时机风险）。对于个股来说，其对于风险因素的敏感程度可用统计方法估算出来。此外，对于各风险因素来说，其市场价格可用统计方法估算出来。根据这两项估计，可以预测收益率。

基本因素模型

基本因素模型采用企业和行业的属性以及市场数据作为原始描述元，例如市盈率、市净率、预估经济增长率、交易活动等。基本因素模型的输入数据为股票的收益率和企业的原始描述元。与企业相关的基本变量如能普遍解释股票收益率，则被保留在模型中作为原始描述元。通过横截面分析，可估算个股收益率对于原始描述元的敏感程度。

第3章　为什么要定量投资管理

定量投资专业人士大体认为自己代表了进步力量，常常鄙视那些更依赖主观判断的从业者，称他们是在猜测；而后者则形容那些专攻定量分析法的人是在借助后视镜开车。有时候，这两大阵营之间的鸿沟似乎是无法逾越的。本章将介绍定量投资的优点，并将定量分析和定性判断相比较，然后讨论这两种方法结合的可能性。

为什么要做定量投资者

对于在投资中定量方法的运用，存在两种基本观点。一种观点是，定量法有助于减少投资者做决策时遇到的情绪影响和认知偏差。另一种观点是，定量法能够更加有效地运用投资者在经济环境中积累的知识。在评论这两种观点之后，我们将着重说明在投资中运用定量工具的两个重要例子：有效分散及市场机会的计量经济学分析。当然，定量工具的应用远不只这些，我们只不过是用这两个例子来说明定量法的运用日益精确。

人的本性不适合投资于流动性强的竞争性市场

在有关所谓投机的著作中，埃德温·拉斐尔写的《股票操盘手回忆录》是一部杰作，据推测，该作品内容可能来自著名投机者杰西·利弗莫尔的事迹。这部作品在1923年首次出版，以下是书中的一些观点：

> 有时我认为投机必定是一种非正常交易，因为我发现普通投机者会对抗自己的本性。人人都有的缺点对于成功投机是致命的。往往正是这些缺点让个体随波逐流……
>
> 或者，
>
> 投机者的主要敌人往往是自己，这与人类希望和恐惧的本性分不开。

卡尼曼、特沃斯基等对影响投资者的情绪和认知偏见进行了研究，衍生出如今迅速发展的行为金融学，该领域以投资决策中的人为因素为研究对象。

在股市中，我们不能凭借自己的感觉判断信息的准确性。简单的关联没有多少意义，例如，投资好公司股票常常会失败，而投资差公司股票时常会成功。又比如，好消息往往伴随着股价下跌。和大多数其他情况不同，在这里我们无法从有类似想法的同业者身上寻求安慰，那些成功地与他人站在对立面的人才能获得巨额财富。股市是一个超级竞技场，其他人的投资行为已经反映在价格中，而价格就是我们知道的绝大部分（不是全部）信息。

股市的流动性比大多数其他市场的流动性要大得多。在日常生活中，人的保守天性是有益的，但近乎充分竞争的市场告诉人们，在面对变动迹象时要迅速改变想法。人的天性决定了卖出比买进更加困难。正如维持老旧的机器使用会导致工厂破产，在做卖出决定时的犹豫不决会让投资组合遭受重创。

少数职业交易员称他们已经学会了克服自己的情绪，他们能够不带感情色彩地观察价格走向，心中不会祈祷价格走高或是走低。对于大多数普通人而言，定量模型能够快速提供获得成功投资所需的准则。

如果我们能够明确自己的决策准则，使其能够像明确的流程一样执行，那么我们就能很好地控制本性。达到这一目标的途径之一是编制计算机实施政策。我们保留权利决定何时需要对某条准则进行改变。这种做法能帮助我们避免日常干扰，甚至能让我们摆脱恐惧和贪婪。

科学方法的优势

一个人如果能获得他人还未获得的知识，股市的竞争性就能给这个人带来压倒性的优势——这种优势不仅体现在具体的事件中，还体现在对事件重要性的解读能力上。17 世纪，西方兴起的知识革命在很大程度上是以新出现的科学方法作为动力。对测量数据的谨慎记录，使得正式检验理论假设成为可能。有关新发现而非行业机密的出版物使得外界能够复制成果。特定描述语言的发明和日益精确，使得推理链条更加准确可信，描述更加精准。这些改变连同诚实行为准则大大加快了新知识的积累速度。在投资信息解读中，保持竞争优势就是一场竞赛。那么，为什么不把科学方法付诸实践呢？

在这个过程中，我们开发了有关投资的公共科学和私密科学。公共科学以《金融学期刊》和一些更偏向为从业者服务的期刊（如《投资组合管理期刊》和《金融分析师期刊》）为载体。比如，优化风险分散技巧能够为市场参与者带来益处，即使被许多人运用情况仍然如此。相反，独享知识能够帮助投资者获得超越平均水平的收益，这种知识在被广泛传播以后，就没有多大的帮助。当足够数量的投资者掌握超越平均收益的新技巧时，这种技巧就丧失了价值。

同时，如果有人在最新的金融科学成果完全与市场价格结合之前运用这些成果，则可能获得相应收益。例如，“异常现象”或者可预测收益模式逐渐增多。在过去几十年中最著名的异常现象是，投资小型股和不太成功的公司的股票会获得较高收益。只要这些“公开披露”的异常现象（比如法玛和法博齐在 1992 年向学界披露的异常现象）还不是那么广为人知，投资者或许可以对其进行充分利用。

私密科学是应用部分科学方法的科学，不会将知识传播给公司外的其他人。私密科学如今已不像过去那样复杂。计算设备在过去几十年里已经得到极大改进。全球数据库的发展将不同国家数不胜数的股票价格、收入报表和资产负债表送到了我们眼前。我们不需要只根据少数的投资事件（比如 1987 年 10 月的股市大崩盘，至今仍令我们记忆犹新）来建立投资策略。加倍的计算能力同样引发了计量经济学方法的革新，帮助我们从浩瀚数据中发掘可预见的关联，同时，蒙特卡洛法帮助我们预测决策策略中各种可能结果的分布情况。

现在我们将介绍定量投资的两个基本工具：一是有效投资组合，二是对市场效率低下的计量经济学研究。

有效分散

20 世纪 50 年代初，芝加哥大学一位年轻的博士生哈里·马科维茨发现，投资者通常会将财富分散在不同的股票或投资组合中，而不会将钱全部押在自己最看好的股票上。他假定这种做法背后的原因是用预期收益方差来衡量风险。他的论文和后续著作为我们提供了最为重要的定量工具知识：有效投资组合的概念以及组建有效投资组合的方案。

尽管马科维茨也考虑了长期结果，但是他的基本模型是基于单个时期的。在这一时期，每一只股票都有预期收益率和预期收益率统计方差。每一对股票之间存在预期收益率相关性。预期收益率和投资组合方差完全由这些数据以及各股票在投资组合中的比重决定。因此，在投资组合各种可能的预期收益率下，组建具有最小收益率方差的组合的问题就十分明确并且不难解决。所有这些解决方案的集合被称为有效边界。这是一系列投资组合的集合，其中，各投资组合是在既定条件和特定风险容忍度（投资者愿意承担额外风险以达到更高预期收益）下的最优投资组合。

马科维茨假定，理性投资者想要这样一个有效投资组合，因为收益率方差是短期风险的绝好指示器。他还指出，由于收益率的方差会影响复利计算，因此它是预期长期复合收益的重要决定因素。他还假设，投资者能够确定所需信息。

假设我们正在考虑不同国家的最优投资组合，并将如何在各国实现投资的细节撇开不谈。假定我们是在 1996 年底进行投资，我们从表 3.1 所示的 5 个国家或地区资产的收益率指数开始。

投资组合的预估风险取决于各股票的比重以及它们的预期收益率协方差矩阵。矩阵中的各元素代表了一对股票，股票 i 和股票 j。第 i 个收益率的标准差乘以第 j 个收益率的标准差，然后再乘以这两只股票相关系数可以得到各元素的值。预期协方差矩阵如表 3.2 所示。

表 3.1 所选国家或地区资产的收益率系数

年份	巴西	希腊	马来西亚	墨西哥	中国台湾
1985	94.2	3.4	-14.3	18.4	10.4
1986	-24.6	52.2	11.9	97.2	49.3
1987	-63.1	152.2	0.9	-4.8	120.8
1988	125.6	-37.6	27.7	108.3	93.3
1989	39.9	80.2	44.0	73.4	100.0
1990	-65.7	104.1	-11.2	29.7	-50.9
1991	170.4	-19.2	12.1	106.8	-0.6
1992	0.3	-27.0	27.9	21.2	-26.6
1993	99.4	21.9	102.9	49.9	89.0
1994	69.8	2.0	-21.5	-40.6	22.5

续表

年份	巴西	希腊	马来西亚	墨西哥	中国台湾
1995	−20.2	10.3	3.6	−26.0	−30.7
1996	34.5	5.1	24.5	17.8	37.4
均值	38.4	29.0	17.4	37.6	34.5
标准差	75.6	57.4	33.2	50.3	56.9

相关系数

	巴西	希腊	马来西亚	墨西哥	中国台湾
巴西	1.00	0.70	0.28	0.44	0.16
希腊	−0.70	1.00	−0.13	−0.17	0.30
马来西亚	0.28	−0.13	1.00	0.39	0.46
墨西哥	0.44	−0.17	0.39	1.00	0.29
中国台湾	0.16	0.30	0.46	0.29	1.00

表3.2　预期收益率的协方差矩阵

	巴西	希腊	马来西亚	墨西哥	中国台湾
巴西	5 713	−3 024	713	1 669	685
希腊	−3 024	3 295	−238	−504	983
马来西亚	713	−238	1 103	653	877
墨西哥	1 669	−504	653	2 529	831
中国台湾	685	983	877	831	3 238

要估算组合收益率的方差，用国家或地区资产比重的行向量（以十进制小数表示）乘以协方差矩阵，然后乘以比重的列向量。矩阵乘法听起来复杂但实际并非如此，可以举例说明。假设我们想用矩阵A乘以矩阵B。

设 $A=\begin{bmatrix} a_{11} & a_{12} \\ a_{21} & a_{22} \end{bmatrix}$，$B=\begin{bmatrix} b_{11} & b_{12} \\ b_{21} & b_{22} \end{bmatrix}$

如果 $C=AB$，则 $C=\begin{bmatrix} c_{11} & c_{12} \\ c_{21} & c_{22} \end{bmatrix}$

其中 $c_{11}=a_{11}b_{11}+a_{12}b_{21}$，以此类推。

注意第一个矩阵的行数一定等于第二个矩阵的列数。此外，AB 并不一定等于 BA。将矩阵 A 的行向量和列向量进行调换，将移项后的矩阵标为 A'。如果矩阵 X 只有一列，则称其为单列矩阵，其移项后的矩阵 X' 是具有相同元素数量的单行矩阵。

如果我们的国家或地区资产比重是单行向量 X'，协方差矩阵是 V，那么投资组合的方差为 $X'VX$。让我们计算这一表达式。

假设我们想利用历史风险来预估未来风险。投资组合中巴西、希腊、马来西亚、墨西哥和中国台湾资产所占比重分别为 0.2、0.1、0.4、0.2 和 0.1，我们想知道该投资组合的风险。第一次矩阵乘法是用［0.2 0.1 0.4 0.2 0.1］乘以协方差矩阵，得到［1528 －373 778 1133 1076］。得到的单行矩阵再乘以最终的比重单列矩阵，结果得到方差 0.0914。将方差开方，得出投资组合的预估收益率年标准差为 30.2%。这比单独投资马来西亚资产的预期风险要低一点，比投资其他 4 个国家或地区资产的风险则低得多。如果其他国家或地区资产预期收益率均值更高，那么我们可以期望我们定义的投资组合优于单独投资马来西亚资产。

要预估未来风险最好是结合历史风险和历史在未来重演的可能性，也许还要结合关于环境变化的具体知识。随着考虑范围内的资产的数量不断增加，专业的统计技巧变得越来越关键。设想过去的收益率均值与未来的收益率均值相似是不明智的。不过，为了进一步说明我们的例子，我们假定单期收益率的历史均值为：巴西 38%，希腊 29%，等等，设为单列矩阵 R。

我们注意到各比重之和必定为 1。假设我们希望排除负比重（卖空），那么我们只能获得预期收益率介于 17% 到 38% 之间的投资组合。对于介于该区间的每一个投资组合收益率 r，都可以通过完善的迭代步骤来确定投资组合比重 X 的集合，以达到任何理想的精确度，以实现：

$X'VX$ 是满足约束条件 $X'R=r$ 的最小值。

该投资组合包含位于有效边界上的某个点。在这个例子中，预估风险最小的投资组合的各个国家或地区资产比重为 [0.24 0.39 0.35 0.01 0]，即巴西 24%，希腊 39%，马来西亚 35%，墨西哥 1%，中国台湾 0。有效边界上的这一点不需要未来收益率均值的信息，因此最为可靠。然而，如果我们要利用单个国家（或地区）资产的历史收益率作为单个国家（或地区）资产的预期收益率均值，表 3.3 定义了有效边界上的一些点。你在边界上选择的最优投资组合取决于你愿意为了获得额外预期收益而承担的额外风险的量。

表 3.3 近似有效边界

	比重（%）					
	保守			冒险		
巴西	24	28	31	34	26	18
希腊	39	43	46	48	24	0
马来西亚	35	23	11	0	0	0
墨西哥	1	6	11	18	50	82
中国台湾	0	0	0	0	0	0
	投资组合的收益率统计（%）					
收益率均值	27.2	29.3	31.5	33.7	35.8	38
标准差	21.7	22.1	23.3	25.1	33.8	48.8

这是一个非常有趣的分析。我们看到风险最小的投资组合的预期收益率（27%）远高于风险最低的单个国家（或地区）资产的预期收益率（马来西亚 17%），并且由标准差表示的该组合的预估风险也低于马来西亚的（22% 比 33% 低）。在风险容忍范围内的这个保守端，希腊格外引人注意，因为其资产与其他几个国家或地区资产的收益率相关系数为负，因此是分散风险的绝佳选择。墨西哥资产的风险似乎和其他国家或地区资产的关联更为紧密，因此分散能力较低。除

非我们更注重额外收益而非风险，否则我们不会选择墨西哥。最后，中国台湾资产的收益率不高但和所有其他地区有正相关性，因此不在选择之列。

马科维茨的多元化分析常常被误用。不管怎样，当使用恰当时，该分析法能带来巨大的实际利益，对于消极型投资和积极型投资都有帮助。

识别市场低效率

有人曾说过类似这样的话：股票市场的工作是将人们可以理解的经济事件融入随机数字中。显然，这是一个有效市场应该做的工作——一旦投机者预测到某种规律，他们将利用这一规律并改变规律的性质。然而，希望之泉永不干涸。

许多寻找市场缺陷但品行端正的人已经运用到统计回归方法。我们将在后面“小市场效应”和“账市效应”（book-to-price effect，或者称为“不成功公司效应”）中介绍这些方法。

现在看看我们的例子。20 年前，百骏财务管理公司在迪恩·利巴朗的领导下经历了一段相当不错的股市成功期。这种成功在很大程度上是基于计算机的可读信息，以筛选比竞争对手认为的股票规模更小的股票。他们很多时候采用了“价值导向标准”，即这些股票结合了高股息收益、低市盈率和低市账率这几项特点中的若干点。最后一点尤其存在争议，因为一般低市账率出现在不太有声誉、不太成功的公司。百骏财务管理公司的成功似乎还将继续很长时间，因为人的天性以及机构的决策限制往往偏好大型的成功公司，这使得百骏所购买的股票价格更低。

从业者投资研究的残酷竞争性有时让从业者投资研究走在学术研究的前面。市场效用方面的杰出学者尤金·法玛和肯·法兰奇一同在《金融学期刊》发表了一篇文章，他们对这些因素的报道震惊了学术界。文章指出，在完全套利市场中什么将有可能成为令人意外的谜题，观点令人信服。显然，投资于小市值股票和高市账率（低市账率）股票，有可能长期获得不菲的额外收益。

我们将用普通最小平方（OLS）回归法来证明市场低效率，或者如一些人所说的，因持有小市值和低价股票而获得额外的收益补偿。例子中的数据截至 20 世纪 90 年代，但方法是不受时间影响的。

首先，什么是普通最小平方回归法？用前面介绍的矩阵表达式表达，假设我们想预测收益率的向量 Y，再假设 Y 是由一组独立因素 X 决定的，即：

$$Y = XB + u$$

其中，u 为一个随机干扰向量。

换句话说，除了无法预测的随机干扰向量或误差外，Y 完全可以通过 X（包含独立变量 $X1$、$X2$……）来预测，利用由加权系数（即 B 中的元素）构成的单一线性关系。

在我们的例子中，我们假设可通过过去的市账率和市值来预测股票的收益率。我们将以《价值线投资调查》中对 1 000 多只股票在 20 年里的数据作为依据。我们的工作是给 X（能最准确地预测 Y）和 Y（即收益率）估算一组系数或回归加权 B。我们还要估算 B 为零的可能性。我们该怎么做呢？

行、列数目相同的矩阵为方形矩阵。假设两个方形矩阵的乘积 AD 等于 I，其中 I 为单位矩阵。单位矩阵是一种特殊的方形矩阵，除左上角到右下角的对角线上的向量均为 1 以外，其他向量全都为 0。那么我们可以说 A 是 D 的逆矩阵，将 A 标记为 D^{-1}。假设 D 的所有列向量均无法完全凭借其他向量来预测，那么存在唯一的逆矩阵 D^{-1}，且可用常见的数学方法和微软电子表格软件来求得。

无论何时我们用一个矩阵乘以它的转置矩阵，都将得到一个方形矩阵。假定矩阵 X 的行向量代表不同股票在不同时期的指标观测值。矩阵 X 含有三列：第一列为常数向量；第二列为市账率的自然对数；第三列为市值（价格乘以持有数目）的自然对数。对数转换将使市账率和市值的高度正偏斜分布更加对称。我们将用到自然对数，即数

学常量 e（2.718）。

如果 $Y=XB+u$，那么可以如下表示：

$$B=(X'X)^{-1}X'Y-(X'X)^{-1}X'u$$

要形成收益率矩阵 Y 和价值、数量矩阵 X，我们首先要将所有观察值输入数据库：1 000 只美国股票在 20 年中（截至 1997 年初）的 179 958 个月收益率记录。然后，我们对数据进行转化，减去各变量在各时期内的均值，这样一来就能产生一种横断效应，与法玛和法兰奇曾报道的效应类似。

判断式投资的论据

如果较少使用科学方法的投资者能做好那些使用定量模型的投资者不能做好的事，那么他们将能够取得喜人成绩。在投资判断的许多有用领域，定量模型均无法发挥实际作用；而在投资判断的另外一些领域，定量模型的广泛误用却提供了投资机遇。

假设我们的有利时机是在 1997 年初。我们要评估经初步拟定并计划于 1999 年 1 月正式成立的欧洲货币联盟对股价的影响，但在 1997 年没人能确定该联盟是否真的能够成立。首先是要预测该事件将在何时发生。我们怀疑这种期望还没有反映到股票价格当中，因为大多金融权威人士预言该事件将会无限期拖延，理由是（比如说）德国银行家认为意大利金融状况不佳。我们无法对类似案例做回归统计分析，因为没有足够的类似案例能够组成统计样本。在这种情况下，定性分析师可以通过类比进行推理，分析这种情况可能带来优势的无数细节。

在数据充足但相关系统不能使用简单的数学模型时，定性分析或许也能占据优势。例如，我们的市场定量模型常常以极端简化的假定为基础，如所有参与者获得数据的途径类似，解读数据的方法类似，市场已经达到均衡，等等。在更加纷繁复杂的现实世界，投资者会仅凭其他投资者的行为就改变自己的主意，定性投资者或许拥有实用的经验知识，只是无法通过数学方法来验证其正确性。

各种系统结构的不稳定是运用定量方法的一个重大障碍，因此生成的局部混乱为明智的投机活动提供了良好环境，这些投机以直觉、类比、异常数据收集以及对体系的细致观察为基础。我们在前面提过，投资者群体会根据经济新趋势、先前的投资者行为以及投资新手的不断加入随时改变标准。当投资机会与普通情况截然不同（即这些机会理应被作为特殊情况对待）时，定性投资者也拥有一大优势。

定性投资者从电脑新技术中获得的帮助至少和定量投资者获得的一样多。随着因特网的出现，分析师可以运用的信息成倍增长。现在，分析师能够坐在办公桌前阅读来自世界各地的文章，能够感知公众潮流、投资趋势并判断趋势，无须像先前那样层层解析。因特网的使用提高了精明的定性分析师的能力，正如先前计算机可读金融数据库的出现提高了定量分析师的能力一样。

在一个大体非科学的体系中，定性分析师具有的另一大优势是他们的推论对于大多数人来说更易理解和实践。若某证券分析师称不管持有多少数额，投资俄罗斯证券风险都太高，因为俄罗斯的法律尚未健全；他的观点可能有待商榷，但基于常识，对于大多数人来说，这比说明前沿经济体的多元化投资组合具有超高的风险和回报率的定量分析结果更有说服力。要相信后者，人们需要有专门的训练和经验，而大多数人并不具备这样的条件。

定性分析可以比定量分析更加私密，这或许也是定性分析的一大优势，只要定性投资者是个内行。定性分析由于没有完全公开，或许可以减少争论，这样投资机构就拥有更强的独创性。毕竟公众的一致意见一般已经反映到市场价格中，异议和独创尽管可能带来丰厚的收益，但在投资机构中或许并不流行。此外，一条未公开的推理链条能够让投资者在环境有变时更加容易改变想法。定量模型往往不够灵活，在很大程度上依赖于历史数据，一旦公开，较容易成为批评家的攻击目标（批评投资者不应改变方法）。

最后，定性分析师或许仅凭发掘笨拙的定量经理人所犯的错误就能营生。和定性分析一样，定量分析可好可差。当做得较差时，就为其他人提供了机会。以下是一些典型的定量分析失误：

1. 计量经济学模型以过短时期为建模基础，难以显示所有行为。

2. 模型中过度拟合的限制数据主要由巧合造成。

3. 假设标准的统计测试有效，但这些测试的假设前提是不成立的。

4. 假定关系是静态的，但事实上关系极端动态。

5. 只因为可以通过数学方式驾驭某种结构形式，就认为世上存在这种简单的结构形式。

6. 假定或许需要整体解决方案的问题可以被分开处理，例如，将预测问题和投资组合组建问题（交易成本、卖空限制以及风险偏好）孤立对待。

如果你想学习真正的创新者在定性投资中的思维，请阅读索罗斯的文章。但要记住，真正重要的是置身于市场大流之外并且走在市场大流的前面，而不是利用某种技巧。

定性法和定量法的合成

一方面，定量模型便于学习，理性多于感性；另一方面，在定性分析上另辟蹊径，寻找新的想法和事实，能够最大限度提高你处理多变环境的能力。通过结合贝叶斯检验，可以对定量技巧进行延伸，收获更多的定性判断。通过构建情景并指定情景的概率，可以将定性分析向定量分析延伸。当定量方法最为有利时采取定量方法，同时用定性分析确定并跨越边界，这便是一种高明的合成。

这种合成的一个可行办法是根据定量研究给出“分数”。投资组合经理可结合该分数与自身或研究分析师的直觉和判断。在异常情况下，这种方法可能会被推翻。另一种方法是从主观评定中得出分数，使之成为定量分析过程的组成成分。两种方法都能发挥作用。

在这个框架中定量投资的范围取决于数据和模型的可用性，而不是数据的准确性，这和许多人的想法相悖。只要数据量足够，与所采用的模型相结合就能够产生某些附加价值。即便不很精准，但只要包含还未完全反映到市场价格中的信息，这一过程就能实现。

本书将再介绍一个关键概念。该概念非常流行，在定量模型中有广泛运用。本书并非是将流行作为一个无聊的话题，而是要对我们假定的社会现实的时间敏感性提出更深层次的理解。到底什么是流行呢？

在服装和艺术领域，流行是精英们从大众中脱颖而出所做的工作，而后被大众模仿，接着重复这一无尽的循环。这是一个动态过程，新的流行（比如毕加索的立体主义或者某种礼服样式）先是被少数人接纳，然后接纳的人越来越多，直到大多相关受众都抓住了这一趋势。接下来它继续渗透，但速度逐渐减慢，同时没有接触它的人越来越少。流行是生成风格史的动态过程。

如果仅有一种风格替换另一种风格，则该动态过程十分类似于流行传染病。也就是说，已经患病的人数和还未患病的人数的乘积与感染人群的增长速度成比例。这个发展过程将生成一条 S 形的“对数”曲线。请注意，这和历史上重要技术创新的应用所伴随的动态过程是一样的，例如蒸汽船成功超越帆船。

看看时装商店和推出新产品的公司甚至是追求诺贝尔奖的科学家的动机是多么相似！一个超越平凡的成功尝试得到追随者的效仿，这些追随者就变成了竞争者。要走在这些人前面，就需要继续创新。流行余留下的是一段风格史。企业家留下的是一个公认的行业基础框架。科学先驱留下的是我们称之为科学的东西，囊括了用于预测的各种知识，得到了人们广泛共享。

流行始于哪里？经济或科学进程止于哪里？生成新科学或新盈利业务的过程和流行过程十分类似。然而，在行业创新或科学创新过程中，“过时的流行”对于企业家或诺贝尔奖竞争者来说不再有用，对于其他人则十分有益。这种遗留可能成为长期记忆，给人一种进步和指引的感觉。也就是说，新商业机构极少会采取较为低效的流程将投入转化为产出。同样，科学家极少会采用对自然现象的预测结果较为偏误的早期模型。我们觉得一些流行无聊最主要是因为其带来的记忆更短，所以它有时会循环回到从前的年代。

现在，回到股市。如果我们的目标是让所有投资者进行更高效的操作，那么就需要一门投资科学。但如果目标是在平均风险下赢得超出平均收益的回报，那么我们必须做企业家、诺贝尔奖竞争者以及流行先驱。赢得超出平均收益的定量方法离不开流行，它们是流行的一部分。积极型投资管理永远无法成为公认的科学，因为在其他投资者进行破坏性复制的过程中，其原理不断变得陈旧。我们发现的任何东西都无法成为赚取额外收益的永恒保障。成功的定量投资是对创新的奖赏，而非对永恒真理的奖赏。赚取额外投资收益的过时方法对于后来的实施者可能产生负面影响，这和服装流行一样，但和科学不同。如果你吸纳了10年前的某些观点，你不但与诺贝尔奖无缘，还有可能在被动型指数基金投资中一败涂地。

第4章　定量投资管理的今天与明天

19世纪初，自动化和机械化是工业革命的奠基石；在过去几十年里，现代金融理论、定量模型和经济学工具是推动投资管理行业发生变革的奠基石。定量模型在投资管理行业的最初用途主要是衡量风险，凭借定量模型，可以评估存在多种风险因素的情况。

如今，定量工具和计量经济学工具已经进入投资管理的所有重要领域——包括结构化产品和衍生品的定价、市场预测、交易策略制定和执行、客户账户管理、绩效归因和衡量，以及客户咨询。当然，整个行业还没有得到完全发展，许多挑战有待人们解决。对于一些较大型的投资管理公司和对冲基金来说，定量投资管理能提供竞争优势，靠其能一直推出新产品，但定量投资管理正在为整个资产管理界提供规模经济。

投资管理业未来的成功不但取决于其在控制风险的情况下提供较高收益的能力，还取决于进一步综合现代金融创新和过程自动化的能力。定量方法和工具的作用日益重要，如今影响着投资管理过程的所有重要方面，具体如下：

· 设定投资目标。

· 提出并确定投资政策。

· 选择资源配置策略和投资策略。

· 组建投资组合并执行投资方案。

· 监测、衡量及评估投资效益和投资风险。

在本章中，我们将概述在这一过程中用到的一些现代工具。首先，我们将讨论在投资组合管理、国际投资组合的货币管理以及基准选择过程中衍生工具的使用。然后，我们将讨论投资管理公司和对冲基金最常用的定量策略和以模型为基础的策略。我们以模型风险、数据探测和过度拟合为切入点。

在投资组合管理中运用衍生工具

衍生工具在投资组合管理中主要发挥以下作用：

1. 更改投资组合的风险特征（风险管理）。

2. 提高投资组合的预期收益率（收益率管理）。

3. 减少投资组合管理所涉及的交易成本（成本管理）。

4. 在存在法律、税收或监管限制的情况下实现高效率（监管管理）。

简单地说，这些作用都可归结为风险管理。股权衍生工具主要用于管理风险，以合适价格买卖风险，无论目的是规避监管、成本管理还是提高收益率。从广泛意义上说，风险管理是一个动态过程，投资组合经理在这个过程中识别、衡量、评估投资组合的现有风险，同时分析承担这些风险可能带来的收益。事实上，风险管理就是了解和管理能够对目标收益率和投资组合的绩效产生负面影响的所有因素。风险管理的主要目标是在考虑成本后，在特定风险水平上获得理想的收益率，这和现代投资组合理论是一致的。在这个过程中，衍生工具的作用是以投资者为获益人实现有效边界构建，或者执行低成本、低风险、高收益的策略，或者进行某些由于监管限制或其他因素限制而一般无法进行的投资。

衍生工具无疑为投资者提供了更多自由。比如，在以前，养老基金投资策略的执行和管理靠的是风格管理，并且是在现金市场进行的。养老基金通过管理风格多元化来控制风险。在20世纪80年代后期出现柜台交易（OTC）衍生工具市场之前，投资者可以运用的第一批风险管理工具为上市的期货和期权。由于特征标准化、规模有限以及不稳定，上市衍生工具尽管是投资者风险管理工具包的有效补充，但用途有限。柜台交易衍生工具市场让投资者获得了能够更好贴合他们投资范围的长期产品，以及符合他们明确的风险/收益要求的灵活结构。

投资组合管理中期权的真正价值在于，无论使用目的是什么，都能为投资者提供调整投资组合风险和收益特征的途径。在现有投资组合中加入期权或者将期权作为投资工具，会产生非对称的偏斜收益分布，反映出与标的资产中某项投资不同的风险。例如，购买看涨期权（非股票本身）能弥补损失，改变投资的支付方案，从而截断与潜在结果相关的概率分布，对投资的预期收益率和风险做必要调整。

从金融衍生工具的业绩度量和用途角度看，在评定不同的投资基金时需要谨慎一些 。具体来说，运用类似期权的策略，业内使用的许多标准业绩度量就会被“戏耍”。例如，根据某一项策略出售价外看涨期权和看跌期权，就能轻易增高投资组合的夏普比率。

我们注意到，由于波动率改变，期权的使用能导致收益分布曲线产生所谓的肥尾效应。波动率的高低还影响着分布曲线的峰度或峰态。例如，在高波动性的情形下（与肥尾和低波动性的情形相对），分布曲线峰度更高。

期权的概率分布不是正态分布。布莱克－斯科尔斯模型中对相关有形资产的对数正态分布假设允许对应偏斜分布。例如，可用因子模型或蒙特卡罗模拟，直接从泰勒展开式中估算预期收益率。然而，如果所产生的投资组合收益分布过于异常，那么仅基于预期收益率和方差的组合组建本身就可能给出一个十分扭曲的图像。也许，让投资组合配置过程（以经典投资组合理论为基础）结合一些异常情况的一个简单办法是为标准均值－方差优化法添加一个或多个临界限制，将高阶动差或不同类型的“事件风险”或“尾部风险”纳入考虑范围。

货币管理

通过对投资组合进行国际化配置，投资组合经理能进一步分散组合中的资产，突破国内投资配置的限制。国际性分散投资的益处在于通过增加相关系数较低的其他国家资产降低投资组合的整体方差，从而提高风险调整业绩。

然而，国际性投资组合也会给投资组合经理带来几大挑战。我们可以认为，国际性资产收益包含两个方面的基本风险：资产特有风险和货币风险。这些风险的一种表现形式是，投资经理的投资决策正确（例如，选择了一只升值的外国股票，这就是资产特有风险），但外汇下降（货币风险），因此，投资经理抛出股票，将收益转化为美元，最终盈利为零。

一些学者提出，可用多因素模型对国际性资产收益进行分析，用多个风险因素解释额外收益。这些风险因素包括“市场风险”和本国货币风险。资产的市场风险一般用资产的收益率协方差来衡量，以某项世界市场指数为基础。货币风险则用资产收益率和本国货币收益率之间的协方差来衡量。和资产定价理论一样，这两类风险都有风险价格（即风险溢价），可以看作对承担特定风险的补偿。与本国货币相关的风险溢价被称为国币风险溢价。

购买力平价（PPP）指当两种货币在两个国家具有同等购买力时，它们之间的汇率处于均衡状态。这表明，两国之间的汇率应该等于两国价格水平的比率（用一系列固定的商品和服务来衡量）。购买力平价以统一价格法则为基础，即在有效市场中，相同商品必定具有相同价格。但从长期来看，货币价格会遵循均值回归过程，也符合购买力平价理论，然而在短期内往往极大程度偏离均衡状态，因此在进行国际性投资组合的货币管理时应重点考虑这一点。例如，有一项简单的套利交易，投资者借入低利率的货币，购买高利率的货币，这样能获得平均利润。如果投资组合经理仅考虑长期收益和投资组合的风险，或许就不必对冲投资组合的货币风险。然而，投资组合的短期表现往往非常重要，因此有必要对冲货币风险。对于货币波动极大的国家，该国股票的收益甚至可能完全由货币收益决定。

在实践中，货币预测、对冲与资产选择分开进行。具体来说，国外资产的预测模型一般针对所谓的对冲收益，货币预测另外进行。例如，假设有一只美国基金。一方面，投资经理根据通用汇率将所有资产的收益转化为美元收益，以此作为资产分配的基础。这些收益即为对冲收益，以资产的美元价值为基础，不直接受到货币风险的影响。另一方面，货币经理要确定在特定时间点该基金将要承担多少货币风险。他可能决定对冲从 100% 到 0 的所有货币风险。从这个意义上看，各种货币均被当作一种独立的资产。对于国外不同类型的资产（例如股票和债券），尽管这些资产以同一种货币发行，但是必须对它们分别决定对冲策略。不必说，对冲受交易成本的限制，而交易成本取决于货币的流动性和所使用的对冲工具（通常是远期货币合约）的期限。

我们认为，与投资国外股票本身相比，投资股指期货是获得国外股票头寸可行且重要的选择。

特别地，利用股指期货作为全球股票市场的投资策略，能够降低货币风险，这是因为货币风险限于初始保证金和盈亏保证金，而这些保证金一般远远小于股票资产的初始价值。

股指期货的另外一些优势包括流动性高、操作迅速、交易成本低、市场广阔、无跟踪误差、无保管费。现汇结算避免了交割风险，尤其适用于国外投资。用股指期货进行不同国家的资产配置避开了两个或更多国家之间可能存在的不同结算期的问题，且投资期货有可能会避开扣缴税款。在一些国家使用股指期货，能够让投资者跳出资本流动的限制。

与投资组合优化框架一致，人们可以用均值 - 方差优化方法确定最优对冲比率。格鲁贝尔于 1968 年首次将现代投资组合选择理论延伸至国际环境。或许今天最常用的方法是明确表达一个组合优化问题，其中未知部分为资产类别的比重（通常每种资产有一个比重）和对冲比率（通常每种外币有一个对冲比率）。然后，就像国内的情况一样，由此产生的问题可通过投资组合优化工具解决。注意，标准的均值－方差优化方法中的注意事项同样适用于这种情况。优化方法对于输入参数的细微改变很敏感，然而许多现代方法（如稳健评估和优化技术）被证明在确定货币风险和对冲策略时有助于改进投资组合优化方法。

基准

基准是假定的资产投资组合。基准最常用来：（1）提供被动暴露于特定细分市场的机会；（2）代表广大的资产类别；（3）作为积极型投资组合管理可以参照的业绩标准。以下是一些具体例子：

· 通过持有追踪某个部门、行业群体或行业基准的投资，投资者能够投资于特定部门、行业群体或行业分支。如今有许多交易型开放式指数基金（ETF）和期货合约可以提供这种机会。

· 在确定投资目标和基金政策时，基金发起人能够利用各种基准估计不同的基金组合的长期历史业绩。值得一提的是，采用包含多空股权策略、可转换证券套利策略和固定收益套利策略的基金中的基金可结合合适的对冲基金基准来估算业绩。

· 要评价一个主动型投资经理的技能，投资者能够将该经理的业绩和某项基准（或一系列基准）进行对比。如果该经理的业绩超越了基准，则可以说他能产生相对于该基准的“阿尔法业绩”。

选择合适的业绩基准是投资目标和投资政策制定的首要环节，同时也是纯实用性的环节。投资政策说明中往往指定了基准，任何投资组合的业绩要以此衡量，且该基准应反映投资组合经理的投资理念。一般说来，投资组合经理能够承担的风险量是根据组合的跟踪误差基准来确定的。组合的跟踪误差是组合的收益和基准收益之间差值的标准差。例如，如果一个定量投资组合经理每年允许的跟踪误差不高于基准 200 个基点，则该经理可以选择带有风险管理限制的跟踪误差。在确定投资目标时，人们应尽量避免采用难以复制、周转率较高或包含非流动资产的基准。

近年来，金融市场基准的数量有巨大增长，这是一场指数和基准的革命。今天，人们可以想到的几乎每个行业、部门及细分市场都有基准，包括道德和环境友好型股市指数，如道琼斯可持续发展指数和威德希尔清洁能源指数，这些指数仅来自那些能满足生态或社会标准的公司。

收益定量预测工具与基于模型的交易策略

一般说来，我们将交易策略分为两类：定量策略和非定量策略。定量策略以输入大量数据的模型为基础。近年来，这种交易的数量剧增，一个主要原因是在世纪之交整体经济的低迷时期，与交易资产相关性较低的定量交易模型为投资者提供了新的“阿尔法”来源。当然，对冲基金业的成功及其在熊市中超越传统市场的能力，增加了人们对先进交易策略的兴趣。非定量策略一般被称为“股票选择”，但从更宽泛的意义上讲，非定量策略只不过是依赖于定性评估（而非定量评估）的策略。在本部分，我们将简要概述今天的从业者最常用的一些定量交易策略。具体说来，我们会在动量模型、逆转模型、外因预测模型以及计量经济学方法的基础上讲解这些策略。

在此之前，我们要问成功的定量交易方法的主要特征是什么？第一，这些方法具有一致性，即以同样的相关信息为基础，往往产生同样的信号。第二，模型强化了严格的框架，避免投资者根据情绪或其他主观标准做出决策。第三，模型可以实现完全自动操作，这就使得投资经理能够扩大成功策略的规模。自动化模型一般也适用于类似市场及相关市场。第四，根据历史数据和模拟方案可以对模型进行充分测试，为根据不同市场环境对模型进行调整提供了方法。

动量和逆转策略

动量和逆转模型或许是如今最常用的定量交易工具。动量策略的目标是捕捉当地趋势的持续性，如价格的持续上涨或下跌。逆转策略的目标是辨别当地趋势方向的改变。尽管大多数学术研究认同这些效应的存续，但对于它们背后的驱动力没有达成一致。

动量和逆转是一对关联现象：如果存在动量，则一定存在逆转。然而，在不同的时间区间能产生不同类型的动量和逆转。在股市中，动量是中短期现象，持续 3 到 12 个月，而逆转既可以发生在极短时间内，也可以持续 3 到 5 年。

德邦特和萨勒于 1985 年首次记录了长期逆转效应。他们通过组建两种类型的投资组合，建立了一个简单的长期交易策略。第一种投资组合包含在过去 3 到 5 年间收益率最低的 35 只股票（“曾经失败的投资组合”），第二种投资组合包含在过去 3 到 5 年间收益率最高的 35 只股票（“曾经胜利的投资组合”）。研究显示，这两类投资组合在取样周期内的平均年收益率为 8%。

对于极短期内的逆转效应，杰格蒂什和莱曼（1990）说明了股票的周收益率和月收益率一般具有负相关性。换句话说，在上一周（上一个月）表现突出的股票一般在下一周（下一个月）表现糟糕；同样，表现不良的股票除去交易成本，能产生近乎 30% 的年收益率。然而，常常有人辩称这种短期逆转效应源于价差反弹作用。价差反弹作用出现在高频交易价格中，因为连续报价可能会在买卖价格之间发生反弹。用这些出价和要价代表中间价格，更多显示了市场的变动趋势而非实际情况，包括短期收益逆转。

这些类型的策略会生成较高的换手率，继而产生极高的交易成本。一些学术证据表明，运用动量策略在考虑了交易成本后能获得较高收益。然而，卖空股票所涉及的成本虽然往往很高，尤其是对于小型股，但到目前为止其一直被有关动量和逆转策略的学术研究所忽视。尽管如此，许多从业者报告其成功执行了这些策略，表明要建立成功的动量或逆转策略，须在组建投资组合的过程中，通过流动性调整加权方案和交易补偿函数来平衡纯策略收益和执行成本。

自2000年起，一些操盘手和研究者报告针对纽约证券交易所（NYSE）股票的动量策略获得的收益在逐渐减少，甚至在完全消失。通过对这一现象进行进一步分析，可以发现，似乎动量和逆转的期限已经发生改变，同时仍可通过调节额外变量（如长期和中期过往收益）找到盈利机会。

基于外因预测的模型

基于外因预测的回归模型在定量型投资管理公司中是十分常见的预测工具；确实，如法博齐、弗卡第和科姆所报告的那样，对于许多公司来说，该模型是它们预测收益的核心工具。该模型的基础是对在一个或多个可解释变量下的收益率进行回归预测。这种回归法的典型例子是用价格比率［如价格股息比率（P/D）、市账率（P/B）、市盈率（P/E）］回归收益率。拥有高（低）价格比率（例如市盈率）的股票被称为成长股（价值股）。众所周知，从长期来看，价值股组合的表现一般好于成长股。

这些关系背后的基本概念很容易理解。以价格股息比率为例，对于价格为 P 的一只股票，下一期股息为 D，根据戈登方程，我们得到：

$$P=\frac{D}{R-G}$$

其中，R 为固定贴现率，G 为固定股息增长率。对方程进行调整，我们得到：

$$\frac{P}{D}=\frac{1}{R-G}$$

从这个关系式，我们注意到当价格股息比率升高时，贴现率和股息增长率之差必定减少。事实上，如坎贝尔和希勒的实验所示，增长率的改变并不会引起价格股息比率的改变，因此，价格股息比率升高（降低）意味着未来收益率的降低（增长）。同样，其他比价与未来收益率也存在负相关性。

在预测回归的会计计量中，还有一个常见变量是市值。戈登于1962年在他的经典著作中论证了股票收益与公司规模呈负相关关系。之后，许多学术研究证实了这一观点。例如，法玛和法兰奇于1992年指出，在1963年到1990年期间，纽约证券交易所、美国证券交易所和纳斯达克证券交易所按市值分类的股票中，市值排在前10%和末10%的股票的平均年收益率接近9%。

更尖端的计量经济学模型

更尖端的计量经济学模型和时间序列模型（如自回归模型、动态因子方法和协整方法）在投资管理领域越来越被广泛用于各种预测。

在自回归模型中，对变量的滞后值进行回归，也就是对变量的过去进行回归。如果该模型仅涉及一个变量，则被称为AR模型；如果涉及一个以上的变量，则被称为VAR模型。对于滞后值为k的AR模型，一个直观的理解就是，该模型描述了对于时间为$t+1$（“明天”）的预测是同一变量在时间为t，$t-1$……$t-k$的加权平均值加上误差项。加权系数是模型参数，必须对其进行估算。对于滞后值为k的VAR模型，各预测值为自身滞后的加权平均值加上其他变量的滞后值。举个例子，如果我们考虑一个有两个预测变量的VAR模型，这两个变量的滞后值为k，那么各变量以$2k$滞后值回归。因此，该模型包括$4k$个参数。这种推理过程可延伸至任何数量的变量。由于VAR模型能够捕捉交互自相关性，因此提供了一个丰富的建模框架。换句话说，VAR模型能够描述一个预测模型和它的过去数值存在何种联系，以及与其他时间内的其他变量存在何种联系。

尽管自回归模型被用于投资管理领域，但实际上并未得到广泛评价。自回归模型能够同时结合不同时期的动态时间序列，概括出前面提到的动量方法和逆转方法。然而，这些模型要求更多的数据和计量经济学建模资源。实际上，随着预测变量和滞后值的增长，VAR 模型的参数数量在快速增长。遗憾的是，没有对称因素能够减少这些参数的数量。因此，将 VAR 模型应用于金融时间序列时，我们只能期望对少量资产进行建模。对于许多资产（如标准普尔500 指数中的股票）来说，需要考虑的参数的数量过于庞大。在这种情况下，很难甚至往往不可能得到预估误差足够小的可靠预估值。举个例子，标准普尔500 指数中的股票的 VAR 模型包括两个滞后值，就要求估算 500 × 500 ×2 =500 000 个参数，这完全是一项令人畏惧的工作。尽管如此，VAR 模型在模拟不同资产类别之间的关系时可以发挥重要作用。今天，VAR 模型一般用于描述不同宏观变量之间的动态关系。

动态因子和状态空间模型是 VAR 模型的延伸，目的是减少模型维数。对于一个有用的模型来说，需要估算的模型参数的数量必须较少，否则很难估算所有参数，且估算误差太大。动态因子模型专注于大量资产的少量动态因子，因而满足了这一要求。简单地说，动态因子模型专注于所有资产的共同因子，而不是各资产的动态。举个例子，对于标准普尔 500 指数，一位分析师或许能用 VAR 模型建立 3 个动态因子。假设有 4 个滞后，则生成有 12 个状态变量的模型，而不是 VAR 标准框架所要求的所有个体资产模型。

协整模型是同时整合短期动态和长期均衡的模型，作为预测工具，在投资管理领域仍处于初期阶段。

据称，如果差值序列 $x_2 - x_1$、$x_3 - x_4$……$x_t - x_{t-1}$……是固定的，则非平稳序列 x_1、x_2……x_t……被整合为序列一［常简称为 I（1）］。序列一的整合过程也被称为单位根过程。整合过程的水平是所有过往冲击的总和；换句话说，体系中的任何冲击都是永久的，不会衰亡。随机游走过程就是 I（1）过程的一个例子。

两个或两个以上经整合的非平稳时间序列即使各自表现为随机游走，但彼此靠近，则这两个序列被称为协整。协整的一个典型类比是一个烂醉的人和他的狗一起散步，人和狗都漫无目的地游荡，但两者之间一直保持着一个固定的距离。

协整关系表现了时间序列和其在资产价格中的影响之间的长期均衡关系（收益率无法协整，因为具有固定性），体现出在金融市场中小数量的共同趋势在起作用。如果存在协整，价格程序可表示为在有限数量共同趋势上的回归。通过总结和预测这些趋势，可得出交易策略。

协整和均值回归与趋势反转相关。事实上，在两个协整的时间序列之间，一个过程是另一个过程的复原。有关股票价格过程的一个经典问题是均值回归是否存在：长期股票价格会随某种确定和/或随机趋势而波动吗？或者表现为随机游走？马尔基尔于 1973 年在他的著作中表示赞成随机游走理论。实证研究已经显示了随机游走行为的多种证据，但没有确切证据能够支持均值回归理论。请注意，恒定均值的回归随确定趋势波动，不是唯一可能的均值回归行为。例如，投资于定价错误的股票是因为相信这类股票在将来会恢复至正常价格。

从实用性的角度来看，关键问题可能不是协整是否存在于金融价格之中，而是交易策略是否有足够的协整来产生显著的经济收益。在大量数据集合中（如组成标准普尔 500 指数的股票），协整关系的鉴别极度困难。协整关系的标准测试和估算方法仅适用于含有少量数据（10 到 20 范围内）的集合。因此，协整的使用大多有限，主要用于配对交易。在配对交易中，先找出一对在历史上曾同步变动的股票；然后，如果它们之间的价格差显著增大，则可卖空优胜股票及购买失利股票，当两者最终回到先前关系时，便能从中获利。不用说，配对交易并没有利用协整的完全优势。

协整的另一个重要含义在于经整合的时间序列之间可能形成有意义的线性回归。大体来说，一个整合的时间序列和另一个整合的时间序列之间不可能形成有意义的线性回归，因为它们都是随机的。这种回归是虚假的，尽管可能有很高的确定系数（R^2）。但是，如果序列协整，则线性回归是有意义的。在前面我们讨论了金融比率和其他变量被用于预测收益率。这些回归存在一个问题，即金融比率往往接近整合，因此，回归收益率（即金融比率的固定变量）或许能生成虚假的预测关系。总而言之，虚假回归是执行预测性回归的主要困难之一。

模型的选择与测试

在实际操作中，模型的选择往往涉及业务需求、金融理论和经济直觉之间的相互作用。业务需求多种多样，包括建立或修改模型，抑或模拟特定市场、市场分支或市场机制。由于业务需求的范围很广，分析师的出发点往往是金融理论和经济直觉。纯粹的数据挖掘法是分析师自动探索数据，寻找模式，在这里这种方法是不可行的。将数据和信息输入电脑并试图找到赚钱策略，这完全不符合实际。尽管电脑能执行重复操作的速度是人类的上亿倍，但电脑远远无法代替人的直觉和主观判断。举个例子，直觉会告诉我们是否要用一个基于外因的解释性模型，或基于历史数据生成预测的自回归模型。

举个例子，假设我们的目标是建立经济直觉模型，即一组公司金融比率是股票收益的良好预测指标。第一步是建立体现这一直觉的计量经济学假设。必须做出的决策包括回归的选择（线性还是非线性）、预测指标的类别数以及滞后的数目。或许分析师想使用金融比率函数（修正值），如对数，又或者分析师想通过组合收益率和/或外因变量概括出特殊的预测指标。

接下来，模型必须像软件程序一样运行，模型参数根据样本数据估算。在建模的这一阶段，分析师可以依赖标准的计量经济学技巧。在估算模型后，我们必须对其进行充分测试。例如，在线性回归框架中，我们可以用样本数据来测试回归量的相对重要性、统计显著性以及模型的正确性。然而，真正的问题是预测模型是否适用于新数据，即样本以外的数据。为此，必须用估算过程以外的数据对该模型进行测试。

有趣的是，尽管人们费了不少功夫来解决问题，但目前还没有通用的模型设计“诀窍”。模型设计的各个步骤需要人的知识、经验和努力。然而对模型的测试和分析确实存在明确的分步方法和可靠的科学基础。选择模型时一个最重要的原则是执行严格的测试方法，避免模型过度拟合及数据探测。

限制数据探测的一个不错的出发点是在建模过程中谨慎勤勉。在选择框架时（选择框架是要在开始分析实际数据前确定如何指定模型），谨慎勤勉显得尤其重要。具有金融或经济意义的模型假设应在建模的第一阶段制定，而不是试图找到合适的数据，然后为模型创建一个事后的解释或故事。

借助某个数据集（“训练集”）对模型进行估算，然后借助另一个数据集（“测试集”）对模型进行测试，这两个步骤十分关键。不必说，测试集必须很大，要涵盖所有可能的模式，至少要近乎涵盖所有可能的模式。例如，要测试某个交易策略，我们所需的数据要尽可能包括各种市场条件下的测试数据，如高波动性和低波动性市场条件，扩张期和衰退期的测试数据，各种相关情形下的测试数据，等等。在某些特殊情况下，通过纠正用于推论的统计分布，可以直接计算系统参数搜索的影响。在较普通的情况下，取样、自举和随机化方法都可用来评估在考虑数据探测效应之后，既定模型是否具有超越基准模型的预测能力。

当一个模型抓住数据中的相关结构或动态，同时也抓住了随机成分时，该模型就为过度拟合。过多使用模型参数，限制了样本数据的规模，是模型过度拟合的一个常见起因。导致的结果往往是在样本内部十分拟合，但在样本外部表现不佳。通过系统化搜索参数空间，即使是错误模型也能拟合现有数据。显然，这种拟合是巧合使然，因而不具有任何描述或预测能力。在许多情况下，人们很难区分随机现象（源自过度拟合或数据探测）与有效的实验发现和真正出色的模型。

举个例子，美国橄榄球超级杯大赛理论或许是随机性市场预测的非常著名的例子。超级杯理论非凡的记录且缺乏任何合理的联系促成了它的流行。根据这一理论，如果国家橄榄球联合会的某支球队赢得了超级杯，那么美国股市当年的情况就会好过往年。

学习理论告诉我们一个重要知识，即模型的关键优点是简易。复杂模型要求大量的数据用于估算和测试。在实际中，模型的复杂性、解释能力以及可用数据集之间存在此消彼长的关系。尽管经济数据和金融数据数量浩大，但评估多种模型所需的数据实际上相对稀缺。举个例子，让我们考虑一下不同股票间的相关性。标准普尔 500 指数中的股票之间有 125 000 对潜在的两两相关关系，需要减少这一数字。只有一小部分潜在的相关结构展现了出来，其余则完全是杂音。金融经济学忽略细节，力求确定概率法则。然而，要有把握发现概率法则，就需要处理大量样本。金融经济学分析的可用样本数量太少，不能十分可靠地估算出概率法则；因此，样本中的小小改变会引起法则发生改变。由于缺乏经济数据，一些不同的统计模型（甚至一些简单模型）能和同样的数据相配，统计可信度几乎不相上下。因此，模型的简易性是一项基本要求。如果两个模型具有大体相等的解释能力，那么其中较简易的模型（需要估算的参数较少）往往更受欢迎。爱因斯坦曾说过："让每件事情尽可能简单，而又不过度简单。"

最后，应定期对预测模型进行监控和检查。应调查研究来自某个模型或预测变量的退化结果。不得经常变动设计良好且经过充分测试的模型，但外因（如经济政策、政治气候、不可预见的事件的冲击等）导致相关市场条件发生的结构性调整和重大改变有时会引起模型的修改或重新调整。

交易操作与算法交易

交易和操作是投资过程必不可少的部分。一项操作失误的交易会直接损失掉投资组合的收益，这是因为金融市场并非无摩擦市场，交易过程中会产生成本。成本在买卖证券时产生，形式有经济人佣金、买卖价差、税收、市场影响成本等。前 3 项成本被称为显性成本，几乎在证券买卖之前就已经知晓。市场影响成本被称为隐性成本，取决于一般市场条件、所交易证券的流动性、交易规模和交易方法等因素。

投资组合经理和交易员的决定取决于不同的目标。投资组合经理对一般交易成本进行评估，组建最优投资组合以便反映出预期收益和风险之间的最佳平衡。交易员根据机会成本和市场影响成本之间的平衡，决定交易操作的时机。机会成本是指没有很快操作或者根本没有操作一项交易所导致的成本。一方面，市场影响成本随时间的推移而降低，因为其与操作的即时性成正相关。换句话说，如果一个交易员能够延时“执行某项指令”，则产生的交易成本将会较低。然而，机会成本随着时间的推移而上升，因为机会成本与操作的延迟成正相关。这就意味着，如果这名交易员等待的时间太久，投资机会的一部分“阿尔法”可能会消失。综合考虑，这两个基本机制组成了一个总成本，轨迹如抛物线。要最大限度降低交易的总成本，关键问题在于找到市场影响成本和机会成本之间的最佳平衡。

总而言之，这一问题引发了一个复杂的随机和动态优化问题。首批此类模型出现在 20 世纪 90 年代末。例如，伯特斯马斯、罗和赫梅尔（1999）以及阿姆格伦和克里斯（2001）开发的有关最优操作的连续时间模型，旨在最大限度降低特定时期内的平均交易成本。特别值得一提的是，阿姆格伦和克里斯假定证券价格根据随机游走过程发展，并解决了相应的连续时间问题。由于大多实证研究否定了随机游走假设，因此这一假定有时在现实世界的应用受到过多限制。无论如何，该研究是一项重要贡献，因为这是最早将市场影响成本考虑到动态模型之中的研究之一。这些早期模型以及电子通信网络和自动交易线路的发展为高级交易操作服务提供了基础，这些服务被称为算法交易或最优执行。简单地说，算法交易组合了高明交易线路、程式交易和基于法则的交易，通过直接的市场准入渠道，以电脑为基础自动化地执行交易指令。

如今，算法交易在投资管理领域是一项广泛传播的工具，几乎每一位重要经纪人以及许多技术供应商都会以这样或那样的形式提供这种服务。比如，塔布（2004）的一项研究显示，美国61%的股票分析公司都运用了某种形式的以模型为基础的执行工具。另一位欧洲投资经理吉罗（2004）的调查表明，在接受调查的公司中，58%的公司有50%以上的业务执行了算法交易程序。这意味着，算法交易占欧洲投资经理经手的1/4以上的交易。到这里自然有一个问题：除了自动化使生产率提高，算法交易如何节约成本？

多莫维兹和耶格曼于2005年分析了算法交易工具的性能，这是这一领域的早期研究之一。他们采用了模型交易服务提供商的某个子集中约100万条算法指令（包括2004年1月到12月间，由40多家机构执行的约26亿股股票，价值820亿美元），而对照样本是通过非算法方式执行的150万条指令（总计约73亿股）。他们的数据样本不仅保证了来自比较广泛的交易领域，同时也研究了基于模型的交易服务提供商的绩效。该研究指出，总体而言，算法交易比非算法交易成本更低，即使考虑了交易难度、市场差异、交易限定和体系波动。然而，该研究论证了算法交易的优越性只适用于占日均交易量10%以上的订单。

尽管算法交易是一项相对较新的技术，但能够大大提高生产效率，以节约成本的方式管理交易。从建模角度来看，算法交易的一个挑战是算法必须高度灵活，能适应不断变化的市场条件和各种交易风格。算法尤其需要集合交易的动态特征，如某项交易（1）是否提供流动资金或需要流动资金；（2）是否可交叉；（3）相对于平均交易量，是否较大（在股票中，常用25%的日交易量作为经验法则）。

对于第一点，买卖交易量的时机具有重大影响力。关键问题是交易员的操作是逆市还是顺市。例如，一项动量交易顺应市场走向。几个投资经理可能同时以同样走向交易同样一只证券。这些多项交易的价格影响会导致动量交易成本较高。需要尽快成交的交易是最为困难的交易。例如，当某个投资组合经理收到一个跟自己所持有的某只股票有关的坏消息时，他也许会决定立即清算该股票的总持有量，避免重大损失。

对于第二点，交叉网络具有吸引力，因为其绕开了各种条件下不必要的中间人，因此帮助降低交易执行成本。这些网络匹配买家和卖家，让二者直接执行交易。然而，交叉网络的命中率相对较低。

第 5 章　精算师对金融经济学效用的评估

C. P. 斯诺（1959）引起了人们对“双重文化”的关注，提出自然科学和人文学科之间缺乏相互理解和尊重，不利于人类发展。在他提出此忠告之后，这种无益的分割现象显然依然存在，文人对斯诺描述他们为“天生的卢德派”表示抗议，对“未来确有把握”的科学家不屑一顾甚至怀有敌意（金博尔，1994）。

这两种区别明显的文化对资本市场的研究是它们共同的专长，尽管这一点经常被提及，但意义不大。两种文化都在内部进行同行评审，但它们具有不同的动机，寻求不同的收获。事实上，不同文化之间的区别是定义文化的要素方面的区别，即价值体系的区别。相应地，各种文化都具有鲜明的知识主体，由不同的选择过程演变而来。

与资本市场联系的两种文化是市场从业者的文化和学术型金融经济学家的文化。前者遵循逐日盯市原则，后者遵循“同行评审”原则。金融经济学历史在很大程度上是从学术角度书写的。从学术角度来看，市场从业者常常被描述成天生的卢德派，反对进步，比如坚持股票选择而无视有效市场假说的指令；在股票投资中采取低效的资金回款保障而不采取动态对冲策略；对无关紧要的股息政策苦思冥想；在养老基金投资中继续对股票保持狂热，尽管债券表现更为出色。

金融经济学历史的标准版本并没有让市场从业者过多烦心，他们追求的不是学术认可而是效用，他们用市场赋予他们的金融回报来衡量他们的效用。市场从业者群体包括所有服从市场判断的人——不仅包括在超越市场平均表现的角逐中力求“智胜同行”的基金经理，还包括追逐各种其他目标的人，他们的目标包括创造金融新产品，永久运营金融机构，提供金融建议等。在这个圈子里，代表成功和名望的是盈利能力、薪水以及这两者的增长率。以某种机制运转的市场是最终裁决人，市场对市场从业者的附加值进行最终裁决。简而言之，市场从业者是按照市场计算自身价值的人。

专业学者将市场价值归结为任何具有值得称赞的特征的事物的价值，如信息的有效性。然而，学者没有将他们的理论交由市场评估，而是在同行评审系统中进行学者间的相互评估。我们要问：市场对金融经济学的评价是什么？研究表明，几乎就在金融经济学的所有重大进步产生的同时，有时甚至在金融经济学家取得这些进步之前，精算学已经评价了这些重大进步。人们提出，由于精算师与市场保持着一致的价值体系，因此他们对金融经济学的评估可被当作市场对金融经济学的评估。20 世纪以来，金融经济学的重要见解得到了评估。我们推断，如果对金融经济学中的模型仅根据预测结果的精确度来评判，那么发展至今的模型均无法满足需求。

精算师：被市场束缚的金融经济学家

本章概括了精算界对金融经济学的主要发展的评估。精算师或许可以被看作在 19 世纪中期和维多利亚女王进行浮士德式交易的金融经济学家。作为对服从市场判断的回报，精算师获得专有特权（因而也获得较高薪水），维持公众对作为资本市场主要参与者的养老金、人寿保险以及其他机构的信心。汤姆·罗斯在精算师学院的院长报告中如此定义精算师：

精算师的工作可被视为以严格的数学方式对风险（尤其专注但

不限于长期金融风险）进行识别、衡量、定价和管理。

作为对专有特权的回报，精算师同意接受市场的评判，而非来自同行的评判。精算师的失败即是市场失败。因此，在公平人寿保险公司（一家英国人寿保险公司，自1762年成立以来与精算业的早期发展密切相关）停止新业务后，政府对其展开调查，不但调查公平人寿的相关事件，而且还调查英国整个精算界。这次调查的一大成果是英国精算师不再对自己进行监控。公平人寿的高级精算师（即使没有被追究刑事责任或民事责任）遭到谴责或从精算师行列中除名。金融经济学中一个理论的失败（或者是由金融经济学家经营的一家公司的失败），无论多么短暂，都不会激起如此反应。

精算行业从一开始就信奉实际用途和效用。约翰·芬利森是早期从事精算行业的金融经济学家之一。从1822年到1851年，芬利森担任"国债精算师"和"政府计算员"，并在1848年成为大不列颠及爱尔兰保险精算师协会的首任主席。他如下描述这项新职业的价值：

> 哲学家满腹经纶，熟知先前和当代圣贤的所有发现，却无法实现一个想法或贡献任何微不足道的发明；然而自学成才的机械师不熟悉科学先驱为后来者明确陈述的任何事实，他们凭借自身未经指导的才能创造出充满和谐之美的发明和组合，带领我们朝着实际应用和一般效用的方向前进。

将效用作为一切事物的价值，这一点和学术界的严谨并不相悖。的确，精算学总能得到学术界的关注——相关的期刊、课本、辅导和考试就是佐证。波伊特拉斯（2006）观测，"从18世纪精算学出现，精算学中的方法不但具有数学严谨性，还得到了谨慎实证研究的支持，但是，精算学的重要人物和历史关联被金融经济学家所忽视。"

然而，精算学并没有忽视金融经济学的发展。事实上，几乎就在金融经济学所有的重大进步产生之时（有时甚至在金融经济学家取得这些进步之前），精算学已经评价了这些进步。然而，精算师的价值体系和市场的价值体系与金融经济学的传统历史给出的评价大不相同。我们陈述精算师对于金融经济学主要知识的评估。人们提出，由于精算师与市场保持着一致的价值体系，因此，他们对金融经济学的评估可被当作市场对金融经济学的评估。

金融经济学的三大分支

在金融经济学被当作一门学术学科之前，资本市场就已经出现了。波伊特拉斯（2000）提出，金融经济学源于“知识分子反对大学里以人文学科为主，荒废了实际应用方面的研究”，他还指出了金融经济学关键的思想发端：“金融经济学早期历史最重要的贡献者——无名。”

市场在尝试和失误中进步。例如，国家放弃了早期直接发行终身年金或唐提式养老金的集资方式，转而发行不同期限的定息股票，继而金融中介机构可用这些股票创造衍生工具并更好地管理衍生工具。有限责任公司制在发展过程中克服了一些早期困难，其中南海泡沫事件就是障碍之一，该事件导致1720年《泡沫法案》的颁布，该法案限制了有限责任公司的建立。在18世纪20年代到19世纪初期的美国，以及20世纪中期的英国，成立任何一家有限责任公司都需要通过政治支持来获得特殊法规的许可。亚当·斯密（1776）提出，有限责任制作为一种商业制度，只适合金融垄断或其他低风险活动：

> 股份公司在没有专享特权的情况下，唯一可能成功执行的交易是所有操作可归纳为例行程序的交易；或者方法具有统一性，允许少量变化或零变化的交易。这类交易包括：第一，银行交易；第二，火灾保险、海上保险和战时保险交易；第三，开发和维护航道的交易；第四，为大城市提供用水的交易。

然而，随着19世纪接近尾声，人们的观点发生了改变，创新型企业急需有限责任制（垄断或固定性活动常常由国家管理）。在快速工业化的英国，1844年《公司法》的颁布和1856年《股份公司法》的颁布是关键性的立法改革。到20世纪，有限责任公司制度得到了商业机构的青睐，债券市场和股票市场已基本是我们今天所看到的形式。

金融经济学作为一门独立学科，其历史可追溯到1900年3月29日。在这一天，路易斯·巴契里耶向巴黎科学院为自己数学博士论文中的一条"投机理论"做辩护。自1900年起，该学科发展为三大互相区别又部分重叠的分支：数学金融、资产定价模型以及公司金融。

首先，巴契里耶开创了第一个分支，即金融市场的数学建模。这一分支的目的是模拟价格变化，进而评估这些价格的函数，如抵押和期权。这一分支依赖于利用随机过程（尤其是扩散和利维过程）的数学运算来模拟市场价格在不同时期的变化。主要由概率学家推动的进步使巴契里耶富有远见的工作更加严谨，范围更广，这些概率学家包括维纳、利维、柯尔莫哥洛夫、克拉默、辛钦、伊托等。布莱克－默顿－斯科尔斯期权定价方案就是以伊托的研究成果为基础，假定可将价格变化模拟为几何学布朗过程。布莱克－默顿－斯科尔斯公式的出现是金融经济学的转折点，不仅因为其结果违反直觉，而且因为其采用的方法打开了金融建模和金融工程的阀门。在1973年以前，金融经济学是应用经济学的附属学科；在此之后，金融经济学具有了足够的重要性，运用到了大量的专业知识，有资格成为一门独立学科。

资产定价模型以驱动证券价格的因素为研究对象。资产定价模型包括股息贴现模型、利率期限结构的预期假说、资本资产定价模型（CAPM）、通用套利定价模型（APT）、消费资本资产定价模型（C-CAPM）、跨期资本资产定价模型（I-CAPM）。这里有一个小小争论，即资产定价的关键发展期是在20世纪50年代到60年代早期，始于马科维茨最初提出组建最优投资组合的问题，随着CAPM的发展，最后到夏普将CAPM解释为均衡模型。在这10年中，人们开发出许多基本概念——投资风险，预期可得到回报的风险，某项资产价格和所有其他资产价格之间的关系，等等。

金融经济学的第三大分支被称为公司金融，旨在实现最佳的公司财务管理，处理如理想的资本结构、最优股息政策、管理层的报酬和奖励、养老基金投资（雇主做担保的明确福利计划）等各种问题。莫迪利亚尼和米勒（1958）提出的方法是目前为止最伟大的见解之一，因为它可以生成更多的见解。

以上谈到的各项发展对于精算师处理业务具有巨大的影响。默顿和斯科尔斯在1997年获得诺贝尔经济学奖，媒体评论中肯地指出：

> 该年的奖项得主所采用的方法可以用来评估担保和保险合同的价值，因此人们可以将保险公司和期货市场视为竞争对手。

然而，精算师没有发现布莱克－默顿－斯科尔斯公式的结果，也没有发现金融经济学中其他任何有实际意义的重要见解。理论精算师卡尔·博尔奇对均值－方差分析法的观点是：“我应该继续教授均值－方差分析法，但我要警告学生们，这样的分析不能太当真，不能运用于实践。”这种观点被整个行业接受，人们对于金融经济学的任何一个关键知识都抱有这种想法。总之，市场轻视金融经济学的直接适用性。

我们接下来将探讨精算师对于金融经济学三大分支各要点的态度。

数学金融

20世纪初，3篇杰出论文探讨了时间序列随机过程的模拟问题，巴契里耶的论文便是其中之一。巴契里耶采取了一个独特的市场研究方法：

> 资产价格波动的测定取决于无数个因素，因此，不可能期望对其进行数学预测。但是，以数学方法研究特定时刻的静态市场是可行的。如果说市场没有预报自身的波动，但其确实评估了波动发生的可能性，这种可能性则可通过数学方式予以评估。

于是，巴契里耶研究市场在不同时期的价格变化。他不是要预言交易双方中哪一方是正确的，这给了随机过程一个有用的属性，即“买卖双方的数学期望值为零”；在现代术语中，这个过程被称为马丁格尔。巴契里耶根据数学运算提出说明价格变化过程的公式，也就是他称之为热扩散方程的公式。巴契里耶表明，布朗运动或维纳过程（在现代术语中）是解决方案。他思考模型的一些实际应用，求解价格在特定时期超出（或低于）特定水平的概率。他得出的期权价格与市场上交易的期权价格并不矛盾，因此他总结：“显然，当前理论通过概率计算解决了投机研究中的大多数问题。”

一些人错误地认为巴契里耶模拟价格变化的研究是失败的，直到20世纪50年代，萨维奇和萨缪尔森重新发现了他的论文。然而，该论文的重要性得到认可是在庞加莱为其发表了一篇杰出的报道并确保其在著名期刊上发表之后。该论文中的方法论和研究结果得到广泛传播和引用，不过，大家可以预料，受众主要是数学家和概率学家。

由于巴契里耶研究的主题和结论对于精算师来说具有重要意义，因此迅速在精算师中间传播开来。他的研究被纳入《金融交易理论与实务》，该书于1908年首次印刷出版，作者为法国精算师阿尔佛雷德·巴瑞欧，此书在后来几十年中经多次再版。《精算学会杂志》对第二版进行了评论，引起人们对期权定价方法的关注：

> 有关投机性证券交易，巴契里耶假设价格分布符合误差常态规律，研究了看涨期权的价格与下次结算时看涨报价和普通报价之差之间的理论关系。但是，在这种情况下，理论是否真能对实际产生任何影响，价格的变化是否能被视为符合甚至近似符合误

差常态规律，这两个问题还存在疑问。除此之外，在实际运用该理论时，似乎难以确定具体证券将采用的具体曲线的系数。在投机活跃时期，即存在大量期权需求时，用期权所弥补的证券价格的平均偏差来衡量波动幅度，也许十分不可靠。

精算统计要求模型必须真实捕捉被模拟的现象。在上述情形中，模型无法捕捉价格改变序列的异方差性（即变化的方差），这是实际运用的关键性难题。随后，沃金（1934）报道了一项类似发现，即“股价行为的研究者”可以区分随机游走和股价系列；并且，“小麦价格在很大程度上类似随机差系列，它们最接近累积的随机数字，这种数字来自随时间发生系统变化的轻微偏斜的标准差集合”。

人们赞誉巴契里耶的研究建立了一个前景光明的方法来模拟资产价格过程，不过巴契里耶并不孤独。被遗忘的理论精算师温泽茨·布朗兹在1908年发表的80页的手册《溢价合约理论》中，预见了期权定价的所有现代概念——涨跌期权平价，无套利理论，完美对冲定价条件，风险中立定价；并且他提出的方程式比布莱克、斯科尔斯和默顿先前发表的任何成果都更接近布莱克－斯科尔斯方程式。此外，布朗兹还提出了分析（欧洲）期权价格的简化程序，但布朗兹的研究对于精算操作没有产生效果，原因和巴契里耶一样，即模型不够接近数据生成过程。

数学金融领域的另一次突破发生在1973年春夏，默顿和布莱克、斯科尔斯分别发表论文。3位作者之前曾共同研究过他们的想法，伯恩斯坦（1992）曾引用布莱克的话：“我和斯科尔斯合著的期权论文中一个关键的部分是导出方程式的套利观点，这一观点来自默顿，也许这篇论文应该被称为‘布莱克－默顿－斯科尔斯论文’。”

由于人寿保险公司签发的保单中有许多涉及投资股市的最终受益担保（例如，许多英国办事处会签发收益合同），因此这一观点可能会使这些投资的定价和保留发生革命性的变化。事实上，1974年在英国市场上崩溃的一个股市吸引了精算师对这些问题的关注。柯林斯

（1982）应精算学会的要求，详细评估了期权定价方法是否可靠。他推断这样的对冲策略与传统策略（谨慎持有高储备）相比并不乐观，并且导致对冲策略表现不佳的干扰因素是（如 1975 年早期）单价不时会发生突发性大波动，这与推导单价的连续性模型不符。总之，布莱克－默顿－斯科尔斯期权定价法以相关布朗运动模型的连续性样本路径为基础，但事实上，资产价格偶尔跳跃，使得复制模型不具有可靠性。

柯林斯用“免疫策略”代替金融经济学家常用的术语“对冲策略”或“自我复制策略”，原因很有意思，事实上，他对费根（1977）的提议进行了评估。在爱尔兰精算协会所做的陈述报告中，费根独立提出布莱克－默顿－斯科尔斯策略是满足投资担保的储备动态对冲策略。费根假定价格轨迹是连续的（即为扩散过程），简要描述了这种策略的存在证据。并且他通过模拟，研究是否可以找到一个实际的对冲策略实现储备的安全释放（在有需要时）。有趣的是，费根认为自己的想法是著名精算师雷丁顿（1952）提出的免疫理论的概括。

资本资产定价模型

马科维茨创造出研究投资组合组建的一片惊人沃土，阐明了投资风险和市场均衡价格。马科维茨将收益作为投资回报，将风险定义为收益方差。现在，每种证券都被模拟为一个向量，包含预期回报，预期风险，以及该证券收益和其他可投资证券收益之间的协方差。投资组合的选择被归结为优化问题——在特定回报水平下，最大限度降低风险（组合方差）；或者，在特定风险水平下，最大限度提高回报。假定收益率遵循正态分布（或财富的二次效用函数），投资组合的组建问题是一个可以解决的二次设计问题——如果说在实践中无法解决，至少在理论上可以解决。

马科维茨的建模方法从未真正吸引精算师，因为它给出的见解是众所周知的。设想一家人寿保险公司的负债组合，包含特定金额投保的人寿险，每单位金额支付一份保险费。马科维茨对投资问题的分解十分类似于优化组建人寿险组合——在既定方差（风险）下，最大化盈余；并且在本质上具有相同的内涵。确实，如理论精算师博尔奇（1967）指出的那样，对风险进行精算模拟整体上更为精深复杂。

马科维茨的均值－方差框架及其收益常规化的假设，给出理解组合构建的一阶模型，明确表达了风险和收益之间的平衡关系，尤其是量化了分散投资的成本和收益。精算师在批判马科维茨的模型时分为两个不同阵营：

1. 在实际运用中，预期收益率、标准差和相关系数的估算非常棘手，相应的估算结果具有很大的不确定性，因此马科维茨的组合构建法并不比简单的组合构建法更有效。

2. 在理论上，仅用前两项动差来确定优先分配顺序，会导致不一致。均值－方差分析只能在资产收益服从正态分布或假设财富的二次效用函数时不受限制地应用。这些严格的限制让博尔奇得出结论，“我应该继续教授均值－方差分析法，但我要警告学生们，这样的分析不能太当真，不能运用于实践。”

然而，马科维茨对这一问题的简化让更多的研究者能够研究这一问题。尤其是该框架为洞悉投资风险理论提供了丰富的切入点。托宾（1958）指出了马科维茨模型中无风险资产的独特意义，并进一步提出了分离定理。分离定理称，在投资组合中无风险资产的比重取决于投资者对风险的厌恶程度；风险资产的组成与投资者对风险的态度无关。也就是说，构建一个投资组合包含两个步骤：一是确定风险水平，在无风险资产和风险资产之间划分界限；二是选择风险资产组合，该步骤与第一步骤无关。通过马科维茨的均值－方差框架，可以轻易检验分离定理的有效性。

接下来其他人的贡献，尤其来自夏普等的贡献，将均值－方差框架发展为资本资产定价模型（CAPM）。CAPM 假定，证券 i 在下一时间段的预期事前超额收益率（超出无风险利率）与高出市场投资组合无风险利率的超额收益率相关。也就是：

$$E(R_i)-r=\beta_i[E(R_m)-r] \tag{5.1}$$

其中，

$$\beta_i=\frac{cov(R_i,R_m)}{var(R_m)} \tag{5.2}$$

并且：

R_i为随机变量，表示证券 i 的事前收益率。

r 为同时期无风险资产的收益率。

R_m为随机变量，表示在同时期完全持有风险资产的事前收益率。

夏普（1964）对 CAPM 进行了重新解读，使其不仅仅是投资组合组建工具，还成为能够解释资产在特定时间相对价格的理论，这是一个细微但重要的贡献。夏普明确了市场中风险和回报之间的均衡关系，区分了可分散风险和不可分散风险。

有一种风头很劲的观点称各证券的预期超额收益率是各证券与市场投资组合协方差的线性函数。乍一看可以轻松通过实验来检验这一观点。罗尔（1977）提出重要论点，即 CAPM 事实上不能直接通过实验检验，因为现实中的任何检验是对 CAPM 的联合检验，并且指出检验中假定的市场投资组合是真实的市场投资组合。然而，斯坦博（1982）报告称，实验检验对于市场投资组合的组建并不敏感，即使当投资范围扩展到包含债券、所有权和耐用消费品。CAPM 多年来曾接受各种检验，结论是其无法充分解释股票收益率的横断面方差。事实上，基金经理常常采用的如市盈率或市价比等已被证明比公司的估计贝塔系数更具有预测能力。

投资组合组建理论经历了从均值 - 方差分析到 CAPM 的发展，明确了一些基础概念，如投资风险，哪些风险应有回报，以及定价风险资产的均衡理论。然而，这些概念大多并不新鲜——作为风险经理的精算师拥有自己更加复杂的风险理论。当资产定价理论产生新的成果时，如 CAPM，那么其解释能力就是市场价格的较隐蔽的驱动力。

有效市场假说

金融经济学可能对实际操作产生重大影响的另一个发展主题是有效市场假说。法玛（1970）对实证研究进行了重要的综合和组织，并推断“支持有效市场的证据十分广泛，而反驳的证据十分罕见”。萨缪尔森（1974）解释了这一点对于基金经理来说意味着什么：

> 但是对于证据的尊重让我倾向于一条假说，即大多数投资组合的决策者应该歇业转行——他们可以去做管道工、教希腊语……即使这个转行建议是个好建议，但人们显然不会争相执行。很少有人会在没有外力的情况下选择自杀。

有效市场假说在本质上就是巴契里耶提出的假设，即未来的价格变化事件可通过建模模拟。巴契里耶称这是市场从业者和金融经济学家之间的一条分界线，指出研究价格形成过程的科学家可能假设买家和卖家交换海量处理信息的结果存在对称性。然而现在，金融经济学家假设可以得到自行处理的信息。考尔斯（1933）和肯德尔（1953）的文献是这一方面重要的实证研究。

考尔斯（1933）进行了一项统计调查，研究职业预测者预测市场未来动向的能力，以及保险公司通过积极型投资组合管理实现增值的能力。考尔斯推断，没有任何职业顾问或投资者拥有实际技能，但在“另一方面，有些证据显示，最不成功的业绩记录甚至不能用机遇不好来合理地解释”。肯德尔（1953）研究 1928—1938 年英国行业股价精算指数及其 18 个附板块的每周记录，此外还有半个世纪以来小麦的每周价格，以及 100 年来棉花的每月价格。他根据分析得出结论，称价格序列中没有能够利用的模式，又或者如他原话所说：“投资者或许能够通过股票交易赚钱，但很明显，他们无法通过观察价格趋势、参与看起来不错的事情赚钱。”

然而，对支持有效市场的证据的解读，在本质上是存在缺陷的。统计研究不能找到任何可利用的机遇或识别表现出众的基金经理，这可能更多说明了统计研究的复杂性，而不是说明市场或市场从业者行为。事实上，如果市场从业者（他们不会不屑于进行自己的统计研究）会错过如此明显的提高收益的方法，尤其是他们会按照通常被认为较大的 p 值（假说检验中的临界值）行事，这将十分令人惊讶。

近几十年来，人们对有效市场假说的武断支持一直在减少，甚至有理论认为，在金融界创新可以得到回报，如在其他领域一样。《金融学期刊》发表文章称可利用市场机遇（或常称为“异常现象”）确实存在。例如，罗等学者（2000）反对肯德尔在 1953 年得出的结论，声称特定的股价模式“提供增值信息，或许具有实际价值”，这使有效市场假说遭到最大冲击。布朗等学者（1998）评述了考尔斯（1933）提出的一些根据，并用现代统计方法得出与考尔斯相反的结论，回答了考尔斯在论文标题提出的问题：“股市预测者当真具有预测能力吗?”有关可利用异常现象的文章数量巨大（如，一月效应，“5 月卖出就走开，9 月赛马节再回来”规律，以及市场收益的其他季节性效应），但是由于存在数据挖掘问题，人们难以对这些论文的根据进行评定。这些研究不是普遍真理，但至少监测着观测者对观测对象的影响。

养老基金投资策略

根据经济合作与发展组织（OECD）《统计年鉴 2000》中的《机构投资者》报告，在全球金融机构所管理的基金资产中，养老基金占 1/3。看金融经济学的发展如何影响这些资产的管理进而影响资本市场，将十分有趣。

佛朗哥·莫迪利亚尼和莫顿·米勒提出一个强有力的方法，证明金融界中任何导向无风险利润（即套利交易）的言论都是荒诞的，因为这种情况无法维持任何均衡关系。当然，这一点无须告知市场从业者。莫顿·米勒用这一观点证明，在理想化的环境下，公司的资本结构（尤其是权益负债率）与市场对其如何评价无关。莫迪利亚尼和米勒在1958年为现代公司金融学奠基；1961年，两人将这一观点延伸，证明投资者应轻视公司的股息分配政策。布莱克（1980）和泰珀（1981）依据莫顿·米勒的观点，表明养老基金固定收益计划应百分百投入债券。

在20世纪50年代以前且在莫迪利亚尼和米勒（1958）提出观点以前，养老基金很少投资于股票，更多是投资于债券性证券。英国精算师罗丝·古贝强调养老基金的股票投资，掀起了“股票崇拜”；此外，在20世纪50年代，从持有帝国烟草养老基金转换为持有股票，也在很大程度上引发了“股票崇拜”。

表5.1列出了1970年以来这些国家养老基金的平均资产配置情况，在这些国家中，受托人的投资政策遵循“谨慎人”原则。该表进一步巩固了一个观点，即在布莱克（1980）和其他人采用莫顿·米勒的养老基金投资观点时，养老计划中股票投资的份额进一步增加。

表5.1　在“谨慎人”原则下养老基金的平均资产配置，1970—2001年

单位:%

资产类别	年份	爱尔兰	英国	美国	澳大利亚	加拿大	荷兰
股票	1970	—	49	45	15	27	11
	1980	37	52	41	15	26	5
	1990	53	63	46	27	33	20
	2001	65	71	59	63	58	50
地产	1970	—	10	0	2	1	16
	1980	19	18	0	13	2	14
	1990	11	9	0	16	3	11
	2001	9	6	2	9	6	6

续表

资产类别	年份	爱尔兰	英国	美国	澳大利亚	加拿大	荷兰
总不动产	1970	—	59	45	17	28	27
	1980	56	70	41	28	28	19
	1990	64	72	46	43	36	31
	2001	74	77	61	72	64	56
政府债券	1970	—	18	7	51	38	10
	1980	34	22	14	33	40	5
	1990	23	11	20	13	39	14
	2001	4	10	35	16	28	17
其他债券/贷款	1970	—	14	44	—	26	57
	1980	0	2	29	—	24	72
	1990	7	3	18	7	12	47
	2001	17	3	1	5	5	26
现金	1970	—	4	1	—	5	3
	1980	10	5	8	—	9	2
	1990	6	7	9	23	11	3
	2001	2	3	2	5	2	2
总货币资产	1970	—	36	52	—	69	70
	1980	44	29	50	—	73	79
	1990	36	21	47	43	62	64
	2001	23	16	38	26	35	45
其他资产	1970	—	5	3	—	3	3
	1980	0	1	7	—	-1	2
	1990	0	1	7	14	2	5
	2001	3	7	2	2	1	
国外资产百分比	1970	—	2	0	—	—	7
	1980	27	9	1	—	4	4
	1990	29	18	4	13	6	15
	2001	68	28	12	30	33	67

埃克斯利等学者（1997）强有力地推出一个符合市场的方法来评估养老金债务、投资债券中的相关资产，继而在英国、美国和加拿大的精算界引发了一场长期辩论。最初，辩论的焦点是如何评估养老金债券及如何投资养老基金，后来发展到精算界出现两极分化：一极提倡金融经济学，另一极提倡传统精算法。简单概括这场辩论，“金融经济学家”辩称养老基金应主要投资于债券，“传统精算师”则支持常规的较高的股票投资比重。这场辩战还在继续，目前还没有对养老基金的平均资产分配产生重大影响。一直保持较高的股票投资比重可归结于两个原因。

第一，莫顿·米勒的观点并没有必然导向100%债券投资策略。如鲁宾斯坦（2003）所述：“人们惯于将MM定理（莫迪利亚尼－米勒定理）视为一种方法来得到资本结构‘相关’的理由，而不是视为证明资本结构‘不相关’的真实证据。”就这一点而言，假设一家公司要发起一项固定收益计划，该公司在生产或服务交付方面具有专长，期望凭借这种专长获得合理的收益。在一个竞争性行业中，该公司要努力保证自身在所选领域中的竞争优势不被其他难以控制的影响收益的因素所削弱，这些因素包括由于养老金资产相对绩效较差而导致的较高的劳动成本。在商业的非竞争性部分避免这些不利偏差的一个常用方法是模仿对手——复制他们的薪酬结构，如果涉及固定收益计划，则复制他们的投资策略。因此，根据MM定理，行业内部通用的实际的投资策略并不重要（这是关键），但并不表示个体公司采取的投资策略并不重要——如果一家公司的薪酬成本和对手存在体制上的差异，则可能产生天差地别的资产组合。因此，在投资管理业之外，企业应该复制竞争对手的养老金投资策略；复制得越准确，养老金的财务收益越大，行业的劳动密集程度越高，公司产品的需求受价格的影响也越大。即使在投资管理业内部，任何公司应密切关注竞争者的投资策略，如果其不想因为较差的相对绩效同时危及工作和养老金。注意，最终结果和MM定理的结论一样——行业中养老金计划的实际投资策略是不相关的，机制存在本质差异。根据以上分析，最终承担投资风险的是消费者，而不是股东。

第二，与惠兰（2007）所提出的一样，以与市场一致的方式评估，股票和20年期债券与未到期的养老金负债具有同样量级的不匹配风险。因此，如果预计股票的绩效会超越债券，那么投资于股票是优化策略。然而，延伸到近来债券市场的期限以及剥离的创新，合适期限的债券提供最小风险投资策略。随着机构管理投资风险的能力在提高，承担风险的能力在过去几十年里一直在下降，因为先前不完善的养老金合约被规章定义得更加明确，所以盈余大大减少。可以预计这些发展会增加基金中债券的比重，或者，考虑到相关的成本增长，固定收益计划的数量将会减少。

第 6 章　行为金融学

本章将讲述影响投资决策及最终市场的行为因素，并简要介绍这些影响因素如何帮助我们成为更出色的投资者。

市场是个体行为的集合

1986 年，《商业杂志》发表了一个论文集——《经济学理论的行为学基础》。该论文集被描述为经济学家和心理学家的一次交流，从本质上说是对流行的市场模型的有力攻击。这类市场模型为应用型经济学家所推崇，他们将自己所在的领域称为“金融学”。

在众多风险选择中，我们“应当”如何决策，如何在个人决策中坚持逻辑一致性，这是彩票效用构想的假定条件，是博弈论的基础。这套标准原理被用于使一个“漂亮处方”合理化，即如何推导出充分分散的投资组合（马科维茨，1959），尽管后者本身对于许多投资决定是很好的工程解决方案。接下来，效用理论和马科维茨最优化行为的结合被用于打造理想化的“代表性”投资者，描述市场定价、由夏普（1964）提出的资本资产定价模型及其他理论。遗憾的是，从“应该如何做”到“实际实施”的跨越并不尽如人意。尽管学术金融学领域两代杰出的数学家和统计学家尽了最大努力，基于理想化的效用优化理论（及时得到完善补充）的资本资产定价模型尚未得到强有力的数据支撑。

很难设想人们如何进行详细优化，甚至是在没有可能性的情况下。带有概率性推理（对于大多数人而言很难）的优化成为对个体的有效描述是无望的。当代学术研究中探索的更易掌握的数学解决方案需要简洁，此外人们相信，市场竞争力量会创造出一种价格，这种价格的表现就好像是由单一类型的理想投资者决定的，个体差异仅仅在于他们对同类风险持不同的态度。经济学家希望在描述个体时的误差很小并且能够相抵，因此当大量市场参与者聚集在一起时，累积误差可以被忽略不计。这种合理化能够以最小的理论让步，解释少数投资者持有类似马科维茨最优投资组合的组合，但仍然坚持 CAPM 市场定价的理想蓝图。

20 世纪 80 年代，一次大会取得的成果是明确指出金融经济学家不可以再忽视预期效用最优化的行为偏差。决策者在面对量化判断时(涉及不确定条件下的概率)，会产生强烈的系统性偏见。这种缺陷如此普遍，事后看来，带有理性定价（来自掌握充分信息的理性投资者，这些投资者除了风险厌恶程度不同，在所有其他方面都一样）的有效市场理论似乎是不可信的。

在大会上，可能最令经济学家震惊的陈述是由特沃斯基和卡尼曼(1986）提出的标题为“理性选择与决策框架”的报告（卡尼曼在 2002 年获得诺贝尔经济学奖，特沃斯基当时已过世)。这篇报告描述了人们对于在数学上的等效问题的主观判断，它们存在根本的、系统性的差异。显然，在一般情况下，人们不会准确估算客观概率。理论上更糟的是，我们通常甚至无法组合出一个一致的主观概率。结果是，同一个人在不同情况下对偏好的令人不安的逆转对于经济学家来说可能是相当的。

任何读过有关在不确定条件下进行决策的心理学著作的人，都不会对这篇报告感到吃惊。这是特沃斯基和卡尼曼经过多年研究得出的自然成果。

现实的个体决策

特沃斯基和卡尼曼在研究中引用了自20世纪50年代以来的一系列研究。其中至少有一项研究，商业学生甚至在60年代就能够读到，当时正是CAPM被提出的时候。

满意度和试探法

1978年诺贝尔经济学奖授予赫伯特·西蒙，以表彰他在20世纪50年代所做的关于有限理性的研究。西蒙强调对于人类决策展开实证研究，而非一味观察经济学集合（如价格）。他不满意于自己只有在电脑上模拟一个决策后（如同信息处理程序），才能理解这一决策。在这样做的时候，他不得不面对真正的决策和特沃斯基－卡尼曼理性模型之间存在的巨大差异。

最开始，西蒙发现，人类做决策是靠满意度而非最优化。也就是说，人们在寻找问题的解决方法时，最终会找到一个或少量满意的方案，而不是殚精竭虑去寻找绝对的最优方案。

在我们面临复杂决策且信息不全时，我们的决策往往是基于试探法——行为或推理法则，相对于准确或最优解决方案，常常只提供较好的近似方案。试探法解决比真实问题更简单的类似问题，因此易学易用。例如，“始终对股票充分投资”是一条试探法则；“始终分散你的投资组合，以便每个行业所占百分比不超过25%”也是一条试探法则。

特沃斯基和卡尼曼在研究中专注于人们在决策时（涉及在不确定情况下的数字估算）对试探法的运用。在20世纪60年代，人们已经知道无法准确描述自己的行为，部分原因在于自我形象被理想化了。要探索人们在决策时究竟做了什么，就必须建立严格的实验并记录下行为反应。特沃斯基和卡尼曼以及他们的学生和同事设计了众多实验。他们集中于三大类试探法，在不确定情况下，这些试探法看起来会让有关事实和概率的数字判断产生极大误差。特沃斯基和卡尼曼称它们为代表性、可得性以及锚定。

代表性

代表性在本质上是通过套用老套来推理。还有一种体现形式是想用类似故事去解释事件的愿望，以及期望少量样本包含大量样本中所有可识别特征的愿望。这类愿望使得我们忽视了一些本该在客观上影响我们概率评估的因素，如基本逻辑和样本数量。以下是一个忽视逻辑的经典例子，来自特沃斯基和卡尼曼的《统计直觉的研究》。

研究对象得到如下说明：

> 琳达31岁，单身，坦率，相当聪明。她的专业是哲学，在学生时代，她相当关注歧视问题和社会公正问题，此外，她还参加了反核武器游行。

接下来，研究对象得到两种可能为真的描述：

A. 琳达是银行柜员。

B. 琳达是银行柜员，是女权运动积极分子。

大多没有正式接受过概率理论培训的研究对象都认为B更有可能，即便有线索表明这在逻辑上是不可能的。

其他一些实验显示，即便是研究领域的专家也是如此，如果没有接受过正式的统计学训练并得到暗示运用所训练的技能。例如，以下是有关壁球选手的问题：

> 你知道，壁球比赛可以采取9分制或15分制。保留其他所有规则不变，如果选手A比B更加出色，哪种计分制会为A带来更大的胜算？

根据特沃斯基和卡尼曼的报告，尽管所有被调查者都有一定的统计学知识，但大多数人回答计分制不会有任何差异。然而，更长的比赛时间显然会让水平更高的选手更有可能战胜随机效应，而随机效应在样本数量较少时很有可能会占据上风。代表性偏见还会让调查对象得出结论，在极少量样本中的绝对优势比极多量样本中的微弱优势更有价值。代表性让我们太过笼统地概括我们已经在小样本量实验中建立的有利规则。在最初含义上稍做延伸，代表性可以用来解释许多普遍结论，这些结论来自不同规则的小样本量实验的尝试。这就是可怕的数据挖掘（过度拟合）误差。

可得性

作为决策者，我们常常不是从所有可得样本中估算频率，而是从最容易记住或最容易组建的情况入手。这就是特沃斯基和卡尼曼所称的可得性偏差。以下是他们举的一个例子：

字母 *r* 更容易出现在：

· 英语单词的第一个位置上，或者

· 第三个位置上？

大多数被调查者认为，*r* 更多出现在第一个位置，而正确的答案是第三个位置。这是因为，以 *r* 开头的单词更容易让人回想起来。

同样，作为投资者，我们一般更容易将极端事件或近期事件作为典型，因为这类事件容易记住，如 1987 年 10 月的股市大崩盘，或者 1998—2001 年的“互联网泡沫”。

锚定和调整

锚定发生在我们从初始期开始回答问题时，但接下来必须对其做出调整。这导致在逻辑上相同的判断极大依赖于情形框架。以下是特沃斯基和卡尼曼给出的例子，显示出锚定所产生的偏差。

对于一组测试对象，让他们估计非洲国家的数量。对于测试组中的一半成员，先问这个数字是大于 75 还是小于 75，然后让他们做出最好的推测。对于另一半成员，问他们这个数字是大于 25 还是小于 25，然后让他们做出最好的推测。结果，第一组成员的平均答案远远高出第二组。

锚定效应显然可以用于巧妙销售和谈判策略，此外，在令人意外的背景下，同样可见离差估值锚定在中心最佳猜测周围。举个例子，假设先让被调查者估计一年后的道琼斯工业股票价格指数。然后，让他们估计一个他们能 98% 确定的真实数值下降范围。结果，得出的范围比真实经验范围大大压缩。比如，他们 98% 确定的区间只包含了 70% 的观察值，另外有 30%（而非 2%）排除在这个区间之外。这种锚定效应让被调查者表现得似乎对于初始预测值过于自信。

特沃斯基和卡尼曼惊讶地发现，引发这 3 种偏见的试探法如此根深蒂固，以至于很难基于特定决策领域的实际经验来克服它们。一般只有在接受过正式训练并且得到明显暗示，问题的解决应利用训练中的特定技巧时，人们才会进行较理性的估算。即使接受过专业训练的专家，常常也会成为代表性、可得性和锚定这 3 种顽固的试探性偏见的受害者。

撇开特沃斯基和卡尼曼不谈，还有其他一些明显的认知偏见，对于心理学学生来说十分熟悉，其中一个重要的偏见是认知失调。

认知失调

假设你认识乔和丹，你喜欢这两个人，但后来你发现他们彼此极度厌恶，那么很有可能你的态度将慢慢转变，渐渐和其中一个人走得更近而疏远另一个人。同样，我们的思维很难包容两种难以协调的观点。也就是说，在面对冲突时，我们的思维下意识地寻找更好的平衡点，试图忘记或抛开最不统一的感觉或态度。这种现象被称为“认知失调降低”，由费斯廷格（1957）提出。

费斯廷格假定，当大脑持有两种相互矛盾的观点时，会产生不适感，这种不适感必须以一种或多种方式得以释放。相对较无关紧要的观点可能被抛弃，可能被扭曲为更加协调的观点，即便这个过程会涉及某种相当复杂的创造。最后，额外的支撑事实被收集到一起，支撑更加重要的观点。费斯廷格的理论在许多情况下都得到了支持。

与特沃斯基和卡尼曼有关代表性的观点相似，认知失调的降低能够在很低的水平上进行，我们可能永远都不会注意到这一奇怪的事实，甚至永远不会感觉到这一事实的存在。然而，认知失调降低还会逐渐消融、改变已经在我们头脑里占据可靠落脚点的想法，直到这些想法与我们的总体观点相吻合。这种融合过程或许是心理健康的一个关键部分，但也会严重限制我们学习看待新事物方法的能力。这对于投资者来说尤其危险，因为可能让我们在反驳证据出现很久之后仍然维持立场不变。此外，认知失调降低还会让我们过多接触支持我们之前已有想法的信息源。除非我们受过专门训练，否则我们会相信好公司一定有好股票，但事实往往相反。

市场不仅仅是几乎相同部分的总和

虽然个体心理学成果对于预测市场行为是有帮助的，然而试图通过从个体的特征（甚至是理想化的特征）外推到市场行为，就如同试图通过单个分子的性质，外推出封闭容器中气体压强、温度和体积的波义耳定律。投资者获取和处理信息的方式不同。抛开这些差异不谈，普遍的思维模式广泛蔓延于市场中。不同的决策法则将在其生态系统中生存下来。市场定价稳定性将在极大程度上依赖于市场参与者从先前有限的、相对存在已久的经验中归纳推导的能力。

决策法则的异质性

1972 年，威尔考克斯的专题论文——《度量决策假设的方法》出版。他的目标是抓住投资者决策过程中的某个实质部分，反映出决策是如何实际产生的。他运用角色建构测验（目前仍被一些认知心理学家采用）得到的发现是，共同基金组合经理、信贷专员和个体投资者之间的方法存在极大差异。这一程序导致一组股票特征，可以被量化为因子，在常规的最小平方回归中用于模拟股票投资偏好。惊人的结果是这些解释各投资者偏好的因子有很大不同。

表6.1中给出的例子来自研究中40位投资者当中的6位。威尔考克斯在1969年的发现向有利于增长和动量的方向严重倾斜，反映出本章所描述的偏见。这些信息处理风格或许已经为价值导向的投资者创造出大好机遇，在今天的存在程度或许更低。

表6.1 用于股票归类的特征因子

投资者类别	因子负荷	回避	追求
职业操盘手	0.72	大市值	小市值
	0.81	大量	小量
	0.72	永远不大可能流行或不流行	根据是否流行，会有很大的变化
共同基金组合经理			
第一因子	0.89	稳定增长	可变增长
	0.71	不投机	投机
	0.91	可预测	不可预测
第二因子	0.71	过去5年中的不良股票	过去5年中的优良股票
	0.85	其行业管理不善	其行业管理有效
	0.74	不良的历史增长记录	良好的历史增长记录
个体投资者			
第一因子	0.74	严重下滑的市场	急速增长的市场
	0.73	不精通金融工具的使用	精通
	0.87	不良的增长记录	良好的增长记录
	0.84	不善管理	良好管理
	0.88	落后竞争者	创新，超越竞争者
第二因子	0.97	近期，在跌市时比同类股票下滑多、在涨市时比同类股票上涨少的股票	近期，在跌市时比同类股票下滑少、在涨市时比同类股票上涨多的股票
	0.93	在过去半年中急剧下跌的股票	在过去半年中急剧上涨的股票

续表

投资者类别	因子负荷	回避	追求
个体投资者			
第一因子	0.78	—	大量的机构参与
	0.84	交易呆滞市场	拥有广泛的所有权
第二因子	0.076	长期技术需求日益恶化	长期技术需求日益提高
	0.76	短期技术需求日益恶化	短期技术需求日益提高
	0.82	股价近期大幅下跌	股价近期大幅上涨
信贷专员			
第一因子	0.80	—	迷人的增长股
	0.85	普通股票表现	出色的股票表现
	0.80	之前是市场热门，目前已光芒不再	反之
	0.74	低市盈率	高市盈率
	0.78	—	管理显示出增长能力
	0.80	从空前最高记录下跌	接近空前最高记录
第二因子	0.93	不太可能有极高增长率	很大可能有极高增长率
	0.76	收益停止	收益快速增长
信贷专员			
第一因子	0.76	极度波动的股票	波动性较小的股票
	0.77	不良管理	良好管理
	0.86	可疑管理	诚实管理
	0.79	短暂历史	长期历史

社会心理学和群体影响

约翰·多恩说，“人不可能完全孤立如小岛”。这话说得很对，大多数人都属于不同的群体——家庭、工作团队、朋友圈。这些群体有特征、准则、语言和观点，对我们的想法具有重要影响力。1936年，谢里夫针对有影响力的群体准则的形成过程，描述了一系列经典实验，而这些准则是没有事实依据的。

谢里夫利用了被称为自动效应的错觉：人在黑暗空间中会感觉静

止的光点在移动。谢里夫让测试对象在单独和多人的情况下，估计光点的移动距离。在单独判断的情况下，测试对象建立了自身的平均估值，从 1 到 10 英寸。接下来，测试对象被分为 3 组，个人估值渐渐集中，直至达到一个共识。在几次测试之后，测试对象接受了一个标准估值，代替了他们自己的判断。在后面的单独测试中，测试对象仍然受到这种群体准则的影响。

群体观点相当具有说服力，不但是在日常生活中，而且在投资世界同样如此。许多职业投资者敏锐察觉到了群体观点对投机泡沫的确定作用。在笔者的投资经验中，有一个突出经历是观察一群资深投资人试图在一个新的投资想法上达成共识。一家以反向投资策略为荣的公司也试图进行这样的操作，实在是很讽刺。

从某种程度上说，群体影响类似认知失调降低，不过幅度更大。个体感到需要赞成群体，否则，地位常常遭到排斥或降低。对于一群讨论最佳建桥方法的人来说，这或许是一个有用机制，但在竞争市场，这种影响可能会挤出任何可以获利的想法。更极端一点说，群体影响导致了投机泡沫。

实验市场

2002 年，弗农・史密斯和丹尼尔・卡尼曼共同获得诺贝尔经济学奖。史密斯早期有许多论文针对实验经济学，包括股市模拟，以实验人为研究对象。实验模拟的一个优势是让针对动态行为和市场稳定性的研究成为可能，突破了金融期刊中常规的针对均衡的数学研究。一方面，史密斯和他的学生及同事们向人们展示，信息有限的参与者可以设计简单的市场机制（当存在可能时），得出一个有效价格。另一方面，在外部价值指示（股息）发生改变，对其他市场参与者的行为的期望发生改变，以及价格发生改变的模拟过程中，能否达到差不多稳定的均衡情况值得怀疑。然而，可以预测产生投机泡沫和萧条的概率。参与者的经验越少，则他对于其他参与者的行为更加不确定，引发动荡的概率也越大。

人造市场

用电脑模拟投资者行为比人工模拟成本更低，更易掌控。

在市场出现之前，必定存在群体互动。在早期一些有趣的电脑研究中，有一项研究（爱泼斯坦和阿克斯特尔，1996）模拟了生活在电脑制造的网格中的“蚂蚁”，为它们提供随机出现的糖，使蚂蚁之间相互竞争。每只蚂蚁都有自己的特征。爱泼斯坦和阿克斯特尔每次增加一条行为准则和社交体系的结构特征，然后观察发生了什么。他们发现，单个结构和行为准则会导致迁移、负重能力改变、收入差异分配等复杂的社交结果，这种情形类似于人类群体、不同部落之间的有组织战争。当增添第二种商品“香料”并允许贸易时，他们观察到定价行为的基础决定因素。交易增加了环境承载能力，同样增加了收入差异。在他们的例子中，如果代理永远存在，并且在充分稳定和独立的商品生产条件下，分散的价格也许会达到平衡，即使所有的交易都是由认知能力极其有限的代理分散达成，没有中央市场或拍卖商。

然而在其他情况下，情景式生产活动和人口增长动态或许会持续改变商品的丰富和短缺情况。即便生产和消费的不稳定性没有占据主要地位，当允许交易和再生产时，不断有经验不足的代理进入，导致更多大范围的围绕均衡价格的干扰。当代理对糖和香料的偏好能够随邻居的偏好而发生改变时，交易量上升，价格模式类似随机漫步。由于模仿作用或新参与者的到来，偏好的改变对于市场价格波动具有惊人影响。

爱泼斯坦和阿克斯特尔对于许多互动社交现象很感兴趣。为了从更深层次、更专业的角度看股市行为，让我们转向一系列由圣达菲学院赞助的著名实验，这些实验被称为“在人工股市中内生期望下的资产定价”。实验允许不同类代理对市场拥有不同期望，各投资者的准则都可以包含关于其他投资者期望的不确定性。这就引入了无限回归。对我的回报取决于我对你行为的期望，你的行为反过来应该（或许不应该）以你对我行为的期望为基础，我的行为也许取决于对你的行为的期望……这是为下一举动推导均衡点的根本难题。投资者或许对均衡有些想法，但对于哪些投资准则最有效，他们基本上会被迫依赖于归纳而非推导，而支持不同准则的条件将发生波动。

报告的模拟现象始于随机准则，持续了成千上万个周期。作者发现可能出现两种市场行为体制，取决于学习机制在寻找更好的投资准则中发挥作用的频率。当学习速度较慢时，不久后交易渐渐处于相对较低的水平，价格虽然受到持续的小的随机干扰，但趋近于理性预期假说所预测的水平，而理性预期假说以理论均衡为基础，理论均衡基于股息和投资者风险承担能力的噪音。因此，我们看到，无须指定所有投资者都始于同样的期望，就可能得到一个接近 CAPM 的解决方案。

如果学习速度较快，就会出现更多的动态行为。这些行为再现了与市场有关的程式化事实，这些事实已由计量经济学家证实但 CAPM 无法对其做出解释，还有一些事实已被从业者怀疑但学者尚未证实。

以下是两位作者报告的一些例子：

1. 尽管股息扰动（来自经济）正常发生，但股票收益率表现出极大的峰态或肥尾性。

2. 成交量大。

3. 价格波动被放大，远远超出股息波动的直接影响。

4. 有关盈利的技术或动量准则变得有效。

5. 有关盈利的基础准则变得有效。

6. 市场的波动期跟随在寂静期之后。

7. 波动性和成交量紧密相关。

8. 系统或许没有趋于均衡的趋势。

圣达菲学院的研究结果显示出学习速度（以及无经验的投资者所占的比例，根据推理）是不稳定源，这一惊人结论与爱泼斯坦和阿克斯特尔较简单及专业程度较低的研究所得出的结论相同，同样与弗农·史密斯的早期实验研究结果类似。投资者类型异质性的主要影响与其说是在一个时期内的分歧，不如说是在不同的投资者群体相互对立的情况下，在很长一段时期内出现复杂行为的可能性。这表明理论金融学不能再把投资者预期同质化的假设仅仅看作是确定价格的均衡点的数学简化。不同观点的相互作用，我们可以称之为思维模式，这是主要的驱动力，伴随着经济繁荣时期交易行为的变化。

行为金融学原理的运用

将心理学研究成果应用于帮助个体投资者管理自身在投资中的情绪和认知偏见，是值得关注的。然而在实际当中，一些成功的交易者建议，建立明确体系能帮助人们克服恐惧和贪婪情绪，还有一些成功的投资者强调脱离共识思维的重要性。

许多以经济学为导向的金融研究者为理想化市场定价模型提出的辩护，本质上等同于个体认知偏见将被抵消，对于没有抵消的部分，更有纪律性的、愤世嫉俗的或者逆势而动的投资者群体将蓬勃发展，以抵消它们的影响，进而生成有效定价。此外，当然，在专业证券交易商和投资者那里可以频繁观察到那些心理学观点。然而，行为经济学会提出反对意见，认为各种机构限制将阻止充分的套利交易，因而无法抵消自负和其他认知偏见。另外，那些辩护者还将注意到，在某些情况下，如此多的参与者都持有类似观点，因此对立基金并不充分。

针对大理论的评论

在行为金融学中寻求市场定价大理论的人很有可能要失望。从微观人类行为到市场集合结果之间的跨越实在很大。获得极大成功之前，这些理论似乎不太可能表现为决策准则原型。然而，行为金融学为我们提供了详尽的偏见和假设记录，可能能够帮助积极型投资者管理自身行为，开发投资机遇。

特沃斯基和卡尼曼注意到决策者在不确定情况下做出数值判断时，自学克服偏见的速度极其缓慢。人们在投资时的学习速度甚至更慢，这也就不足为奇了。股市比特沃斯基和卡尼曼的实验条件更为复杂，人们的试探行为所处的环境更加复杂。起因和效应都隐藏在一个竞争如此激烈的世界中，大多数人只相信已经反映在股价中的东西，因此预测没有意义。由于市场相对有效，任何不会立即导致破产的投资准则都可能在肉眼看不到的情况下取得结果。

学习更好的长期策略确实时有发生，如指数基金增长所见证的那样，指数基金增长对于许多投资者来说都是好事。投资资金范围内的成交额，随之发生的经验损失，以及大多数投资者的股票收入只是他们工作或商业收入的辅助这一事实，确保了理性均衡将不会稳定，如果确实存在理性均衡的话。但在长期看来，那些利用了行为金融学发现的投资策略或许将生存下来并得到更快速的发展。

什么是行为金融学

标准金融学，又称现代投资组合理论，有四大基石：（1）投资者具有理性；（2）市场有效；（3）投资者应根据均值－方差组合理论设计投资组合，并在实际当中运用这些投资组合；（4）预期收益率是风险的函数，并且仅为风险的函数。现代投资组合理论确实很现代，起源于20世纪50年代晚期和60年代早期。莫顿·米勒和佛朗哥·莫迪利亚尼在1961年将投资者描述为理性投资者。尤金·法玛在1965年将市场描述为有效市场。哈里·马科维茨在1952年提出均值－方差投资组合理论的雏形，在1959年推出该理论的完整形式。威廉·夏普采纳均值－方差投资组合理论，在1964年提出资本资产定价理论。根据该理论，预期收益率之间的差异仅由风险差异决定，贝塔是对风险的衡量。

行为金融学为标准金融学的四大基石各提供了另一种说法。根据行为金融学，投资者是“普通”投资者而非“理性”投资者；市场并非有效，尽管难以被打败；投资者根据行为投资组合理论的规则设计投资组合，而不是根据均值－方差投资组合理论；预期收益率遵循行为资产定价理论，在该理论中，风险不是由贝塔衡量，预期收益率还受到风险以外的因素的影响。下面我们将介绍行为金融学的各大基石。

“普通”投资者和理性投资者

不愿意遭遇损失是理性投资者和普通投资者之间的众多差异之一。这种不情愿对于理性投资者来说莫名其妙，因为根据米勒和莫迪利亚尼（1961）所写，理性投资者只关心他们财富的实质而非形式。在没有交易成本和税收的情况下，账面损失和已遭遇损失只存在形式上的差异，没有实质差异。此外，考虑到税收问题，已遭遇损失比账面损失更具优势，因为已实现损失降低了税收。

你我都是普通投资者，甚至如玛莎·斯图尔特这样富有的名人也是普通投资者。我们并不愚蠢，但并不像米勒和莫迪利亚尼所定义的那样理性。玛莎·斯图尔特不情愿遭遇损失就是一个证据。斯图尔特女士在给朋友马克·高德斯汀的一份邮件中写道：“用大量的损失去抵销某些收益，这让我倒胃口。”如果斯图尔特女士是一位理性投资者，她将会在所持股票下跌和受到“账面”损失时感到倒胃口，而不是在遭遇损失时，因为与遭遇损失相关的交易成本相对于税收得益一般相对较小。

谢弗林和斯特曼（1985）以行为学框架展示出遭遇损失的犹豫情形。他们提出，这种犹豫源自两种认知偏见和一种情绪的综合效应。第一种认知偏见是错误框架，普通投资者不能够将他们的股票调整至市场价。投资者开户购买股票，之后继续将股票的价值认定为购买价格，即便是在市场价格发生改变时。他们只在出售股票并结清账户时才会将他们的股票调整为市场价。普通投资者不承认账面损失，因为开户状态保留了股价将会上涨、损失将变为收益的希望。但在出售股票时，这种希望破灭了，损失变成现实。

第二种认知偏见是事后的偏误，这种偏误导致投资者认为在事后明了的事情在事先也同样明了，因此他们认为，自己本可以在事先看到亏损股票，从而避免购买亏损股票。这种认知偏见和后悔情绪相关。遭遇损失带来后悔的痛楚，投资者在事后发现如果没有购买亏损股票，他们本可以获得更好的结果。

行为投资组合理论

行为投资组合理论是一个基于目标的理论。在这种理论中，投资者将资金分到投资组合金字塔的各层，他们分配的依据是目标，如安定退休，接受大学教育，或者有办法在愿意的时候跳上一艘游轮。

通往谢弗林和斯特曼（2000）的行为投资组合理论的道路，始于20世纪中期。弗里德曼和萨维奇（1948）注意到，对财富的希望和对贫穷的规避在我们的行为当中都产生了影响；买彩票的人通常也会买保险。人们追求风险，因而购买股票，同时他们厌恶风险，因而购买保险。马科维茨曾在同一年写过两篇论文，提出了两种截然不同的行为观点。在第一篇论文（1952a）中，他创造了均值－方差理论，以预期效用理论为基础；在第二篇论文（1952b）中，他延伸了弗里德曼和萨维奇的保险－彩票框架。在均值－方差理论中的人和在保险－彩票框架中的人不同，前者绝不会购买彩票，他们始终厌恶风险，绝不会寻求风险。

弗里德曼和萨维奇（1948）观察到，人们之所以买彩票是因为试图达到更高的社会等级，而买保险则是为了避免落入更低的社会等级。马科维茨（1952）阐明了弗里德曼和萨维奇的观察，提出人们试图从现有社会等级走向更高等级，或者从现有财富状况达到更多财富状况。因此，拥有1万美元的人或许会接受赢得100万美元的极小概率，拥有100万美元的人或许会接受赢得1亿美元的极小概率。卡尼曼和特沃斯基（1979）将马科维茨（1952）的研究扩展为前景理论。前景理论描述人们的如下行为：当他们低于自己所期望的水平时，会接受极小概率；但当他们高于自己所期望的水平时，则排斥这种概率。

行为投资组合理论的一个中心特征是，投资者并非将他们的投资组合看作整体，如均值－方差投资组合理论所规定的那样，而是将其看作资产金字塔中界限分明的各层，每一层都与特定目标相联系，对风险的态度在各层之间并不相同。某一层可能为“预防下跌”，目标是防止投资者变得贫穷；另一层可能为“上涨潜能”，目标是给投资者带来变富的机会。投资者在“预防下跌”层可能会表现得厌恶风险，然而在“上涨潜能”层表现得热爱风险。这就是普通的投资者，受期望而非对风险的态度所驱动。

2002 年，《纽约时报》一篇文章的作者梅伦尼·曼加琳达讲述了大卫·卡里奇就某只股票打赌的故事。1997 年，在卡里奇加入一家公司时，他让妻子“给他 4 年时间，这家公司股票将大涨。在这家公司上市时，他的预言似乎取得了很大成功。”到 2000 年以前，卡里奇所持有的公司股票价值 1 000 万美元。“他记得拟定退休计划，记得返回学校，记得花更多的时间和他 3 个儿子待在一起。他的亲戚、同事和经纪人都告诉要他分散资产，但他却没有这么做。”很不幸，最终卡里奇的彩票没有中奖。

卡里奇的欲望很常见，许多下注于个股和彩票的人都有这种欲望。大多数人都输了，但也有一些赢家。其中有一位赢家是纽约地铁系统的职员，他说：“在工作了 31 年之后，我终于能够退休了。我妻子能够辞职在家照料我们的女儿。我们能够到任何想去的地方旅行，能够买下一个公寓，在这之前是我们负担不起的。”像卡里奇那样的投资者和像这位地铁职员那样的彩票买家都渴望退休。买房，旅行，花更多的时间和孩子们在一起。他们购买债券，期望抵御贫穷；购买共同基金，期望达到中等富有；购买个股和彩票，期望变成大富豪。

均值－方差理论规定投资者根据均值－方差有效边界来选择投资

组合，并提供均值 - 方差优化工具作为这种选择的工具。蒙特卡洛模拟法常常被作为均值 - 方差优化工具的补充。投资者（往往得到金融顾问的帮助）用模拟法算出他们实现单个目标的可能性，这种目标通常为退休收入。

蒙特卡洛模拟法同样是行为投资组合理论应用的工具。优化法是在投资组合金字塔各目标、各层中运用的。投资者先根据不同目标分配财富，比如 70% 分配到退休收入，20% 分配到大学基金，10% 支持慈善。接下来，投资者指定实现各目标的期望概率，比如退休收入 99%，大学基金 60%，支持慈善 20%。蒙特卡洛模拟法显示在资产组合中，各目标能否实现。比如，利用加权债券，很有可能实现退休收入目标；利用股票和债券相结合，很有可能实现大学基金目标；利用加权股票（或许添加某项期权），很有可能实现慈善目标。整体投资组合是各层的总和。

行为资产定价模型

究其本质，所有的资产定价模型都是简易经济学——老套可靠的供需模型的不同版本。不同产品之间决定需求的特征各不相同，但总的来说，这些特征可以分为两类，即功利特征和表现特征。一辆轿车的功利特征包括每英里汽油消耗量、可靠性和安全性。表现特征是能够让使用者向自己或向他人展现出自身价值、社会等级和生活方式的特征，包括风格、社会责任和身份等。

在投资领域，功利特征常常被称为“基础”特征，表现特征常常被称为“情感”特征。风险是股票的功利特征，限定风险需求函数的人被认为是理性投资者。理性不易延伸为其他特征，比如社会责任，财富展示，或者对首次公开募股的兴奋。

股票购买者喜欢什么特征呢？投资者喜欢价格和收益波动较小的股票。他们还喜欢大市值、高市账率、高市盈率、低杠杆等的股票。带有期望特征的股票会达到更高的价格，更高的价格对应更低的预期收益率。低账面市值比股票（成长股）和大市值股票的预期收益率较低。在行为资本定价模型（BAPM）中，带有期望特征的股票拥有较低预期收益率。

标准金融学的资产定价模型正偏离资本资产定价模型（CAPM，贝塔是确定股票预期收益率的唯一因素），朝着类似 BAPM 的方向发展。例如，由法玛和法兰奇（1992）提出的三因子模型在标准金融学中十分流行，该模型除风险外，还添加了市值和账面市值比为影响预期收益率的因素。标准金融学的这种三因子模型和 BAPM 的一个区别在于对这些特征的解读。在标准金融学中，市值和账面市值比被解读为对风险的衡量；小市值股票和高账面市值比股票（价值股）被认定为高风险股票，高风险对应高预期收益率。

与之相对的是，行为资产定价理论将同样的特征解读为情感反映（一种情绪）和代表性（一种认知偏见）。这两种特征都促使投资者认为优秀股票就是优秀公司的股票，小市值股票和高账面市值比股票（价值股）是“劣等”公司的股票。由于投资者对这些公司有负面情绪，所以回避它们，导致它们的价格被压低，预期收益率被抬高。谢弗林和斯特曼（1995）发现，接受《财富》杂志调查的人普遍认为小市值、高账面市值比股票是缺乏投资吸引力的股票。

设想大多数投资者都是普通投资者，错误地认为优秀股票就是优秀公司的股票，但肯定不是所有投资者都会犯这个错误。某些投资者更加理性，意识到普通投资者的偏误，力求利用这种偏误从“劣等”公司中获利。理性投资者不会通过套利抵消普通投资者对证券价格的所有影响。如果普通投资者对股票收益率的影响失效，根据风险调整的优秀公司股票的预期收益率将和根据风险调整的劣等公司股票的预期收益率没有差异。然而，如果套利不完全，根据风险调整的劣等公司股票的预期收益率将超过根据风险调整的优秀公司股票的预期收益率。

在我们考虑套利和套利抵消普通投资者的偏好对股价影响的可能性时，我们应当注意到没有完美的（无风险）套利。要知道不完美套利的隐含意义，设想理性投资者接收针对特定股票的预期收益率的信息，这些信息可靠但不完美。同样设想这些信息的本质是，由理性投资者评估的该股票的预期收益率高于股票当前价格所反映出来的预期收益率。对于理性投资者来说，最理想的做法是增加该股票的持有量，但随着对该股票投入的增加，他们的投资组合分散性降低，因而承担更高的特质风险。风险的提高使得理性投资者限制对该股票的投入，因而也限制了他们对股价的影响。

那么，BAPM 到底是什么样子呢?

将 CAPM 表示为方程式：

股票预期收益率 =f（市场因子）

将三因子模型表示为方程式：

股票预期收益率 =f（市场因子，账面市值因子，市值因子）

类似地，将 BAPM 表示为方程式：

股票预期收益率 =f（市场因子，账面市值因子，市值因子，动量，情感因子，社会责任因子，身份因子，等等）

市场效率

法玛（1991）很早就注意到，市场效率本身是无法检验的，必须结合资产定价模型（如 CAPM 或三因子模型）来检验。例如，与 CAPM 相关的小市值股票和高账面市值比股票的额外收益率可能显示出市场并非有效，或者显示出 CAPM 不是好的预期收益率模型。

“市场效率”的定义称，如果某股票的价格总等于其基本价值，则市场对于该股票有效。股票的基本价值是股票能够产生的现金流的现值，例如股息。多年以来，人们经常将“市场效率”的定义同另一种概念相混淆，即当你无法打败市场，无法获得额外收益率（或正“阿尔法”）时，市场就是有效的。要获取额外收益率，你必须识别价格相对于基本价值的偏离，然后买进估值偏低的证券，卖出估值偏高的证券。在逻辑上，符合价格等于基本价值定义的有效市场同样也是无法被打败的市场，但无法被打败的市场并不一定是有效市场。例如，想象一个市场，在泡沫时期价格大大偏离基本价值。你仍然无法打败这个市场，除非你有办法利用价格和价值之间的差值，但这往往是不可能的。大量投资者知道股市在 1998 年正经历泡沫，然而许多人在 1999 年卖空股票时损失了大笔财富。

我们有许多证据表明股价通常会偏离基本价值，因此我们知道市场对于股票来说并不总是有效。理查德·罗尔（1988）发现，只有 20% 的股价变化归因于基本价值的改变；雷·费尔（2002）发现，标准普尔 500 指数的许多变化并没有伴随基本价值的改变。1987 年的股市崩盘是市场效率偏离的典型例子。美国股市在一天之内（1987 年 10 月 19 日，被广泛称为“黑色星期一”）下跌 20% 以上。没人能辨别出这一天基本价值发生了接近 20% 的改变。

无法单独检验的问题让许多针对市场效率的辩论变得毫无意义。标准金融学的支持者将市场效率当作既定事实，攻击与之矛盾的异常现象。标准金融学的支持者喜欢 CAPM，只要该资产定价模型显示市场是有效的；但当 CAPM 生成与市场效率相矛盾的异象时，他们摒弃 CAPM，选择了三因子模型。市场效率必须和资产定价模型一起接受检验的这一问题，注定让我们试图在一个方程式中确定两种变量。然而，我们可以假定市场效率，然后探究资产定价模型的特征；或者我们可以假定资产定价模型，然后检验市场效率。

高雅的理论和可检验的假说

有种观点十分普遍，认为行为金融学是有趣的故事集，但并没有提供标准金融学的综合理论和严格检验；然而这种观点是不正确的。当人们想到标准金融学时，他们往往会想到 CAPM 和均值 - 方差理论。这两个理论都极其高雅，但没人去用它们。杂乱的三因子模型取代高雅的 CAPM，成为标准金融学的资产定价模型，宣称预期收益率并不是贝塔的函数，而是股市市值和账面市值比的函数。接着，三因子模型增加动量变成四因子模型，四因子模型增加流动性变成五因子模型。这种增长趋势很有可能会继续下去。同样地，没人运用高雅形式的均值 - 方差理论及其优化工具。配置国外股票的比例限制就是一个例子，背后的推动因素是“本国偏见”。我们并不需要高雅模型，我们需要的是描述真实人在真实市场中的模型。那就是行为金融学模型。

行为金融学提出行为资产定价理论和行为投资组合理论，这些理论并不逊色于标准金融学模型，并且更接近实际。此外，行为金融学提供了可检验的假说和经验评估，这些经验评估能够推翻应该被推翻的假说。比如，谢弗林和斯特曼（1985）提出一个可检验的假说，即投资者一般会坚持持有亏损股票。这一假说可以被以下经验证据推翻：投资者意识到损失非常快速。但许多国家的许多类投资者的行为支持这一假说。

第 7 章　风险心理：行为金融学观点

有关投资新手和投资专家感知风险的概念是行为金融学著作中一个新兴主题。本章主要目标是汇总风险认知著作中的主要课题，这些著作能够为其他研究者提供在这一行为金融学课题领域进行研究的坚实基础。

感知风险（风险认知）是个体在评估风险和不确定程度时所进行的主观决策过程。感知风险这一术语最常用在危险的个人活动和潜在风险中，如环境问题、健康问题或新科技。有关感知风险的研究发展自初学者和专家对于不同类型的科技的、危险的风险含义和风险程度的反复争议。认知是个体寻找对感知信息最佳解释的过程，以便根据自身的专业水平和已有经验做出最终判断。

在 20 世纪 70 年代和 80 年代，“决策研究”机构的研究者，尤其是保罗·斯洛维奇、巴鲁克·费斯科霍夫和莎拉·利希斯坦，提出一项以调查为中心的研究方法研究感知风险，至今仍具有突出地位。特别是心理学方面的风险认知著作为行为金融学专家进行未来研究提供了坚实的学术和理论基础。在社会科学中，风险认知著作论证了大量认知因素和情感因素，这些因素影响着个人对于非金融决策的风险认知。行为金融学著作揭示了许多这样的认知（精神）和情感（情绪）特征，可以应用于投资者的判断过程，判断如何感知各种金融服务和投资工具，如试探法、过度自信、前景理论、厌恶损失、代表性、框架、锚定、熟悉度偏误、控制感、专业知识、情绪（情感）和忧虑。

自20世纪90年代以来，“决策研究”机构的工作开始跨越更广泛的学科，如行为金融学、会计学和经济学。“决策研究”机构的学者开始将来自社会科学的行为风险特征（即认知问题和情绪问题）、各种发现和研究方法应用于金融决策和投资决策领域内的风险认知研究。

什么是风险认知

自20世纪60年代以来，感知风险这一课题就被运用于解释消费者行为。事实上，在消费者行为这一框架中，感知风险是消费者相信从特定商家购买商品或服务时所存在的风险，无论这种风险是否真实存在。感知风险的概念是研究消费者行为的有力基础，极其类似行为金融学学科（即在消费者和投资者决策方面具有相似点）。著名的消费者行为学家鲍尔（1960）在以下观点中提出了感知风险的概念：

> 消费者行为涉及风险，因为消费者的任何行动都将产生其自身无法准确预知的后果，而这些后果之中许多令人不快。至少，任何购买都是与资金的大量其他用途竞争消费者的财务资源……不幸的消费者决策让人沮丧，让人失去自尊甚至别人对他其他方面（他的妻子、他的工作甚至他的人生……）的尊敬。消费者能够考虑众多可能后果，这是不可想象的；他们甚至很少能够高度确定地预测到少数后果。当涉及购买大宗证券时，风险认知能够产生创伤。

科克斯和里奇（1964）提出更加准确的感知风险定义，称感知风险是后果（购买决策所导致的金钱风险）和不确定性（人所感觉到的主观不确定性，不确定会从交易中“得到”什么或“失去”什么）的函数。司顿和格伦豪格（1993）提出，市场营销学科主要研究感知风险的潜在消极后果。这种对风险的消极面的关注类似行为金融学对下跌风险、低于目标额的收益率概率或者灾难性损失概率的研究。雅各比和卡普兰（1972）以及塔皮和彼得（1975）开发出感知风险的6个成分或因素，包括财务风险、产品功能风险、社会风险、心理风险、身体风险以及时间/方便性风险。他们还研究另外两个方面：（1）感知风险，消费者做出最大化感知收益的购买决策；（2）净感知收益率，决策者对风险和收益率进行评估。这两个组成部分类似于现代投资组合理论（MPT）的原理：风险和收益之间呈正相关关系。

人的判断、印象和观点受背景、个人理解和专业经验的影响。研究者已经论证了影响人们风险认知的各种因素，越来越多的研究试图定义风险，对其属性进行分类，解释这些不同问题及其特定影响。在一些理论学科中，研究成果显示，感知风险在决策过程中所产生的影响大过实际风险。多少年来，风险认知研究在广泛的学术领域展开，其中较主要的领域是社会科学和心理学。在本质上，这些领域具有跨学科性，但其中先导的学术领域为心理学和方法论相结合的心理测验学。所涉及的其他学科有经济学、社会学和人类学。

感知风险概念在历史上具有重大意义，被广泛运用于各种学科，如行为会计学、消费者行为学、市场营销以及行为金融学。这些理论学科试图研究人的感觉、价值和态度如何影响他们对风险的反应，此外还有文化因素的影响以及群体行为问题。个体频繁错误感知特定活动的风险，因为他们缺乏特定信息。若没有准确的信息或者若拥有错误信息，人们会做出错误的判断或决定。

一个人对一项风险活动的可接受性或接受可能性可以有多种可能，关键取决于这个人在特定时期辨别哪种因素。因此，这就可以理解我们不能将风险认知简单定义为客观风险的统计概率（例如分布变化），或者定义为纯粹的行为观点（例如试探法原则）。相反，对感知风险概念最好的运用是在既定决定、情形、活动或事件下采取跨学科的多维方法。当个体对金融工具进行判断时，这个过程结合了金融风险度量和行为风险指标。韦伯（2004）提出风险认知的这一观点：

> 首先，感知风险似乎具有主观性，在这种主观性中，又具有偶然性。也就是说，人们的行为是由他们对风险的认知来决定的。其次，风险认知和所有其他认知一样，具有相对性。我们似乎生来就更喜欢相对而非绝对的评价。相对判断需要对比，因此我们的许多判断在本质上是比较性的，即便是在经济理性要求绝对判断的情况下。更密切地关注心理物理学中记录详尽的客观事件和主观情感、认知之间的规律，或许能够提供模拟经济学判断和选择的另外的见解。

对于每个个体而言，风险具有独特属性，因为一个人感知的最主要风险对于另一个人来说或许无关紧要。风险是所有人日常生活中普遍存在的，没有任何判断是“零风险”或者“没有任何不确定性”的。风险认知是人们“看待”或“感觉”潜在危险的方式。风险认知是尝试对风险情况（事件）进行评估，这种评估是以本能和复杂的决策、个人知识以及从外部环境（例如不同的媒体）获得的信息为基础。希特金和魏因加特（1995）将风险认知定义为“个体依据情况的不确定程度，对情况的风险进行概率性判断，对不确定性的可控制程度进行判断，以及对这些判断的信心。”福尔克纳（2002）提出以下观点：

> 尽管我们用风险认知一词表示人们如何对各种风险做出反应，事实上更准则的说法可能是人们如何对危险而非对模糊的风险概念做出反应。这些反应是多维的，不仅仅是对身体危险本身的反应，还是对个体和群体所拥有的价值体系的反应。

在风险认知著作中流行的技术术语强调风险、危害、损耗、灾难性或损害等是感知风险整体概念的基础。风险认知包含风险和危害；这个概念似乎需要包含全面的对风险或危险的认知、经验或理解，以及特定事件或活动的概率或可能后果。麦克里蒙和韦龙（1988）在管理学领域将感知风险定义为三大部分：（1）损失总量；（2）损失概率；（3）受到的损失。从本质上说，感知风险是一个人对进行某一特定活动而遭受潜在损失风险的看法（观点）。瑞恩（1990）概括有关感知风险的研究成果，将感知风险归结为以下 8 项的函数：

1. 直觉试探因素，如可得性、锚定、过度自信等。
2. 随着时间的推移，感知的平均损失。
3. 风险情形的特征或风险事件的后果。
4. 风险来源的关联。
5. 风险处理机构和中介的信誉。
6. 媒体报道（放大风险信息的社会效应）。
7. 其他人（参照群体）的判断。
8. 个人的风险经验（熟悉度）。

什么是认知

一般情况下，针对风险认知或投资者认知的学术研究要么没能给出“认知”一词的确切定义或推介定义，要么忽视了对这一问题进行任何实质性的讨论。近年来，许多学者在作品标题中用到“认知”一词，却没能在作品中讨论这一词语或概念。遗憾的是，这对于读者具有相当大的误导作用，这些学术作品的真正主题是什么？尽管如此，针对认知的许多研究对于行为学和组织行为学的研究者来说是基础知识，但这些研究基本上被传统金融学所忽视。古丁（1973）有关投资者认知的作品是金融学领域唯一一个以行为学观点对认知一词进行大量讨论的作品。只有少量经济学者的研究论文对认知概念做出了详细讨论。

认知概念或感知风险隐藏主观或定性成分，金融学、会计学和经济学学者大多不认同这种成分。韦氏词典将“认知”定义为“感知行为或感知能力，在精神上对事物的获取，理解。”韦德和泰吾瑞斯（1996）提出“认知的行为学含义”是“大脑组织、理解感官信息的过程”。组织行为学领域的研究者目前对认知提出了以下两种观点：

1. 理解认知的关键是明白认识是对情形的一种独特解释，而没有精准的记录。简言之，认知是非常复杂的感知过程，能对世界勾勒出独特画面，这种画面可能与实际相去甚远。

2. 认知是环境刺激的选择和组织过程，为认知者提供有意义的经验。认知体现了一种心理过程，在这种过程中，人们从环境中获取信息，为他们的世界赋予意义。认知包含对世界（事件、人、物品、情形，等等）的感知，包含对这个世界的信息的寻找、获得和处理。

认知是我们认识世界和世界中的自己的方式。认知同样是理解行为的基础，因为认知过程是刺激物作用于个人的方法。换句话说，认知是人们组织和理解感官直觉的方法，以便为人们对“事件”或“事物”的意识赋予意义，而不是简单给出特征或品质。认知过程是个人根据知识和过往经验对所获感觉信息进行最佳解释的过程。在这种认知过程的某一时刻，错觉往往是个人错误组织和处理信息的结果。伊特尔森和基尔帕特里克（1951）提出以下观点：

> 什么是认知？为什么我们能看到我们所看到的东西，听到我们所听到的东西？我们基于认知采取行动，我们的行动引发新的认知，新的认知引发新的行动，这一难以置信的复杂过程组成了我们的生活。显然，对人认知自我和世界这一过程的理解，是充分理解人类行为的基础……认知是基于行动、经验和概率的功能性事件。

摩根和金（1966）进一步阐述了他们对心理学领域认知的描述。

他们提出两种不同的定义：

1. 意志坚强的行为学家在使用“认知”一词时，将其定义为辨别刺激物的过程。这种观点认为，如果一个人能够感知刺激物之间的差异，他就能够做出反应，以此向他人展示他能区分不同的刺激物。这种定义回避了类似“经验”等词语，具有一定的说服力，因为这和人们能够在实验中衡量的东西相符。

2. 对“认知”的另一种定义认为，认知涉及人类所经历（所看、所听、所感、所闻和所尝）的世界。当然，我们无法将我们自己放到其他人的位置上，但我们可以听其他人口头传授他们的经验。我们还可以凭借自己的经验更好地理解他人的经验。

不同学科对于风险的解释同样存在极大差异。金融和投资领域的研究者应专注于认知的以下基本特征：

· 个体的认知基于对过去类似事件、情景或活动的经验。

· 人们聚焦或关注相同情景的不同成分（信息）。

· 认知的主要前提是个体有能力每次只处理数量有限的事实和信息，以便对特定活动、事件或情景做出判断或决定。

· 总的来说，组织信息、赋予信息意义，这是人的本能。（我们有让新刺激物匹配我们在环境中已知事物的倾向。）

· 如果刺激物（驱动力）没有对人的行为产生影响（作用），那么就没有被人接收；然而，即便事实上不正确或不真实的刺激物，只要人们认为是真实的，就会产生影响。

· 认知是个体感知现实，形成特定见解、意见或观点的过程。

· 个体相信自己所感知的东西事实上也许并不存在。

· 人们的行为以他们对现实的认知为基础，并不一定是以现实为基础。

· 最后，认知是一种积极的决策过程，结果是不同人对同一事件、情景或活动持有不同甚至对立的观点。

最后一条观点由卡斯特和罗森茨魏希（1974）提出，他们总结了有关认知的所有讨论：

> 通往“真实”的直线常常已经呈现，但每个人基于对真实世界的认知，只有唯一的观点。某些想法可以被修正以便一些或许多个体能对一系列事实达成共识。然而，在大多数现实情形中，许多想法无法修正，且在很大程度上由价值决定。即便事实已经确定，其含义或意义对不同的个体来说可能相差极大。

对认知过程的视觉描述：利特认知形成模型

我们接下来讨论利特提出的简单的认知形成模型，如图 7.1 所示。该模型来自组织行为学领域，目的是为认知决策过程提供一个可视化的演示，并对这一过程进行进一步解释。该模型很好地应用了前面有关认知的讨论。古丁（1973）在针对投资者认知的大量研究中运用该模型，将该模型引入金融学领域。

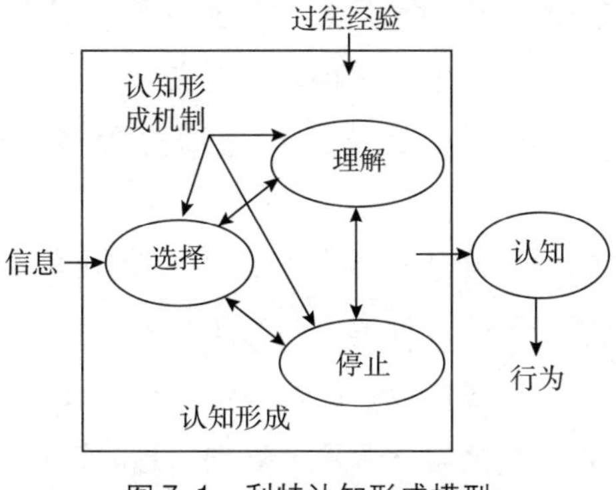

图 7. 1　利特认知形成模型

利特的模型揭示了认知如何产生、如何影响个体行为。在这个过程中有两种外因，即信息（如金融数据）和过往经验（如投资者的决策过程）。该模型包含 3 种认知形成“机制”，这 3 种机制被认为是内因（由个体自身发展形成），即选择、理解和结束。选择性认知是指个体从大量接收到的选择项中仅仅选出特定信息。大体上，我们在同一时间内只能集中并清晰感知少数刺激物。接收到的其他活动或情形则不那么清晰，剩余刺激物变成次要信息，只得到我们的部分感知。在这个阶段，人们可能无意识地预见到积极结果（例如，个人投资组合的高回报）。如果特定结果对于个体决策者具有极大吸引力，则他们或许会对这种结果抱有高于理性的期望。最终，这种选择可能与有意识或无意识行为有关，因为个体可能不会采取理性（最优）决策，而是从不太合适的选项中选择。然而，这些选项或许不是“不太合适”，至少在某些情形下不是如此。由于缺乏数据或在时间压力下，这些选择或许是特定情况下仅有的可行的选择。

第二种机制即理解，其目的是假定不同决策者对同一刺激物（如特定风险行为或危险活动）会有不同理解方式。理解过程取决于个人的过往经验和价值体系。这种机制提供了一个解码各种刺激物的结构，因为个体对于特定情形或活动具有特定的思维方式或行动方式。最后，认知形成的封闭机制涉及的个体对掌握特定活动或情形有一种全局性的倾向。因此，个体对信息的感知可能比信息所揭示的要多。人们处理信息时会将附加信息添加到任何看起来合适的情形中，以便停止思考过程，并让思考过程获得意义。“停止和理解机制对选择机制做出回馈，因而在后续信息处理过程中影响选择机制的运作。”

我们对于认知的讨论已经提供了认知过程中的一些重要原则，我们对本章谈到的感知风险的理解应当有所提高。我们的讨论力求从行为金融学角度论证认知决策过程的复杂性。对这种认知过程的认识直接关系到投资者在行为金融学假定下处理信息的方式。

判断和决策：在理论金融学中投资者如何处理信息

金融学著作对于个体投资者和金融专业人士如何处理信息抱有两种主要观点：

1. 标准金融学的理论观点认为，投资者根据有效市场假说进行决策。

2. 行为金融学观点认为，个体投资者根据试探法、认知因子和感性（情绪）问题进行决策。

为了理解风险的心理学概念，我们有必要了解标准金融学和行为金融学有关信息处理方式的基本知识。

标准金融学观点：有效市场假说

自 20 世纪 60 年代以来，有效市场假说（EMH）就成为标准金融学中举足轻重的理论之一。有效市场假说的中心前提是金融市场有效，即根据法玛的表述，金融市场中的投资者同时处理信息并且股价完全反映出所有现有信息。以下是对 3 种不同的市场效率的简要描述：

1. 弱式，所有过往的市场价格和信息完全反映在证券价值中。
2. 半强式，所有公开可得的信息完全反映在证券价值中。
3. 强式，所有信息完全反映在证券价值中。

尼克尔斯提出了有关有效市场假说的以下观点："法玛的有效市场假设中有两个重要思想：第一，投资者为理性投资者；第二，理性投资者仅凭新信息而非直觉进行交易。"换句话说，在市场参与者所在的市场中，投资者拥有完整信息（知识），做出理性判断并最大化预期效用。有关这一理论的有效性的辩论由来已久，激发了各种学术研究工作，旨在调查研究 3 种不同形式的市场效率的准确性。在实际当中，大多个体投资者在得知有大量研究支持这种或那种形式的市场有效假说时，都大感意外。

现代金融理论（标准金融学）的基础前提是个体进行投资决策时具有理性。高校学生和金融专家被告知，根据有效市场假说，投资者基于所有可得信息（公开和私密）做出投资选择。例如，投资者以理性和系统的方式运用特定投资工具（如股票估值）。不幸的是，对于投资者来说，这种方法的目标是获得更多的金融财富。有效市场理论的支持者认为，实施或运用特定投资工具或风格是徒劳无益的，因为投资者的专业知识和期望已经反映在具体股价或整个金融市场中。因此，投资者花费宝贵的时间和资源以便寻求“打败市场的表现”，这是不现实的。专业投资经理和行为金融学学者提出，在特定时间点存在市场无效性（例如，一月效应等市场异象）。首先，市场无效性观点允许金融市场中存在套利机会（找到被错误定价的证券并赢得超额收益的机会）。假如某些投资者相信存在套利机会，他们首先试图辨别证券，以便从这一信息中获利并采取特定的积极型投资风格，如技巧性分析。

尽管如此，有效市场理论的支持者认为，现有价格已经反映出有关证券或市场的所有知识（信息）。其次，如果存在市场无效性，这就意味着投资者有时会做出非理性的投资决定或判断，这与理性假定相悖。因此，这就论证了个体投资者受到不同的认知（精神）过程和/或情感（情绪）因素的影响。这些类型的行为和市场无效一起，将导致以下问题：（1）投资者认知受特定金融工具或整体市场当前风险判断的影响；（2）个体投资者无法发现和确定什么是正确的投资，如选择股票还是投资共同基金。

行为金融学观点：信息过载和认知因素的意义

针对有效市场假说的假定，应该提出一个问题：“投资者对信息的处理是否如此有效、合理和熟练?”福斯特（1984）观察了科学家和其他专家不佳的判断能力：“认知限制导致频繁的判断失误，并大大限制了人们管理复杂信息的能力和决策能力。”斯特曼（2005）提出以下观点：“投资者永远无法达到标准金融学所描述的‘理性’。他们在 1945 年是‘普通’投资者，在今天仍然是‘普通’投资者。”

近年来，随着信息技术和互联网的发展，个体投资者、投资专业人员和金融学者时时会被海量的可得信息和投资选择所干扰。对于投资者来说，行为金融学所倡导的认知偏误和试探法（经验法则）与信息过载的相关问题存在直接联系。信息过载是指个体为进行互动和内部核算而进行信息处理所需的时间超出信息处理可用时间的情况。

对于行为金融学原则和信息过载问题之间关联的评论，得到了帕雷德斯（2003）的支持，他写道：

> 组成行为金融学领域的众多研究显示，投资决策可受到投资者、分析师以及其他人的各种认知偏误的影响……大量心理学著作显示，人们会遇到信息过载问题，在信息更多的情况下做出更坏的决定。尤其需要指出的是，研究表明，当人们面对复杂任务（如涉及大量信息的工作）时，会采取简化的决策策略，这种策略比更复杂的决策策略对认知努力的要求更低，但同时准确性也较低。对于信息过载人的基本直觉是，采取更复杂的决策策略以应对较少信息，比采取较简单的决策策略应对更多信息更有可能让人们做出更好的决定。

行为金融学关注影响投资者的风险判断和最终决策过程的理论和概念，包括认知偏误或精神失误。在决策过程中，我们运用特定精神机制处理信息并解决问题。认知处理是精神技巧，让人们能够理解和感知身边的事物。在认知因素和投资者犯下的精神失误之下，这种过程继续向前迈出一步。行为金融学阵营的研究者研究人们如何思考，辨别各类投资者在管理信息（试探法，即经验法则）中犯下的错误。金融心理学领域（行为金融学）的研究者所进行的研究显示，人类对于金钱、金融和投资的表现相当不合逻辑。其实，与风险有关的决策常常脱离标准金融学对理性的假定，同时符合行为金融学中有限理性的原则。在本章后面的内容中，我们将根据行为金融学原则，研究投资者在做风险评估和判断时的情感（情绪）表现。

金融决策与投资决策：理性问题

下面将综述古典决策（标准金融学）和行为决策（行为金融学）之间的辩论。自20世纪60年代以来，理性的金融和投资决策是古典（标准）金融学的基石。标准金融学著作提倡理性概念，即个体投资者所做的金融和投资选择符合逻辑，条理清晰。与之相反，行为金融学的研究者支持行为决策理论，在该理论中，有限理性、认知限制、试探法和情感是核心理论基础。通常，标准金融学不接受特定行为和心理因素可能影响个体做出最佳投资决定的观点。柯蒂斯（2004）对两个学派的学术思想做出以下评价：

> 现代投资组合理论代表了我们对资本市场实际如何运转的最佳掌握，而行为金融学提供了理解投资者实际如何行动的最佳视角。但是市场并不关心投资者对于风险的看法，因此对于风险的特殊想法和特殊应对必定会损害我们的长期投资结果。丹尼尔·卡尼曼、阿莫斯·特沃斯基以及他们的后继者已经确切论证，我们都有特殊的想法并且想以此采取行动，无论我们要付出怎样的经济代价。

根据古典决策理论，标准金融投资者在明确规定的环境组合中进行判断，知道所有可能的替代选择和后果，然后选出最优解决方案。标准金融学提出并推动了有关理性行为的四大基本前提：

1. 投资者做出理性（最优）决定。
2. 投资者的目标在本质上完全是金融目标，即实现财富最大化。
3. 个体对于未来的期望不存在偏见。
4. 个体以自身最大利益为出发点采取行动。

人们常常将古典决策理论当作描述投资者如何处理信息并做最终

投资决定的基本模型。标准金融学研究者通过倡导理性，已经建立起具有重要影响力的理论，如现代投资组合理论和有效市场假说。同时，这些研究者推动了有效风险分析和投资工具的发展，如套利定价理论、资本资产定价理论、布莱克－斯科尔斯定价模型，投资者能利用这些工具进行金融证券估价和分析，以预测特定投资产品的预期风险和收益率之间的关系。尽管如此，人们在经济学和心理学著作中对于理性选择（即理性问题）的正确性展开了广泛辩论。

认知心理学和实验心理学分支的心理学家提出，古典决策理论的基本假设是不正确的，因为个体的行为常常并非具有完全的理性。根据行为决策理论的假定，行为金融投资者对于一个没有明确规定的问题进行判断时，对可能的后果认识有限，并且选择的是自己满意的结果。金融学和经济学的建立基础是西蒙（1956）提出的有效理性，即个体因知识极限、认知问题和情感因素所进行的选择是对理性选择的修改。辛格（1985）以以下观点描述两类决策者的差异："经济学家寻求对市场中总体行为的解释，而心理学家试图描述和解释个体的实际行为。"斯库比克等学者（2002）提出一项值得关注的针对标准金融学的批评："对于一个以个体选择作为基本原则之一的学科，经济学竟然对个体关注甚少，实在令人吃惊。"

标准金融学观点：古典决策理论

在金融学和经济学领域，针对理性主题的争论仍在继续。正如本章前文中解释过，传统经济学和标准金融学建立在理性经济决策的古典模型的基础之上。大体说来，标准金融学假定所有个体都寻求财富最大化。换句话说，如果一个投资者选择最优选项（通常为最大化个体效用或价值函数的选项），那么他就是理性的。这种理性的投资决策者掌握完整知识，利用自身的经济优势，寻求利润最大化。此外，古典决策模型描述理性行为是结构合理的，它以价值最大化为基础，艰苦全面地搜寻一切信息，并且深入分析替代选择。古典决策理论假定个体的选择是明智的，系统的，符合自身的利益，并且决策者在完全确定的世界采取行动。马奇和沙皮拉（1987）给出以下评价：

> 在古典决策理论中，风险往往被认为是可能结果的分布，可能性和主观价值变化的反映。风险或者通过货币效用所显示的非线性函数来衡量，或者通过与某一特定选择相关的可能得失的概率分布方差来衡量。

在理性行为原则下，投资者掌握预测和考虑决策过程中所有相关问题的技巧，并且具有无限的计算能力。理性理论提出，个体、公司和市场能够毫无偏见地预测未来事件，在决策时能够获得一切相关信息，人无法选择没有呈现出来的行动方案，也无法考虑未知信息。

标准金融学和传统经济学阵营假定，在完美市场中，个体投资者基于理性行为的概念，在特定限制集合下，使目标价值函数最大化。萨维奇（1954）的研究基础是预期效用，这是理性经济行为的新古典理论中心。决策以下列3项假设为基础：（1）在预定客观结果和参数的集合范围内；（2）（主观上）得知各选项后果的概率分配；（3）在既定效用函数下，最大化预期价值。此外，杜库里格斯（1994）陈述了理性的3个关键概念，即："（1）最大化（优化）行为；（2）执行理性选择的认知能力；（3）个体行为以及独立的品味和偏好。"

金融决策的最优或标准方法强调理性是标准金融理论和模型的基础，如有效市场假说、现代投资组合理论、资本资产定价模型以及股利贴现模型。这些理论和概念的基础是投资者以理性的、可预测的以及无偏见的方式采取行为。理查迪和西蒙（2000a）对判断过程提出以下观点：

> 有关个股或整个投资组合的投资决定，目标是在最低风险水平下实现最大利益。理性投资者在运用了某种公认投资方法

（如基本分析）后，只会以系统和逻辑方式做出投资决定（买进、持有或卖出）。

这里的假定是，投资者运用在历史上已经存在的传统投资技巧或金融模型。

行为金融学观点：行为决策理论

行为经济学和金融心理学脱离了标准金融学著作所提倡的理性假设的限制，探讨个体和群体在现实世界中可能以不同方式采取的各种程度的理性和非理性行为。行为金融学、经济学和会计学的替代学科脱离纯粹传统的统计模型和数学模型，理性（即古典决策理论）不再被当作是不同学科（如标准金融学、传统经济学和传统会计学）中公认理论的中心。替代观点即人们所知的行为决策理论（BDT），在社会科学中拥有长期的理论历史，如认知心理学和实验心理学提出了更详细、更现实的人类行为模型。行为决策理论的基础是个体通过以下方式系统地侵害（违反）经济（金融）理性的标准原则：（1）错误计算（低估或高估）概率；（2）凭借非经济（非金融）因素在不同选项中做选择。

行为决策理论解释了决策过程中的人为因素如何对个体产生影响，如由于个体投资者和职业投资者采取非理性行为而导致的一般的系统性失误。以行为决策理论最简单的形式来说，行为决策者受到自身在特定情景、时间或环境中的感知的影响。对于这一讨论，行为决策理论提出了重要的有限理性理论。有限理性理论认为决策者受自身价值、无意识反应、技能和习惯的约束。实际上，经济理性具有局限，尤其是当判断过程发生在危险和不确定的条件下时，而有限理性正是经济理性具有局限的前提。根据理查迪（2006）的研究，投资者更多表现出行为金融学提出的有效理性原则，而非标准金融学提出的理性的有限约束原则。

根据行为金融学决策理论（描述模型），投资者表现出古典金融决策理论（标准模型）忽视的认知偏误、试探法（经验法则）和情感因素。谢弗林（2000）解释了认知问题和情感问题之间的差异，“认知涉及人们组织信息的方式，而情感涉及他们登录信息时的感觉。”。奥尔森（2001）关于行为金融学决策过程提出了以下观点：

·金融决策者的偏好一般是多层面的，容易发生改变并常常在决策过程本身形成偏好。

·金融决策者寻求满意度而非最优化。

·决定的本质和做出决定的环境，影响决策过程，从这方面来说，金融决策者具有适应性。

·金融决策者在精神上预先将情感融入决策过程中。

行为金融学的基础是假定个体有时非理性或仅仅近乎理性（泰勒，1994），他们在投资决策过程中时常背离标准金融学所提出的严格理性。此外，行为金融学认为，投资者以不同水平的理性或满意度做出决定，并且个体应当意识到了解有限理性的重要性。投资者的判断受如下内因和外因的影响：（1）市场中其他个体或群体的心理（如群众心理学概念和从众行为）；（2）先前成功或失败的金融、投资决定。

行为金融学中一个得到确认的前提（假设）是投资者根据前景理论做出决定。前景理论强调，在特定风险行为或不确定环境下，个体受认知和情感过程的影响，存在持久的偏误，进而影响个体的决策。施瓦茨（1998）提出，前景理论假定投资者评估得失的依据是特定参照点，而不是整体投资组合的最终价值。伯恩斯坦（1997）评价：“前景理论发现了理性决策的支持者从未认识到的行为模型……首先，情绪即自控能力常常是破坏理性决策的关键。其次，人们无法完全理解自己所面临的问题。”投资者在自己过分自信的世界里活动，厌恶损失，同时极度贪婪，尽管所有这些都是意料之中的。投资者一方面显现出“悲观天性”，如恐惧、担忧和拖延，另一方面又显现出“满怀希望的精神状态”，如愉悦、幸福和夸张。

诺贝尔经济学奖得主赫伯特·西蒙批评标准经济学对理性前提的依赖和支持。1947 年，西蒙对标准理性进行大量批判，因为标准理性至少在 3 个方面不符合实际行为：

1. 理性要求投资者对各种选择所带来的后果具有全面的了解和预测。但事实上，投资者对后果的了解往往是不全面的。

2. 由于后果出现在未来，因此依靠想象力对后果价值的预估必定缺乏经验。对价值的预测必定不完善。

3. 理性要求投资者在所有可能的行为中进行选择。但事实上，只有少数可能的行为会进入投资者的大脑。

此外，西蒙（1956）因为理性选择模型忽视情景和个人限制（如时间和认知能力）而抵制理性选择模型。20 世纪 50 年代，西蒙提出并推动了有限理性概念。有限理性理论探索影响经济判断过程的心理层面。考夫曼等（1989）从社会科学角度刻画出更加现实的人：

> 个体通常并不选择最优化的结果，而是选择最先满足他们期望水平的结果，原因是个体对替代结果的相关信息和知识存在严重局限。人们的行为是建在对现实世界的一种简化的、结构混乱的抽象概念的基础上的，这种抽象概念受个人认知和过往经验的影响。尽管这种有关人的模型对于经济学家来说是陌生的，但对于人力、组织行为和社会学学者，这种模型以各种形式构成了他们所进行的以产业关系为导向的研究的基础。

西蒙研究的关注点是，决策者拥有的信息（知识）有限，并且由于有限的资源和个人倾向，并非始终追求最佳选择。大体上，投资者会选择满足金融效用，而不是最大化金融效用，有时他们会接受一个自己满意的投资选择，而不是最佳选择（即最大化收益，最小化损失）。对于这一问题，行为金融学背离了古典决策对理性选择（即标准金融学观点）的一项或多项假设。投资者不是寻求最大化预期效用，而是试图找到西蒙加注“满意”标签的答案，这种现象可如下描述：

> 当投资者事先对概率知之甚少时，其从一组相继面临的选项中做出选择。在这种情况下，或许没有最佳方案来决定何时停止寻找更多的替代方案……追求最低要求的满意度走了一条捷径，即树立可调整的期望水平，一旦投资者找到超出期望水平的选择，便停止寻找新的选择。

判断和决策理论模型考虑到了我们思维能力的“已知局限”。由于人类存在认知局限，我们必须运用合理方法做出复杂决定。这些技巧包括：在很大程度上阻止进一步信息调查的认知过程，引导我们的探究并决定何时该停止探究的试探法（如思维捷径），以及运用间接信息的简单的判断规则。泰勒（2000）从经济人的发展演化角度提出了以下观点：

> 我的预言可被相当简单地概括为：“经济人”将演变为“智人”。该预言不应是一个奇言怪谈。针对更加现实的经济代理概念的基础描述性经济模型，必定会提高模型的说明能力，这似乎符合逻辑。然而，一个保守的经济学家可能（情绪激动地）嘲笑道：“如果这是从事经济的更好方法，我们早就这么做了！”为什么我的预言没有完全实现？为什么我要预测事情会发生改变？我们可以希望其他学科的新学者能够帮助经济学，如认知心理学家卡尼曼和特沃斯基已经做过的那样：为我们提供有用的发现和相对容易结合到经济模型中的理论。

后来的一些研究在卡尼曼和特沃斯基（1974）以及卡尼曼、斯洛维奇和特沃斯基（1982）的研究基础上，扩展了西蒙对有限理性的最初想法，即投资者在做复杂决定时运用被称作试探法（拇指法则）的直接判断。佩恩等（1993）提出，投资者在执行更全面的方法或权衡策略之前，应利用简单决策策略减少选择数量。这些观点与古典决策理论和理性假说存在分歧，但其正确性相当明显，因为存在大量影响个人风险认知的因素，如试探法、过度自信问题、前景理论概念、损失厌恶的影响、代表性概念、框架问题、锚定、熟悉度偏误、控制感、专业知识问题、情感影响以及忧虑的影响。我们将在本章后面讨论行为金融学的一些理论和概念，这些理论和概念影响决策者的判断过程，并与标准金融学阵营所倡导的理性原则相冲突。

概括起来，赫什利弗（2001）对辩论双方针对理性问题的普遍批评做出了著名讨论。他揭示了与标准金融学和行为金融学相关的两种学派思想的缺点。以下是对标准金融学观点的批评，或者说是赫什利弗所称的“对完全理性方法的异议”：

· 标准金融学的理性理论涉及无法实现的计算能力。

· 假定在确定投资时判断是客观和定量的。

· 金融数据和发现并不支持理性选择假设。

· 非理性的投资者和无效的金融市场应该套光有效定价的证券。

· 依据非理性假设（如有限理性）的投资者承担更多的风险并变得更加富有。

· 精确的投资者将掌握知识和经验去做出不明智的投资判断。

以下是对行为金融学观点的批评，或者是赫什利弗所称的“对心理方法的异议”：

· 所谓的行为偏误（如认知局限、试探法工具等）是不科学的。

· 决策过程涉及主观和定性因素。

· 生成假定的行为的想法和发现的实验室实验没有多大意义。

· 理性投资者和金融市场应套光错误定价的证券。

· 依据理性假设的投资者将做出更好的判断并获得更大的财富。

· 困惑的个体将获得技巧和能力（知识）去做出明智的投资决定。

影响个体风险认知的主要行为金融学理论和概念是什么

如本章前文所述，社会科学领域的大量研究已经揭示了影响一个人对不同的风险行为和活动风险认知的各种因素。根据罗尔曼（1999）的记录，有关风险判断的研究（风险研究的主要基础）一直以来主要专注以下 6 个问题：

1. 个体的风险承担问题对比社会关注。

2. 信息处理方式的基本方面（即试探法和认知偏误的影响）。

3. 在不同危险情形和活动中，感知风险与实际风险之间的关联。

4. 各种主体和回应者的品质特点和人口统计差异。

5. 风险认知的研究成果已经结合针对危险活动的统计数据，然后应用于专家和公众的风险交流程序。

6. 在包含各国样本的跨国研究中，文化因素的中心作用。

理查迪（2004）提出了一个详尽的行为风险特征列表，这些特征由行为金融学和会计学的风险认知研究人员在金融和投资环境中进行了检验。表 7.1 给出了具体的行为风险指标，这些指标得到了这两个学科研究者的研究：（1）行为会计学领域的 12 个风险行为属性（特征）基于从 1975 年到 2003 年的 12 项研究；（2）行为金融学领域的 111 个行为风险指标基于从 1969 年到 2002 年的 71 项研究。然而，下面我们将简要讨论在行为金融学中影响个体风险认知的普遍认知问题和情感（情绪）因素，包括：试探法、过度自信、前景理论、厌恶损失、代表性、框架、锚定、熟悉度偏误、控制感、专业知识、情感（感觉）及忧虑。

表7.1　行为金融学和行为会计学领域的风险认知研究：行为风险特征（指标）总清单

行为会计学：12 项研究的 12 项行为风险属性	
1. 熟悉度因素或问题（股票名称对比扣缴公司名称的影响）	7. 熟悉度/新旧度（新风险或老风险）
2. 对额外信息的搜索	8. 即时性（即时或过期）
3. 忧虑	9. 管理者的知识
4. 自愿	10. 参与者的知识
5. 控制	11. 损失结果
6. 灾难性结果的概率	12. 收益结果
行为金融学：71 项研究的 111 项行为风险指标	
1. 股票质量	23. 遗憾理论
2. 财务损失	24. 不确定性
3. 其他考虑	25. 框架
4. 乐观主义（自信问题）	26. 多个参考点
5. 复杂性	27. 前期收益
6. 投资所有者的声望	28. 前期损失
7. 所要求的个人关注	29. 国际化程度
8. 所允许的个人关注	30. 频率
9. 控制点	31. 具体化程度
10. 重大损失的可能性	32. 频繁
11. 收益的可能性	33. 心理风险特征
12. 投资者的知识	34. 金融知识
13. 客观认识因素	35. 结果的不确定性
14. 忧虑因素	36. 可能损益
15. 对自身知识的信心	37. 感知安全
16. 控制	38. 情形框架
17. 知识	39. 个人期望
18. 灾难性可能性	40. 控制感
19. 恐惧	41. 风险寻求行为
20. 自愿性	42. 规则的适当性
21. 公平	43. 关注
22. 创新	44. 知识因素

续表

行为金融学：71 项研究的 111 项行为风险指标	
45. 损失金钱的概率	76. 分担责任
46. 时间限制	77. 声誉
47. 典型性	78. 严重性
48. 焦虑	79. 延迟的损失
49. 熟悉度	80. 投资者未知的事物
50. 损失延迟	81. 专家未知的事物
51. 信息的清晰度	82. 损失所有财富
52. 投资的独立性	83. 对经济的不利影响
53. 信任	84. 无法观察的损失
54. 信息的可得性	85. 难以理解的事物
55. 灾难性风险	86. 无法承受的销售压力
56. 含糊性（不确定性）	87. 不明智的建议
57. 信心	88. 不良的投资者保护
58. 投资水平	89. 无规则
59. 冒险（及收益）程度	90. 不道德
60. 遭受重大损失的概率	91. 监控时间
61. 经济期望	92. 购买前的信息
62. 金融知识指数	93. 破产
63. 获得极大收益的概率	94. 所感知的结果控制
64. 控制点指数	95. 收益（有利位置）
65. 金钱伦理变量	96. 损失（不利位置）
66. 少量因素法则	97. 自我效能
67. 控制错觉	98. 对投资原则的知识掌握
68. 过度自信	99. 控制决策的可能收益
69. 竞争者的能力	100. 对问题所涉及风险的控制
70. 损失的概率	101. 决策时的个人考虑
71. 损失的大小	102. 熟悉资产对比非熟悉资产
72. 收集更多信息	103. 花费更多时间做出决定
73. 对局面的控制	104. 减少决定的数量
74. 对专业知识的利用	105. 对于低于目标收益的考虑
75. 向同事请教	106. 毁灭性损失（重大损失的可能性）

续表

行为金融学：71 项研究的 111 项行为风险指标	
107. 投资于金融工具的熟人	110. 感知的个人控制（内部控制点）
108. 意见的分歧（不确定性）	111. 不确定性的度量（缺乏信息，无法自信地确定概率）
109. 无法估算可能损失的总量	

试探法

卡尼曼、斯洛维奇和特沃斯基（1982）注意到，当个体面对复杂判断如统计概率、频率或不完整信息时，许多研究对象会用有限数量的试探法对选择进行简化。试探法是在涉及高度风险行为和不确定性的情况下，人们用于解决特定类问题的简单而通用的法则。迈尔斯（1989）对试探法的观点是："我们所有人都有运用这些策略的技能，这些策略基于我们所掌握的少量知识，我们所学到的法则，或者我们在过去有效的假设"。这些策略在正式意义上就是试探法，即"拇指法则"，人们认为这种法则在所有类型的决策情况下都十分常见。此外，试探法是一种"认知工具"，为个体投资者或投资专业人员减少决策时间。在本质上，"试探法是一种思维捷径或策略，来自我们过往的经验，告诉我们怎样做得更快，但代价是让我们误入歧途"（理查迪和西蒙，2001），或者引发偏误，导致我们低估或高估实际结果。当评估复杂金融环境和投资选择的时间有限时，投资者会运用试探法。最终，这些思维过程（试探法）导致个体根据直观判断犯下"投资错误"。普劳斯（1993）写道：

> 例如，用试探法评估某种结果的概率，比计算该结果在过去的发生率并除以该结果本该发生的总次数，要更容易。在大多数情况下，大体近似就足够了（正如人们常常追求最低满意度而非最优化）。

可得性试探

风险认知研究的一个基本原则是特沃斯基和卡尼曼（1973）提出的可得性试探。人们用这种试探判断事件的概率或发生频率。在心理学的各种实验中，实验结果显示，个体一般偏爱容易回忆起的信息，容易受生动、公开或近期信息的影响。当运用可得性试探的个体容易记住或形象化事例时，他们就会判断某种风险行为或活动极度可能出现或十分频繁。此外，可得性试探让个体容易根据易得信息做出决定。可得性试探所涉及的主要问题是下列3种事物更容易出现在我们的近期记忆中：（1）引发情绪的活动；（2）具有戏剧性的任务；（3）较近期发生的行动。施瓦茨（1998）对可得性试探进行了如下描述：

> 由于记忆中出现的特定事例影响人们对数据的相对频率和重要性的判断，偏误随之产生。这导致人们高估了被充分公开事件或戏剧性事件的发生概率，或者低估发生较久、公开度和戏剧性不高的事件，可得性偏误的一个突出事例是大多人相信杀人案例（公开度更高）比自杀案例更为多发，但事实其实正好相反。

可得性试探的另一个例子是绝大多数个体（研究对象）在坐飞机时比坐汽车时更容易表现或经历高度焦虑（感知风险增高）。大众对飞机旅行的这种增高焦虑（恐惧）源自媒体对主要飞机事故的大量报道，这些报道提高了个体的风险认知，同时让他们觉得驾车比坐飞机更加安全。这是因为在驾车时，个体感觉自身能够控制危险情形或任务，即所谓的个人控制。这种心理与古典决策理论（即标准金融学观点）相冲突，因为如果个体仅仅考虑安全性统计数据，那么理性选择（决策）应该是坐飞机而非驾车。但事实上安全统计数据显示，汽车事故及其死亡率远远高于空难。

过度自信

过度自信是影响个体风险认知的另一个特征，因为在很多方式下，个体对风险承担行为的决定容易过度自信。根据丹尼尔等的研究（2000），过度自信是行为金融学著作最常记录的偏误之一。我们可以将自信描述为“对自身及自身能力的完全确信”，而“过度自信可以产生偏差，将这种依赖自己的行为推向了极端”（理查迪和西蒙，2000a）。作为人类的我们容易对自身技巧、能力和对成功的预期产生过度自信。迈尔斯（1989）对决策过程提出以下观点：

> 我们在形成判断时运用快速且容易的试探法，我们对信息搜索存在偏见，不去寻找与自身想法相悖的信息，这会引发过度自信现象，即高估我们当前知识的准确性。

由费斯科霍夫、斯洛维奇和利希斯坦（1977）进行的一项经典心理学研究探讨了过度自信问题。他们向一群研究对象（个体）提出一些问题，研究中的每一个个体必须评估预设问题，而这些问题的答案是绝对的。尽管如此，参与者并不一定需要掌握这些问题的知识。按照要求，研究对象对于每一个答案给出一个百分比或分数，衡量他们对自己答案的自信程度。作为总结，理查迪和西蒙（2000a）对该研究做出如下解释：

> 研究结果显示，过度自信现象普遍存在于个体当中。比如，答错10%问题的人（因此个体应自我评定为90%）100%自信自己的答案是正确的。此外，对于一些不正确的答案，参与者认为，错误的可能性为1∶1 000，1∶10 000，甚至是1∶1 000 000。这些答案的可靠性和过度自信的程度之间的差异在整个研究中都得到了体现。

最终，个体对自己根据试探法法则做出的选择非常自信，并且毫不在意形成这些决定的确切方式是什么。

另一种过度自信的行为是“我不会碰到这种事”的偏误观念。在这种情况下，个体认为，自己不会受到特定风险活动或事件的危害，而在社会层面上，他们很容易承认这些风险。比如，根据斯洛维奇、费斯科霍夫和利希斯坦的研究（1980），大多数人有一种倾向，认为自己比一般司机更出色，比一般人更有可能活过 80 岁，并且不太可能因日用消费品受伤。斯特朗（2006）对过度自信心理提出以下观点：“大多数人认为自己高于平均智力水平，大多数投资者认为自己高于一般拣股者。”

在风险认知著作中，专业人员（如安全调查员）也会有这种过度自信行为，忽视或低估危险行为或有害活动的概率。当专家需要依靠直觉而非统计数据判断时，他们和新手一样容易犯各种错误。斯洛维奇、费斯科霍夫和利希斯坦（1980）指出，在科技领域出现的这种专家过度自信行为缘于多种原因，如未能考虑人类错误影响科技体系的方式，对科学知识过度自信，忽视科技体系的整体运作，未能预测人们对安全程序的反应，等等。

前景理论

卡尼曼和特沃斯基（1979）在风险承担行为和不确定性情况下，提出一个新的理论，即前景理论。根据前景理论的假设，投资者偏离古典决策理论（标准金融学观点）所倡导的理性概念，以行为决策理论（行为金融学观点）提倡的有限理性为基础进行决策。卡尼曼和特沃斯基的前景理论是基于人们厌恶损失的观点之上，认为人更关注损失而非收益。事实上，个体投资者更注重避免损失而不是获得收益。

投资者在决策过程中运用大脑的隔间，或者说在用“脑力记账”。比如，一个投资者将各个投资决定分配到独立的脑力账户上，即所谓的心理账户。该投资者倾向于关注特定参照点（如某只股票的买价或初始投资成本），他的期望是关闭各个账户时都获得收益。海勒等（2001）从以下角度描述前景理论：

> 该理论将决策选择过程分离为两个阶段：在第一阶段，决策者根据前期认知，形成并编辑可用于选择的清单；在第二阶段，评估这些前景，并对比决策者对这些选择的发生概率的主观评估。最后得选的是预期成果最高的前景。

前景理论的一个主要组成部分被称为价值函数（见图7.2）。将个体对得失的价值与参照点对比，赋予负偏差的价值将大于正偏差的价值。投资者从两个方面主观看待损益：（1）人们在投资业绩良好时（即获得投资收益）厌恶风险，因而容易过早兑现收益；（2）个体厌恶损失，为了避免兑现损失，他们将冒险不出售资产，而这可能导致更大的损失。此外，有人提出个体以非线性方式衡量概率：高估小概率变化而低估中等概率的变化。卡尼曼（2003）评价道：

> 从财富到财富作为效用载体的转变具有重要意义，理由是我们在后面称之为损失厌恶的一种偏好特性……损失厌恶表现在人们极其不情愿接受风险，这是在人们进行抛硬币赌博时观察到的。大多数人会拒绝有可能输掉20美元的赌博，除非赢的奖励是40美元。

例如，在卡尼曼和特沃斯基（1979）的实际实验中，研究对象要评估两项赌博并做出选择。

实验1：从以下两种选项中做出选择：

选项A：确定报酬7 500美元。

选项B：80%的概率赢得10 000美元，20%的概率什么也得不到。

问题：哪个选项是你获得收益的最佳选项？

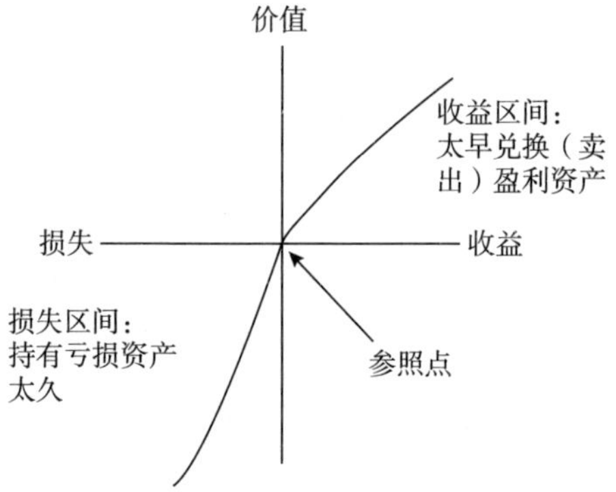

图 7.2　前景理论——假设的价值函数

大多数人（研究对象）选择了第一个选项（选项 A），这事实上是“确切所得”。卡尼曼和特沃斯基发现，很多人在面对投资收益前景时碰巧厌恶风险。因此，人们选择选项 A，确定的 7 500 美元报酬，这个选项被认为是次优选。如果人们选择选项 B，他们的总体前景更加美好，因为将有 8 000 美元的增值。在投资组合中，可以这样计算：（＄10 000×80%）＋（0×20%）＝＄8 000。大多数人对选项 B 中 20% 的概率感到头疼（恐惧或忧虑），这证明了一个观念，即各类投资者喜欢高度确定的金融选择，如“整笔现金”，反感模糊（不确定）。

另一项研究（论证）涉及损失金钱的可能以及在这整个过程中的不确定性。

实验 2：考虑以下选项：

选项 C：已兑现损失（确定损失）7 500 美元。

选项 D：80% 的概率损失 10 000 美元，20% 的概率完全没有损失。

问题：哪个选项将给你最佳机会将损失最小化？

大多参与者选择选项 D，因为有“20% 没有损失的概率”，尽管事实上这个选择风险更大，因为在投资组合中，结果将会有 8 000 美元的损失。因此，如标准金融学（即古典决策理论法则）所示，选项 C 是明智（理性）选择。柯伦说："由于人们对损失的畏惧甚至超过了他们对风险的厌恶，例如卡尼曼和特沃斯基，因此他们甘愿冒险——甚至是不明智的风险。"最后，诺顿（2002）对前景理论提出以下观点："卡尼曼和特沃斯基的研究提出行为偏误普遍存在，尤其是前景理论更好地解释了在存在风险情况下人们是如何决策的，这为金融经济学领域带来了革命。"

损失厌恶

奥尔森（2000）写道，"以效用模型为基础的早期研究认为，投资风险可通过收益分配动量（如方差或偏态）来衡量。"相反，另一些研究者探索风险的主观方面，发现个体厌恶风险。如前面解释过的，前景理论的一个中心假设是风险厌恶，即人们对损失的关注超过对收益的关注。损失厌恶概念对立于限定投资组合理论，因为标准金融学假设损失和收益是均等（相同）的。换句话说，根据基本统计分析，损失是"负收益"，因此，损失和收益占有同样比重。以投资立场来看，在决策过程中，许多投资者表现出过分敏感，易遭受金融损失。在有些情况下，投资者更愿意冒险以试图降低或避免整体损失。

损失厌恶的一个主要前提是，相对于出售一项正在亏损的投资，个体更有可能出售一项正在增值的投资，即便预期收益率是恒定的。多项心理学学术实验显示，对于一些投资者而言，损失给他们带来的烦扰在绝对值上是同等收益带来乐趣的两倍。比如说，一个在特定股票上损失 10 000 美元的投资者，感受到的痛苦是他在同一笔投资上获得 10 000 美元收益的两倍。蒙德因兹（1999）评论："我们会做蠢事去避免接受已经发生的损失——我们认识的许多人在遭受损失之后花钱填无底洞。因此，我们会花几百美元去修一辆旧车，不是因为出于经济考虑，而是因为我们已经在上面花了大价钱。"这些"判断失误"常常导致投资者不出售亏损的投资，即便出售才是在财务上正确的决定。

代表性

另一种影响个体风险认知的重要试探法是代表性。代表性在行为金融学中指的是我们的思维在运转过程中建立的一种基础思维机制，源自被称为思维捷径的抽象法则，根据特沃斯基和卡尼曼（1971）的著作，这种思维机制是判断过程的一部分。“运用这种试探法的决策者对一个人或某种现象会进行广泛且有时是非常详细的概括，概括的基础仅仅是这个人或现象的少数特征。”人们对思维捷径的运用，使得他们难以准确且不带偏误地分析新的投资信息。代表性反映了一种信念，即一个类别（如风险行为或危险活动）中的因素应当和同一类别中的其他因素类似，并且导致这些因素的起因应当类似。理查迪和西蒙（2001）提出以下观点：

> 代表性无非是人们用于处理复杂问题的众多试探法中的一种。代表性概念提出，人们具有一种自发倾向，会根据相似事物做出判断或预测未来不确定的事件，在这个过程中只凭借少量资料而做出整体论断。

代表性试探法的理念基础是，我们容易根据事件与我们熟悉的其他事件的相似程度形成对事件的看法。在这个过程中，我们忽视了在决策时应该考虑的相关事实。比如，投资者预测首次公开募股股票的业绩的方法常常是将其与以往的投资得失对比。在某些情况下，采用捷径是有利的，但在投资决策中，采用捷径常常导致投资者对改变反应过慢。一些投资者认为这种判断过程是如此准确，因此所期望的结果是无可辩驳的。这有时导致投资者得出的结论与他们想要的结果相去甚远，并且与正确的结论相去甚远。著名学者皮亚德利－帕马里尼（1994）提出，个体投资者甚至没有意识到这种思维过程将他们带入了歧途。我们的大脑将带有类似迹象的情况假设为相同，但事实上这些情况区别很大。伊顿（2000）论证了这一概念对于投资者的重要性：

> 在用某种共有特性进行股票评定时，我们可以看到投资决策中的代表性效应。两家绩效不佳的公司可能都被评定为劣等公司，管理不善，前景堪忧。然而也有可能不是这样。根据有限特征将股票打上好坏标签的习惯会引发错误操作，因为其他一些相关特征没有被列入考虑范围。

布森迪梓（1999）尝试确定创立新公司的企业家的风险承担行为，因为这种行为与认知心理学和决策领域相关。他提出企业家的风险承担行为可归因于他们比其他类别的商业管理者更多运用试探法和偏误，这就有可能导致他们在既定的决策环境下感知到较少的风险。布森迪梓邀请两组人填写问卷，企业家（124 个可用回复）和大型企业的经理人（95 个可用回复），借此衡量特定风险特征，包含过度自信、代表性、风险偏好、年龄和教育水平。调查发现，企业家在决策过程中确实运用更多的代表性（他们显示出从少量因素或观察中得出结论的倾向），并且他们比大型企业的高级经理人更加自负。

框架

在面对一种情形或选择时，框架是影响个体风险认知的另一个指标。框架行为指的是人们对于不同的最终决定或倾向所导致的结果或事项描述相同或难以区别。卡尼曼和特沃斯基（1979）从决策过程的两个重要视角描述了框架效应：（1）决策的环境或背景；（2）框架或描述问题的格式。框架过程实质上是在决策时对理性程度的评估，检验以两种独特但同等的方式对个体提出同等问题，是否会造成同样的反应。迪雄等（1991）如下描述框架：

> 决策者评估消极结果和积极结果的方式不同。他们对损失的反应比对收益的反应更极端，这在心理学上意味着，一项损失带来的不悦超过等量收益带来的愉悦。因此，决策者在面对确切损失时容易冒险，而在面对确切收益时不容易冒险。

另一个框架例子对于理解个体如何进行投资决策十分有益。比如，看看以下两个选项体现出的“鲜明印象”：

选项 A：你会将你的钱全部投入一个有 50% 概率获得巨大成功的新商机吗？

选项 B：你会将你的钱全部投入一个有 50% 概率遭受惨败的新商机吗？

韦伯（1991）提出，“选项 A 中的成功框架比选项 B 中的失败框架显得更有吸引力，尽管两种成败概率是相同的”。在大多数情况下，人们选择“看起来风险较低”的选项，也就是选择选项 A，因为选项 A 在心理上给人以宽慰，比选项 B 更令人愉悦。研究指出，这种想法证明人们在思维上容易出现一种惰性。根据理查迪和西蒙的研究（2000），我们知道自己存在偏见，但我们选择不去纠正认知。有趣的是，人们将会默认现有情况，不会尝试以一种可比较的平衡的方式对情况进行重新解释。

学术研究者发现，在判断中用词的细微改变能对选择行为产生重大影响。风险陈述方法的细微差异能够对人们的感知产生显著影响（斯洛维奇等，1982）。因此，框架效应（即对信息的陈述）可用于改变个体的风险认知。比如，希特金等（1995）研究框架问题、风险认知和风险承担行为之间的联系。研究对象是赛车场景（案例研究）中的 63 位大学生，他们赢得比赛才能获得持续赞助。案例研究中的决策过程表现出基于得失可能的框架问题。研究对象凭借特定风险属性评估案例研究工具（即赛车场景）的风险成分，这些属性包括参与概率，机遇的重要性对比决定的重要性，潜在损失，潜在收益，判断情况是消极还是积极，以及成功的可能性。该研究发现：

（1）研究对象认为被积极框定的情况比被消极框定的情况风险更高；（2）研究对象做出决策的冒险程度与他们既定的风险认知水平成反比。

锚定

根据理查迪和西蒙的研究（2001），锚定是指我们所有人都有一种顽固的倾向，即坚持不一定属实的信念并将其用作决策的参照。人们在决策过程中用锚定解决复杂问题：选择一个初始参考，然后慢慢进行调整以得出最终判断。例如，“过去事件或趋势是最常见的锚定。为了计划来年某产品的销量，营销人员首先往往是看过去一年的销量。这种方法太过注重历史而忽视了其他因素”（埃德森，1998）。哈蒙德等（1998）如下演示锚定：

你会如何回答下列两个问题：

问题1：土耳其人口是否超过3 500万？

问题2：你猜想土耳其人口大约有多少？

大多数人对问题2的回答受到问题1中“3 500万”数值的影响，即便这一数值并没有事实根据。这项研究的作者运用了两种锚定场景：（1）在50%的实验中用到“3 500万”数值；（2）在另外50%的实验中，这一数值增加到“1亿”。当问题1的数值增加到“1亿”时，人们对问题2的猜测值也随之增加。这项研究证明，人们在判断时对初始信息的价值给予了不恰当或过分的重视。第一印象、粗略估算或统计数据对思维和选择产生了锚定效应。

最后，如果你回想上次的冒险活动，很有可能你会认为正参与的事件与上次的事件密切相关。从现在起，你对于这项冒险活动（如登山）的每一点新认识，都以你的第一印象为基础。想到这种锚定效应，或许老话“你永远也不会有第二次机会创造好的第一印象”比我们所认为的更加真实和准确。即便认识到自己正受锚定效应的影响，但人们仍然难以排除这种影响，这使得这种偏误更加复杂化。

“要完全消除最初判断的影响，怎么修正直觉和冲动判断都不够。不论有意还是无意，我们已经对我们的初始想法产生锚定，并且只会从同一想法开始纠正我们的观点。”（皮亚德利－帕马里尼，1994）

熟悉度偏误

熟悉度偏误是社会科学和商业管理领域风险认知著作中的一个研究对象。在一般情况下，人们偏好自己熟悉的事物。人们喜欢本地体育团队，雇员喜欢持有自己公司的股票，因为这些是他们熟悉的东西。在风险领域，熟悉度偏误是改变个体认知的倾向或偏见。认知心理学研究发现，当人们评估冒险行为或危险活动时，对于特定环境或活动下自身熟悉的风险感到更加舒服，更容易接受。比如，熟悉的风险比不熟悉的风险更让人安心，这也解释了为什么人们对于预期以外的信息会反应过度。

惠特尔西（1993）从行为学角度对熟悉度概念给出了一个值得注意的描述：

熟悉感是记忆的必要条件。对于并不熟悉的某人过往历史的判断似乎不像是回忆，而像是猜测或解决问题。相反，熟悉感往往让人感觉是在回忆，不论是否伴随对先前经历细节的回忆。

季洛维奇（1981）对熟悉度提出以下观点：“我们在现有环境和过往情形之间建立起联系，并且受到我们认为的过往事件含义的影响。”此外，舍夫林（2005）提出熟悉度偏误和代表性之间的关系，即人们被证实“在熟悉的情形下并且能够将自己想象成这种熟悉情形中的成功人士的代表时，会表现出过分乐观”。

自1975年以来，熟悉度心理就是行为会计学风险认知著作中的一个热门研究领域。特别是在1975年到2002年间，在行为会计学风险认知研究人员进行的12项研究中，熟悉度偏误是主要的行为风险特征（指标）（理查迪，2004）。在行为金融学著作中，熟悉度偏误被用于多个金融和投资决策领域：（1）国际金融和资产配置，投资者在其中表现出对本国股票（熟悉资产）的偏好而疏忽国际股票（不熟悉资产）；（2）雇员将大多数养老储蓄投资于自己公司的股票（熟悉资产）；（3）投资组合经理喜欢投资于本地公司或知名股票。理查迪（2004）所著的风险认知文献综述显示，许多行为金融学研究都指向或提及了熟悉度概念。贝克等（2002）从行为金融学视角对熟悉度偏误做出如下描述：

> 人们常常偏好自己多少熟悉的事物。因此，投资者容易对熟悉股票过分忠诚，因为他们熟悉这些股票，这让他们相信这些股票比其他公司的股票风险更小，甚至比分散的投资组合更加安全。

控制感问题

自20世纪70年代以来，控制感和感知风险之间的关系一直是心理学中的热门话题。纳塔利尔（2001）描述了控制感和冒险行为（如骑摩托车）之间的关系："当摩托车手与摩托车、环境之间配合得天衣无缝时，能获得完美的控制感。控制感是预见和处理潜在危险的能力。"斯特朗（2006）如下描述赌博情形中的控制心理：

赌场是最大的人类行为实验室之一。在赌桌上，我们可以看到，当掷骰子的人想要掷出大数字时，他会用力并倾向桌沿掷出骰子。然而如果想掷出小数字，就需要轻柔抛掷。实际上，抛掷力度与随机结果之间不存在任何联系。心理学家将这种行为称为"控制错觉"。我们喜欢假装掷骰子的方法会影响结果。如果你强迫对方表态，即便是一个老练的赌徒都有可能承认掷骰子的结果是随机的。

社会科学学术著作对控制感的真实含义提出许多观点。两种主要的控制感形式是：（1）控制点（内外控倾向）；（2）所感知控制（控制错觉）。一个人的控制点指的是他感知自己控制自身行为和在特定情形下控制个人结果的能力。外部控制点是指人们感知的影响个人决定或事件最终结果的机会或外部因素，内部控制点是指人们控制自身命运的感知或信念。

专业知识的意义

自20世纪70年代以来，专业知识心理（即新手对比专家）及其与感知风险之间的关系一直是社会科学领域的一个常见研究课题。风险认知著作记载，人们知识水平的改变会导致对特定活动或情形的风险认知发生调整。例如，人们越是认为某项活动难以理解（所感知知识水平较低），就越是感到焦虑或恐惧。韦氏词典中将专家定义为“在某专业领域具有较高技艺或相当学识的人”，将知识定义为“通过经验或学习而对某物的熟悉或理解”。哈耶克（1945）对于大群决策者（如金融市场中的投资者）如何评估信息给出以下观点：“事实上我们必须利用的环境知识永远不会以集中或统一的形式存在，而仅以不完整且常常矛盾的片段被所有个体独立拥有。”

李（1999）评价知识程度与感知风险之间的联系如下：

> 未定的知识……能够改变风险认知。比如，多项研究表明，提供某项风险（如电磁场或氡）的信息能够提高风险认知……然后在另一方面，具有同等风险知识水平的人（如针对某项风险问题的专家）可能在风险评估上无法达成一致……科学家、风险经理和政治家常常抱怨外行缺乏科技知识尤其是相关风险知识……人们常常指责这些知识缺口导致不合理的风险认知……人们推理在知识和感知风险之间存在简单反向的随机关系：知识越少，感知风险越高。然而，实证研究表明，知识和风险认知之间的关系更加复杂。虽然有些研究尤其是核武器研究确定了反向关系，但其他一些研究未能表明这种关系。

在理论金融学著作中，知识水平的意义以及这种行为问题如何影响投资专业人员的风险认知，已经发展成为一个突出的研究分析领域。由理查迪（2004）所著的行为金融学风险认知文献综述表明，自20世纪80年代中期以来，在众多学术研究中，知识（专业）和感知风险（风险承担行为）之间的关联已经成为一个领先领域。

情感（感觉）的作用

布雷默（1987）批评社会科学风险认知著作中的学术研究，因为专业学者仅仅探讨心理学风险的认知问题而忽视其情感反应（情感方面）。然而在20世纪90年代晚期，社会科学家开始同时探讨感知风险的认知和情感本性。

彼得斯等（2003）对情感的含义赋予了两个主题："（1）所经历的感觉状态（有意识或无意识）；（2）区分特定刺激物具有积极性还是消极性"。行为决策理论承认，情绪反应（即情感问题）是个体进行风险判断的重要方面。情绪（情感）显然是社会科学领域众多著作的主题。普利格特（2002）如下描述风险认知著作中认知因素和情感回应的作用：

> 两个不同的研究传统，一个专注于大规模技术风险，另一个专注于与行为实践或遗传因素相关的更加私人的风险……在很长一段时间内，这两种研究传统都关注认知方法，以帮助我们理解人对风险的认知和承受。认知方法还用于解释感知风险和行为之间的关系。只在偶然情况下，人们才考虑情绪和动机因素。近来，这种情形已发生改变，研究人员正试图将认知和情绪结合起来。

在行为经济学著作中，情感在感知风险和投资决策领域的影响力已成为日益成熟的研究课题。舍夫林（2005）从行为金融学视角针对情感（情绪）问题提出了以下观点：

> 大多经理人的决策基础是他们在情感上感觉正确的东西。心理学家用术语“情感”表示情绪感觉，用术语“情感启发”表示严重依赖直觉或“第六感”的行为。和其他启发一样，情感启发也是思维捷径，会让经理人产生偏见。

彼得斯等（2003）注意到，研究人员了解情绪、心情和情感的不同含义的重要意义。情绪是一种与感觉相关的意识（思维）状态。从本质上说，情绪是一种因冲动产生的精神状态，不是有意识的，常常伴随着心理变化（如高兴或仇恨等特定感觉）。心情（也称感觉）是指人们在特定情况下可能体会到的任何主观反应，无论愉悦与否。换句话说，心情（感觉）是源自情绪的情感状态。情感是指与某种想法或精神状态相关的情绪的集合（即积极或消极感觉）。在本质上，情感是对刺激物（如股票投资的各种金融信息集合）显示出的一种“感觉”。彼得斯等（2003）进一步陈述了这种情感过程：

> 个体产生积极和消极反应的强度和速度不同，刺激物引起积极或消极感觉的强度和速度也不同。情感反应可以是与刺激物密切相关、持久的性情……但也可以是暂时反应或与刺激物关系不大的反应……刺激物的情感特性在不同背景下可能发生改变：积极或消极感觉的强度可能取决于刺激物的哪个方面在特定时间表现最为突出。

威尔士等（2001）注意到与风险和情感相关的几个有价值的方面。对于在风险和不确定性情况下的决策，情感反应（情绪结果）对行为的影响往往超越认知影响，并导致不适宜的行为。此外，情感反应导致行为结果背离了人们所认为的最佳决策结果。

所提及的认知因素涉及个体如何处理信息以及什么因素影响他们对于特定决定的风险认知（例如，试探法问题、框架、锚定、代表性）。从本质上说，要完全理解投资者的判断过程，研究人员必须同时考虑投资者面对既定活动、情形或环境时，处理信息和感知风险的认知方面和情感（情绪）方面。

忧虑的影响

在商业领域以外的一些研究人员开始探讨忧虑的意义，这在风险认知著作中渐渐得到了重视。20 世纪 70 年代，决策研究机构的研究人员进行的最初的心理学风险认知研究提出，针对风险的“消极担忧感（忧虑）”，即所谓的恐惧，影响个体对某种冒险行为或危险活动的风险认知。忧虑过程是对过去事件或临近事件的一种持续的担心。忧虑是一种风险评估，让人感觉再次体验到过去事件或提前体验到将来事件，并且个体无法停止这种思维。

行为学对忧虑的定义是人们对导致焦虑、恐惧或不快的特定情况或决定的可能反应。麦格雷戈（1991）从认知角度概述忧虑：

> 可以认为忧虑是一个认知过程，发生在我们对于未来事件或活动感到不确定之时。一般地，忧虑常常被当作“恐惧”“焦虑”等词的同义词。然而，从严格意义上说，忧虑主要是一种思维活动，而焦虑和恐惧包含情绪成分并伴随着身体反应……忧虑是对不确定事物的思考，而焦虑包含伴随不确定事物的第六感。

在社会科学著作中，风险认知领域的研究者一直在辩论忧虑是否是一种认知过程或情感（情绪）过程。麦格雷戈（1991）从认知角度考虑忧虑；德茨 - 西奥格（1990）和康士坦斯（2001）从情绪角度思考忧虑。威尔士等（2001）提出以下观点：

> 风险感觉假设提出，对危险情形（包括决策）的反应部分来自情绪影响，包括忧虑、恐惧或焦虑等感觉。理论上，人们在认知层面评估风险选择，如传统模型所假定的那样，在很大程度上基于相关结果的概率和吸引力。这样的认知评估具有情感后果，感觉状态同样对认知评估发挥着反向影响……由于决定因素不同，对风险的情绪反应会脱离对同一风险的认知评估……这两者之间的相互影响（常常冲突）决定了行为，即对情况的反应。

在金融学领域，金融市场当中的普通投资者对忧虑有着实际的应用。新闻媒体报道股市在某天下滑的新闻，发布来自各种来源的坏消息，如网络新闻、报纸和电视新闻的商业板块，为股市投资者脑海当中的“忧虑行为”提供持续支持。例如，2002 年 1 月的一期《商业周刊》建议，投资者在考虑购买某公司的股票之前应该读读以下文章:《投资者的“新忧虑”——审计员风险》;《美国新闻与世界报道》在 1994 年发表另一则新闻，标题为《对怪异投资的忧虑》; 2006 年 11 月，《巴伦周刊》的一则新闻《谷歌：500 个忧虑理由》讨论了另一个例子，因为该公司股票收盘价超过了每股 500 美元。

从学术角度来看，忧虑概念通常的模式是：作为行为指标最初在心理学风险认知著作中得到探讨，然后扩展到其他行为商业学科。忧虑作为一种行为风险指标是一项值得注意的发现，得自小样本风险认知研究，包括行为会计学研究，行为经济学研究，以及行为金融学研究。

第 8 章　长期投资策略

投资涉及风险和预期收益。没人喜欢风险，而预期收益越高越好。教科书描述投资过程，将投资策略分为两类：（1）无效策略，引发没有得到更高预期收益作为回报的风险；（2）有效策略，在既定的风险水平下，提供尽可能高的预期收益。有效策略和无效策略之间的差异通常用图 8.1 中的曲线表示。每一个点都表示一个可能的投资策略的风险和预期收益。其中，曲线上的点代表有效策略，因此该曲线为有效边界；有效边界以下的点代表无效策略。

金融顾问的一个主要工作是避免无效策略。这不是一个微不足道的任务，需要评估各证券、资产类别、行业、国家和货币的风险和预期收益；同时，还需要评估风险和预期收益之间的相互关系，看投资是否可行。

对预期收益和风险的衡量通常是短时期的，但大多投资者更关心长期结果。为了在多项可行投资策略中做出明智选择，投资者需要洞悉自身各项需求和期望。比如，一个 100 万美元的投资组合，在 10 年内每年从中取出 5 万美元，该投资组合可能具有多少价值？答案如何受到投资者所选择策略的影响？

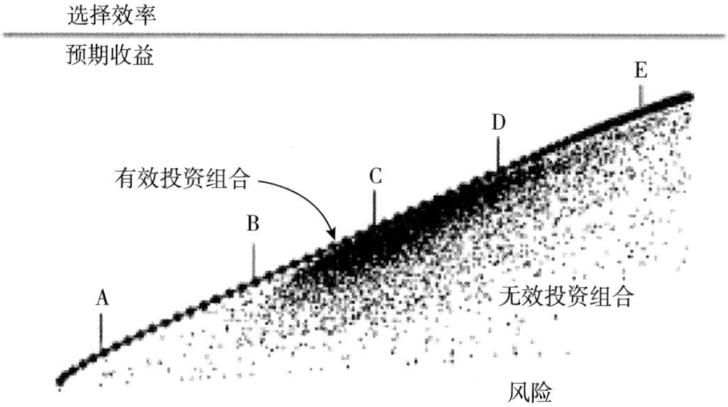

A. 非常保守　B. 保守
C. 稳健　D. 大胆进取　E. 进取心极高

图 8.1　选择效率（各点显示可能投资策略的风险和预期收益）

储蓄和开支决策

储蓄和开支决策这类问题无法用一个简单数字给出确切回答，几乎很少有例外。然而，熟练的金融顾问应该能够给出超出预设金额结果的概率。当采取进取型策略时，超越高目标的概率较高（好消息），但超越低目标的概率较低（坏消息）。比如，图 8.2 显示出不同进取等级策略的直观权衡。如图所示，如果采取进取型策略，有 80% 的概率超过价值 9 万美元的最终投资组合的目标。但这一目标并没有多大野心，采取较保守的策略就有机会超越它。这样的总结能够帮助投资者做出不同选择，而选择正是投资决策的核心。

预测同样能帮助投资者决定最合适的储蓄水平（在存款时）或者开支水平。储蓄水平越高或者开支水平越低，超出未来目标的概率就越大。一个熟练的金融顾问同样能够通过预测帮助客户做出储蓄和开支决定。

找出有效策略并预测其结果的方法来自金融经济学领域，即人们所熟知的投资组合理论。这一理论所指导的方法是当投资顾问对证券

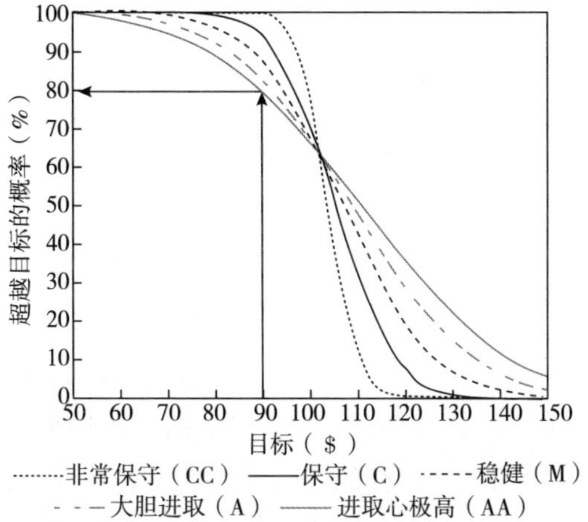

图8.2 超越可选择投资策略的概率

风险、收益和相互关系有好的估计时，将会运用的方法。如何获得这种估计，这种估计具有哪些特征呢？资本市场理论专注于这些问题。更具体来说，资本市场理论研究资产价格的确定方法，以及预期收益、风险及两者之间的关系。

大致说来，有效市场可被定义为，价格反映了对未来可能出现结果的最佳预测的市场。那些认为市场有效的人采取被动或指数投资策略，因为它们涉及较低的投资组合换手率并倾向于跟踪市场。那些相信自己做出的预测能超越市场价格反映的人采取主动策略，随着预测的变化，交易量也会增加。在实践中，大多投资者都处在极度被动到极度主动的范围内。但那些选择极度主动策略的投资者在寻找可能被错误定价的证券时，几乎肯定要付出更高的成本。

在有效市场中，对于投资者代表来说，最佳投资组合将包含世界上所有可得的可出售证券，各证券比重与各自的未清偿金额成比例。这样的世界市场投资组合可能包含（比如说）IBM（国际商业机器公司）股票份额的1%，瑞士政府发行的各种债券的1%，等等。典型的代表性投资者是所有投资者的集合，从富有到贫穷，来自各个国家，那些对证券价格具有较大影响力的人（如富翁）比影响力较小的人所占比例更大。

了解投资者代表

要选择合适的投资策略，从世界市场投资组合着手是很有用的。接下来，思考一个特定的投资者与投资者代表有哪些不同，并对投资组合做相关调整。比如，全世界的代表性投资者都在花钱。如果某位客户主要在欧元区花钱，就应当选择以欧元作为基础货币的策略。如果某位客户对风险的接受程度低于代表性投资者，那么投资组合应当向更加保守的方向倾斜。

在有效市场中，高风险有效投资组合比低风险有效投资组合具有更高的预期收益。但这个说法对于个股甚至许多类别的资产来说，并不一定属实。为什么？因为有些风险可通过分散降低或消除。在有效市场中，只有承担风险才能得到相应回报。

第一个有效资本市场理论，资本资产定价模型（CAPM）得出的结论是，只有一类风险会得到更高的预期收益，即在萧条时期表现不佳的风险。人们用贝塔值表示这种风险。比如，人们认为，贝塔值为0.5的证券或投资组合在熊市时的降幅是世界市场投资组合降幅的一半（如果市场下跌10%，则该证券或投资组合下跌5%）。贝塔值为1.5的证券或投资组合在熊市时的降幅是世界市场投资组合降幅的1.5倍（如果市场下跌10%，则该证券或投资组合下跌15%）。资产的贝塔值越高（坏消息），它的预期收益越高（好消息）。在资本资产定价模型世界里，只有贝塔风险会得到回报。

可预测的无效率

许多金融经济学家和专业基金经理相信存在其他因素可能会影响

预期收益。这些因素往往和范围广泛的资产类别相关——欧洲股票和亚洲股票，或者成长股和非成长股。这些方法可能基于更加复杂的有效市场概念，或基于认为投资者在同一指导下反复犯错的想法，导致预测的无效率。这些替代方法使得一项投资策略在不同的资产类别下具有不同特征。一项策略可能具有多个贝塔值而不是唯一的贝塔值。一个投资组合的预期收益可能与所有的贝塔值相关。

运用贝塔估值

替代方法更加复杂但同时更加实际。比如说，投资顾问不是选择国内和国外普通股的组合，或是国内和国外债券的组合，而是分析特定国内股票基金、国外股票基金、国内债券基金和国外债券基金不同组合的可能结果，考虑所有相关方面，包括税收（重要）。这种详细且现实的分析可以得出更多的相关推测和更有效的实际基金组合。

第 9 章　执行投资策略：投资艺术与科学

“投资管理上的成功来自选择优绩股，其余只是探索。”这句话出自一个德高望重但不愿留名的短期资本经营者，他强调了主动型短期资本经营者在过去多年未能看齐指数基金的重要原因之一。选择股票是主动型经理人的核心思想，他们的大多精力和开支都用于提高自己的预测能力。曾有研究为主动型经理人正名，提出他们的确选择股票——选择那些在 6 周和 52 周超出市场基准的股票。但是，正如本章开头那句自信的引述所表明的那样，如此执着于寻找胜出股票的经理人却疏忽了有同等潜力提高收益的其他工具。

我们可以将投资管理看作两个过程：信息过程和执行过程。信息过程是股票选择的核心。本章讨论的焦点是执行过程，或者说是在执行投资想法的同时要维护相关价值。这些活动的集合（即寻找有价值的想法和执行这些想法）就是我们所称的投资过程（见图 9.1）。

信息价值 − 执行成本 = 捕获价值

图 9.1　投资过程

根据先锋集团网站的信息，基于大盘股指数的指数基金在 10 年间的表现超出了 80% 的主动型经理人。这延续了从 20 世纪 70 年代就开始的趋势，尽管二者在业绩表现上的差异似乎在缩小。但是，如果经理人有能力选择优胜股，那么他们为什么会输呢？如图 9.1 所示，好的投资过程不仅仅是选择好的股票。如果将想法融入投资组合的平均成本超过研究价值，交易活动将导致劣等业绩。

讽刺的是，这不一定是真的。低估交易成本是一个历史问题，其结果是经理人尽管有高于平均线的想法，但得到的是低于平均线的业绩。

美国产业界经历了一个艰难的自查过程，这一过程带来了生产力的显著提高。这一过程的关键是综合品质管理（TQM）。投资界面临着同样的问题。在执行过程中，经理人需要看到选择过程以外的东西。

为什么交易不像投资组合管理

交易是源自投资组合管理决策的结果。投资组合经理的工作过程是使用脑力的，展望未来，分析推理；交易是在战壕中的现实。

单纯从一个角度分析，交易看起来就像是一台自动售货机，投钱进去，出来你想要的商品。但自动售货机购买和批量购买相比，昂贵而低效。类似地，对散户投资者有效的简单策略，对机构贸易商来说已不能满足要求，尽管算法能够掩饰机构性交易，使之难以与散户交易区分开来。研究显示，大约 2/3 的机构经理的订单量超出平均日成交量的 50%。在一项交易中执行这些订单会快速让市场的流通负担过重。对于这些订单，制造过程是一个比自动售货机更好的类比。制造流动性意味着寻找某一价格的股票并以一个价格完成交易，而这个价格保留了这个想法的价值。

交易和投资组合的管理存在根本差异——选择股票并不要求其他任何人的配合。而交易员则需要与其他机构或个人进行交易，因此我们从推断演绎转向协商过程。在协商中，一个人给出某样东西以便得到另一样东西。在证券交易中，人们可以为了流动资金或信息而交易。因此，交易员始终需考虑付出价值所换回的价值。这就解释了为什么大单常常以连续批量进行，每一批量仅体现出完成特定协商步骤的必要条件（并且，如果做好了，会保护交易的剩余部分）。

对于机构交易商而言，基本权衡是对以下两种情况的持续选择：选择在已知价格（可能较高）下现在交易，或者选择继续等待希望有更好的价格。有效交易需要包含以下多个步骤：

1. 确定交易动机。
2. 评估市场行情和股票流动性。
3. 建立评估供求的初始交易策略。
4. 探查流动性和信息。
5. 调整策略以适应不断变化的市场行情。
6. 评估交易有效性。

交易动机

特雷诺（1981）将交易动机分为 3 类：价值，新闻/信息，现金流。信息交易反映出人们对新信息的使用以及对期望的改变。在客户期望增加或降低股权投资时，体现出的是现金流动机。

信息优势是指较早获得影响证券价值的信息以及快速反应的方法。信息相关性会迅速流失，以信息为依据的交易员往往承担在信息广泛传播前完成交易的压力。这使得信息交易员对时间十分敏感：他们的目标是快速达成交易，即使这意味着耗尽偿债能力。

与之相反，价值交易在本质上对时间并不敏感。价值交易员将时间作为自己的优势，寻找降低交易成本的机会。价值交易员对价格的敏感程度高于对时间的敏感程度。

指数交易员和现金流交易员并没有及时形成对单项交易价值的看法。然而，他们的买卖可以在操作中扩大供需失衡。

经理人的投资方法是相当一致的，但并非完全始终如一。他们的交易订单会在他们的大部分交易中反映出某些风格。交易员的第一步工作是通过分析这一首要特征，理解各项交易下的动机，选择反映经理人此时此刻动机的交易策略。

评估市场行情

第二步是评估当前市场行情，确定所需交易规模的预期流动性成本。一只被积极交易的股票就像一个周转率较高但利润率较低的超市。但并不是所有股票都按量交易。对当前交易量期望百分比越高，创造流动性所需的额外费用也越高。在决策价格中必须增加或扣除流动性成本，才能确定预期交易价。

除了股票交易的典型方法，交易员还需要考虑股票交易的通常方法。主动交易股票较少需要经纪人作为中介，因此出价（最高广告买价）和叫价（最低广告卖价）之间差额较小。随着交易频率增高，就需要经纪人发挥中间人的作用或寻找一位中间人，保持长期或短期资产清单，直到发现买家和卖家。持有股票给经纪人带来风险，结果导致出价和叫价之间较高的差额以及更高的交易成本。当然，取得收益的机会是吸引经纪人提供这项服务的原因。

市场行情的另一个重要特征是观点多样化。如果人人都想出售而没人要买，便永远不可能产生交易。如果买家在交易中占据多数，那么购买将变得十分困难并且成本极高，同时出售将变得轻松容易。交易策略差异极大，取决于交易者是向市场提供流动性还是要求市场提供流动性。

交易员评估市场行情的第一个评估工具是公共信息资源：近期交易行情显示，以及出价和叫价展示，要么出现在各种做盘交易所中，要么出现在信息网络中。

然而，这还不是全部情况。所有能够以公开渠道获悉的信息都是人们选择透露的信息。机构交易员往往依赖大型经销商、大型交易体系或者利率记录来确定没有被公开透露的交易利润。

确定初始交易策略

到这一阶段，买方交易员有两个基本选择：可以选择直接从经纪人手中购买股票（做市商交易），或者慢慢积累股票（工作交易）。两种方法各有一些风险：

· 对即时流动性的支付可能会超过促成交易的信息的价值。

· 有耐心的交易员会承担在下单前股票价格发展对自己不利的风险，导致出现机会成本。

交易的艺术是在这两种风险中找到平衡。

几乎每个交易专柜每天都会处理各种难度的交易，从简单交易到复杂交易到危险交易。简单交易的特征可概括如下：

· 占日常平均交易量的一小部分。

· 非趋势交易。

· 对投资组合的调整大多出自现金流考虑。

· 最重要的是，如果让经验丰富的交易员主动关注，不太可能对客户或管理公司带来利益。

在今天高度自动化的市场中，以流动性为动机的日常交易的最佳策略往往是化整为零，控制交易次序以避免供需失衡。一般质量的执行结果是无害的，但是，（1）无法通过交易员的主动控制得到实质提高；（2）将消耗本可以提供给更加敏感的交易情况的交易柜台资源。

当今市场中另一个重要考虑因素是缺乏集中化。美国有超过 40 个地点可进行交易。这带给交易员的问题是选择最有可能实现自己订单的地点。既然任何地点的可得流动性都有可能转瞬即逝，那么最佳方案就是快速查询范围广泛的市场以确定可得流动性。

和常规交易情况相反的是复杂冒险的交易，带有以下特征：

· 当交易员想买时价格上涨，或者当交易员想卖时价格下跌。

· 占日常交易量的 1/4。机构交易常常包含超过一天的交易量。

· 经理人急于完成交易。
· 以好的价格完成交易将对投资组合价值产生实质影响。
· 交易利润不足的信号可能导致危险的交易情况。

这些交易很少以具有较高机械化的方式完成，如同常规交易那样。这些复杂交易大多被指派给高级交易员，这些人有执行交易的多年经验和基础知识。关键是找到能填补大部分交易头寸的对手，而不必透露未完成的交易利益。在这里，流动性“暗箱交易”可能会有帮助，因为流动性追寻者能发现或创造非公开的交易利润。

探查流动性和信息

只有当愿意买卖的双方达成彼此可以接受的价格，交易才能完成。卖方或许是为某一费用提供流动性的经纪人，又可能是一个与经理人观点几乎相对的自然卖家。虽然这种协商可能是私下进行的，但市场充满窥探的眼睛，搜寻着交易优势。在一个被密切关注的市场中，聚集股票不是一件容易隐瞒的事，而未填补利润是华尔街最有价值的商品。其他交易员持续评估交易的可能规模和买家的精明度，并力求第一个根据未来可能的行为进行购买。因此，寻求流动性带来了额外风险和潜在成本。

劝诱犹豫的卖家需要精心设计的交换退让过程，以包含投资想法的价值。精明的交易员力求透露最少的信息而获得尽可能多的信息：他知道什么而我不知道？他的交易需求有多大？他有多强的支付意愿？人人都想成为最后一个（绝对不是第一个）与一个消息灵通的强大对手交易的人。

买方在探查交易时或许首先评估可得流动性和可能的反应。如果流动性已经可得，买方就有时间。但探查活动或许会迅速泄露买方的运作方法，因此买方可能会委托经纪人去寻找未开发的股票资源。

价格变化将吸引更多的供应或需求，这对于枯燥乏味的经济学模型来说再正确不过。然而在现实世界中，购买意向的信号能够吸引亲切的卖家。因此，上升的价格并不一定让潜在卖家进行交易，但可能让相互竞争的买家进一步推高价格。此外，上升的价格可能驱使潜在卖家重新考虑自己的决定，降低出售意愿从而制造囤积现象（没人想在持续的购买利润面前成为第一个出售的人）。另外，那些“窥探的眼睛”将寻找机遇抓住潜在的未来交易利润。

因此，在价值动机下慢慢交易一只流通股票或许是合理的，但同一交易在非流动股票中会有竞争（一旦其他交易员发现短期购买趋势）。在这种情况下，通过进取型交易，交易员或许会得到更好的服务。

适应市场行情

交易员接受的每一条信息（每个记号，每个报价，每一条新闻）都有可能促使其对交易策略进行中途修正。当最初策略的假设被证明不正确时，该策略必须被立刻更改。

因此，交易员需要各种技能，在不同情况下交易不同股票，并能够根据活跃的市场情报，以手动或电子方式从一种技术迅速转换到另一种技术。

评估效率

综合品质管理的关键部分是不间断的过程审查。放到交易中，适合小公司的交易或许并不适合成长后的公司。流动性需要改变，股票的交易量也需要改变。此外，市场本身也在持续发生改变。

每项完成的交易都为交易员提供反馈，交易员必须持续调整自己以适应变化的要求和市场行情。然而在更大的背景下，我们可以将各项交易当作涉及经理人和交易员的持续过程。因此，该过程本身须经得起审查和更广阔背景下的改变。

衡量执行的框架

接下来描述由某一集团开发的过程，帮助客户评估其过程效率。通过将各个交易步骤细分为可限定、可重复的行动，交易员能够看到哪些行动增加或损失了价值。

交易成本就像冰山，真正的危险来自无法看到的部分。佣金很容易观察得到，但只代表危险冰山的一角。剩余成本重要得多，但由于不容易观察，常常被忽视。忽视真实但隐藏的成本会危害业绩表现。

举个例子，假设一个交易员拒绝以他认为过低的价格出售股票，并等待价格上涨。如果他的预测不正确，股价继续下跌，那么他的客户将遭遇这种延误所带来的真实财务损失。

伯罗尔德（1988）提出了一个在决策实施过程中评估交易效率的方法。简单地说，这种执行不足方法对比了信息回报（无成本决策的回报和完全以估价为基础的决策回报）。对于不复杂的交易，这相当于对比决定时候的价格和平均执行价格。将交易放入背景中：交易员为流动性支付什么？是执行交易的合理价格吗？最后，是否意味着付款符合执行交易的潜在收益？

进一步细化执行不足方法让经理人能够将交易成本分解为不同部分：佣金，当天影响，隔天延误成本，以及放弃交易的机会成本。此外，可对交易数据库的子集进行计算，精确查明问题是否在特定交易行情下更为普遍。

对交易质量的精确评估要求对所发生事件留下精确记录和时间标记：

- 投资组合经理发布的决定是什么，当时的市场价格是多少？
- 在不同时间是否有多次发布？
- 是否有其他经理人正出于其他原因执行同一决定？
- 是否有其他经理人正同时管理其他主动型基金？

· 订单在什么时候被转给经纪人？

· 对经纪人是否有任何指示或条件限制？

· 对经纪人的指示是否发生过更改？

· 订单是否和一系列寻找流动性的流动性蓄水池串联起来？以什么次序串联？

· 何时执行交易？

· 执行价格是多少？

· 执行的量是多少？订单是否完成？

· 是否由多次执行积累成一个合并单据？

· 是否有任何订单是跨天的？

将这些信息与一位证券大师对市场的分析和市场数据库相结合，我们可以衡量各项交易的成本和组成，并集合相关范畴：

· 在执行成本面前，这种想法的价值在哪里？

· 这种潜在价值在执行过程中会损失多少？

· 当订单被取消时，有多少业绩潜力被搁置？

· 这种经历对于这个交易柜台来说是否为常态？

幸运的是，现代无纸交易系统已经在收集和整理交易数据。所提供的信息显示：（1）投资组合经理的愿望，（2）交易柜台采取的策略，（3）相应的执行。因此，我们可以观察整个投资过程并对其组成进行衡量。

交易成本的组成

经理人和交易员的行动可以被单独分析。我们可以定义他们分别的行动，并计算分别的成本。当我们观察大量交易员时，我们可以评估其在一个机构中成本的影响。通过从许多经理人那里收集这种数据，我们可以评估行业范围内的交易冰山，将其用作既定交易柜台的对比基准。

下文中用到的定义和术语由该集团所创。虽然也有其他一些定义得到广泛运用，但保持一致对于对比用途十分重要。

佣金

佣金是指经纪人因处理和清算交易而收取的直接费用。佣金被打印在交易票据上，因此容易了解。须警惕：投资者仅仅关注佣金可能会误入歧途。低佣金并不能保障好的执行。“极易观察”并不等同于“极其重要”。

价格冲击成本

价格冲击成本是指为了匹配买卖双方的规模和价格而进行的必要价格调整。冲击力是衡量其向经纪人提交订单时和实际交易时之间的价格差。

影响冲击力的最重要的因素是：交易是向市场提供流动性，还是需要市场提供流动性，抑或对流动性供求没有影响。在价格下跌的市场中，一份买单将为市场提供流动性，并且应该得到特许。

交易员择时成本

交易员择时成本是指接触经纪人之前的价格变化。该成本可被看作寻找流动性的成本和/或归因于交易员择时程序的成本。择时成本可通过订单从提交到柜台到发布给经纪人的价格差来衡量。

我们在之前已经讨论过买方交易员将时间作为交易工具。交易员等待出现自然的流动性，并且价格合适，希望将直接价格冲击降到最小。这解释了为什么大多数大单都被分解为更加容易消化的小件。择时成本就是在这一等待过程中发生的价格变化。

择时是冲击力的对照物。随着时间的增加，冲击力将减少。然而，随着时间的增加，价格向不利方向变化的可能性也在增加。由于交易决策常常反映出公共可得的信息，因此短期收益率比较可能是正的，而延迟成本数额可能会增大。

一个对信息敏感的交易员，如果在价格变动前没能找到足够交易量，将发现择时成本非常高。相反地，一个提供流动性、以价值为导向的交易员或许会发现等待比立刻妥协能带来更大的利益。

机会成本

机会成本是指未能完成交易的成本。未执行订单主要有两个原因：要么是交易员没能找到完成交易的股票，要么是股票价格上涨到经理人不愿支付的范围。当出现可接受的价格时，交易员日复一日快速完成交易，但当需要额外费用确保流动性时，就不那么愿意交易。

设想一个过度谨慎的交易员，不愿意招致冲击，但没有认识到经理人心中有一个目标价格，超出这一价格经理人将不愿意支付。如果在订单完成前达到这一价格，被取消的余下部分将是业绩的真实损失。要创造好的方法代价很高，并且往往不易得到，从没有达成的交易中学习和从已达成的交易中学习同样重要。确实，当延误和机会成本与佣金和冲击相比时，许多机构都可以看到，不交易比交易需要支付更多。

短期资本经营者就像渔夫，唱着“已消逝过去”的悲歌。然而，经理人的悲歌是合理的：最昂贵的交易一般是永远不会发生的交易。

交易成本的发展趋势

对于十进制和相关订单处理规则对市场有益还是有害，存在大量讨论。这两者对市场运作产生了如下重要效应：

- 交易所一直通过调整或合并达到规模经济。
- 经纪人/交易员大多已放弃人为做市功能。表面上说，无数的纳斯达克做市商因为十进制被迫转行。现在，精密的电脑做市算法提供大多交易商报价。

·即使在买方，交易柜台人口在大幅减少，因为订单按常规被引入自动执行系统，没有多少人为干预。

·相反，电子通信、交易管理和算法交易系统在交易行业变成了明日黄花。

有更重要的一点，不，最重要的一点，理应区别对待：投资者从市场变化中受益巨大。仅仅做一些封底数字工作，就能为交易资产节约超过1%的款项。如果几项资产在50万亿美元范围内，且平均单向周转率为100%，提高的市场效率所带来的节约款项可能达到万亿美元。这一定是交易所、经纪人以及短期资本经营者给予投资者的最令人兴奋的礼物之一。

表9.1总结了定义、计算和成本经验。你可以将管理交易成本比作一个气球：朝一个方向推过去会导致另一处变形。佣金，交易成本最易见的部分，能够并且已经被压低，但按惯例，代价是冲击力更高。同样地，通过拒绝在高冲击条件下进行交易就能降低交易冲击。在两种情况中，交易员将可见成本转为不易观察的延迟成本和机会成本。这样做必定会影响投资业绩。因此，最佳执行过程是关注整体执行成本而不是简单的交易成本。

表9.1　交易成本的组成

成本	定义	衡量	已发生成本	
			2006年	2002年
佣金	经纪人因提供服务而收取的直接费用	针对上市交易	9.0¢	29.4¢
择时	寻找流动性的成本	订单从提交到柜台到发布给经纪人期间的价格变化	2.5¢	6.1¢
冲击	立即执行的成本	订单提交给经纪人的价格和平均执行价格之间的价格变化	4.3¢	10.2¢

续表

成本	定义	衡量	已发生成本	
			2006 年	2002 年
机会	未能找到流动性的成本	未执行股票的 15 天收益	1.6 ¢	9.0 ¢
总成本	零成本和有成本收益之差	以上总和	17.4 ¢	54.7 ¢

最佳执行

对成本和交易的关注在新千年到来之后已称为头版标题。2000 年，特许金融分析师（CFA）协会建立“蓝带任务团队”以树立最佳执行的标准和实践。由此得来的《2000 年 CFA 协会贸易管理指南》将最佳执行定义为：在客户明确的投资目标和投资限制下，公司所应用的寻求客户投资组合价值最大化的交易过程。

换句话说，评估最佳执行将在投资目标的背景下进行。注意这里没有提到最低成本。

CFA 协会报告进一步阐明，“本定义认可最佳执行：

· 在本质上和投资组合价值相关，不能被单独评估；

· 预期的统计的定性概念，事先无法确定；

· 有些方面或许可在事后得到衡量和分析，即使这种对逐笔交易的衡量孤立起来可能没有意义。

· 和复杂、重复、持续的实践、关系交织在一起。”

这是一个有趣的定义，打开了一片广阔远景。该定义提出了有关主动型管理活动的基本问题：交易是否值得？客户是否获益？信息价值是否超过执行成本？

该定义的隐含意思是，交易成本分析的目标是有助于更好地管理投资组合。这将最佳执行直接联系到提高客户投资组合绩效上，因此暗示着监控和服从的激进观点。

该定义引出4个重要认识。第一，该定义确定了交易目标是获取投资决策的价值。最佳执行是公司的职责，是引导受托人决策的谨慎专家标准的重要部分。该定义降低了成本最小化的重要性，而成本最小化是最佳执行的主要目标。该定义还为诚心采纳该定义的人推测出一个奖励：绩效大跳跃的可能。

第二，这个情景式定义提出，所有接触或影响最佳执行的人需要定期后退一步，毫无偏见地查看自己的贡献。如果业绩中增加了更好的交易，那么假定自己对交易活动的贡献是有效的，这是投资组合经理的部分特权。因此，评估交易的情景必须是“谨慎专家”（投资组合经理）正试图完成。

第三，该定义将最佳执行定义为一个过程而不是结果。衡量标准以行为和过程为基础，而不是以结果为基础。有趣的是，最佳实践发生在交易结果可知之前；事实上，无法在决策时就确定结果。该定义还提出，如果成本一直过高，解决方案也将是重新设计过程。

最后，该定义认为，市场波动性常常颠覆交易员的战略。由于个股价格剧烈波动，交易结果和成本衡量具有高度不确定性。必须从足够大的样本中获取、集合和评估数据，以减少统计可变性。

将交易成本和最佳执行整合到投资过程中

本部分内容超出交易评估范围，探索经理人选择不同交易策略的隐含意义。之后我们会给出一些适用的交易建议，适用于所有的交易柜台。

案例1：经理人与谨慎交易员的错误匹配

经理人模式：经纪人对新闻和价格变动做出反应，产生购买决定。决定后，价格继续上涨。选择性是突出的：在决定后6周，决定推动价格上涨6%。

交易员模式：交易员对冲击敏感，在几天内执行交易。表9.2显示出，当订单放在交易柜台上，价格发生变动，尽管冲击很低，择时成本仍然失控：当交易员考虑了所有成本之后，他面对类似订单时比其他柜台支付更多。

建议：交易员聚焦于创造交易零冲击。然而，用现实的成本基准 -115bp（基点）而非零冲击，就允许更具进攻性因此成本更低的交易，参见表9.3（注意，成本或业绩损失以负数表示，不良结果以负数表示）。

表9.2 成本各部分对比——冲击最小化

	择时	冲击	佣金	总计	基准
之前	-175bp	-3bp	-12bp	-190bp	-115bp

注：基准成本取自数据库里所有经理人在过去6个月里执行的类似交易的平均成本。基准方程式来自超过150万笔交易数据。

表9.3 成本各部分对比——总成本最小化

	择时	冲击	佣金	总计	基准
之前	-175bp	-3bp	-12bp	-190bp	-115bp
之后	-65bp	-40bp	-12bp	-117bp	-115bp
改变	+106bp	-27bp	—	-73bp	—

结果：在3个季度以内，择时成本下降到 -65bp，同时冲击成本上升到 -40 bp。最重要的是，总成本从 -190 bp 下降到 -117 bp。本案例研究完美地论证了控制总成本的重要性，而不应只关注某项成本。

案例2：提供流动性时获取不充分的让步

经理人模式：经理人的购买决定具有深度价值——几乎与一般

大众想法相反。价格相对基础价格下跌得越多，经理人越有可能购买。

交易员模式：流动性充足，交易执行迅速，常常以一天的最佳价格以及比经理人的决定价格更好的价格执行。相对于其他柜台，交易员放弃了从流动性需求者那里获取大让步的机会，见表9.4。

建议：案例2显示出与案例1的对立问题——面对微薄收益时的快速交易。交易员应放慢节奏，让卖家找到自己，让卖家为流动性支付。在该案例中，探查交易以确定买家兴趣水平是有益的。

结果：在3个季度内，95%的执行完成时间从2天延长到5天。择时收益上升至+112 bp，同时冲击略微下降。总收益上升至+115 bp，优于基准，见表9.5。

表9.4　成本各部分对比——获取可得机会

	择时	冲击	佣金	总计	基准
之前	+35bp	+11bp	-14bp	+35bp	+90bp

表9.5　成本各部分对比——花更多时间探查

	择时	冲击	佣金	总计	基准
之前	+35bp	+11bp	-14bp	+35bp	+90bp
之后	+112bp	+11bp	-11bp	+115bp	+90bp
改变	+77bp	—	+3bp	+80bp	—

案例3：过度信赖低成本经纪人

经理人模式：经理人用定量模型创造“替代”交易清单。模型用择时覆盖。选择性和择时都很好，股票在6周里价格上涨4%。

交易员模式：经理人认为聪明利用替代选择能削减交易成本，并指示交易员用网络低成本手段维护隐私且将冲击和佣金成本控制在最低限度。此时，经理人和交易员都对低成本佣金感到自豪，有意不公开暴露，在市场上没有任何表露。遗憾的是，只有不到一半的订单完成，并且事实证明了其选择风险：购买的股票上涨0.5%，而没有交易的股票上涨6.5%。并没有选择最佳的模型，业绩遭受损失。

建议：过度信赖交叉网络的问题在于，不能保障通过顺畅途径找到期望的流动性。结果，交易悬浮多天而股价上涨。经理人出色的选择和择时能力没有得到有效发挥。

结果：该交易员认识到，被动交易就是箭袋中的箭，有效交易需要运用一切可以利用的工具去寻找并获取可接受价格的流动性。在每一天结束时扩展经纪人的用途并监控未完成情况，能更好地优化第二天的交易。在3个季度内，完成率上升至+110 bp，尽管相关决定更差。成本较高的交易能更好地捕获投资想法，见表9.6。

表9.6　成本/收益各部分对比——更高成本，更高收益

	择时	冲击	佣金	总计	基准	已交易	净收益	
							已交易	未交易
之前	-91bp	+27bp	-4bp	-68bp	-62bp	48%	55bp	655bp
之后	-51bp	-10bp	-6bp	-67bp	-62bp	76%	110 bp	73bp
改变	+40bp	-37bp	-2bp	-16bp	—	+28%	+55bp	+582bp

4条实用建议

在以上3个案例研究中，交易员和经理人都确信自己正从事一份不错的工作。事实是他们的工作确实不错！现在的问题不是他们如何工作，而是他们如何定义他们的工作，如何定义他们的目标。他们专注于这个过程的一部分，因此错过了全局。一旦他们能够看到并接受更广的视角，解决方案就很简单，会立即产生效果。

最后，我们将提出4条实用建议，这些建议来自几十年来机构交易柜台的实际经验。

建议 1：一种交易策略并不适用所有情形

案例研究 3 显示了过分信赖被动交易的问题。不论一个经理人投资风格前后多么一致，都会出现偶尔交易不适合常规模式，需要特殊对待。许多经理人出售股票以寻找新的购买对象，往往出售决定包含的短期价值要少于购买决定包含的短期价值。因此，出售常常和购买一起上升。一个高效柜台需要抵销有流动性需求的交易所产生的交易成本，这种交易在提供流动性的同时获得收益。这就是为什么经理人想要交易，并做相应计划。

建议 2：做优先性排序和应急方案

最差的策略是首选交易成本最低的交易，然后等待没有多少可得流动性的订单或者竞争等级更高的订单。相反，柜台需要以紧急程度对订单进行分类，紧急程度以动机（以信息驱动的交易比以价值驱动的交易更加紧急）和当前供求水平（供求失衡常常标志着可能没有得到广泛认识的短期信息）为判断基础。建议首先做比较困难的交易。

此外，当股票上升为紧急度更高的类别时，柜台需要有警戒程序。

建议 3：将预期成本因素纳入投资组合决策中

识别潜在买卖是短期资本经营者工作的重要部分，并且经理人进行股票选择的确能够增值。问题是当成本超出收益时如何决策。随着资产持续增长，问题愈加复杂。知道各持有股票的预期退出成本，能帮助经理人确定交易的期望规模和合意程度。知道获得新头寸的成本，就将决策的价值放入合适的市场背景下。努力获取收益，而不是最小化成本。

建议4：经纪人用途合理化

商业中的一个重要课程是让卖方和顾客依赖你，而不是反过来。这在交易柜台同样适用。通过将业务集中于少量经纪人，交易员对于经纪人来说就具有足够重要性。

并非所有经纪人都具备同等技能。大规模（相对于交易量）交易需要经纪人有技能，有人脉，有资金，且为人正直，能处理订单，保护客户利益。对佣金池的过度使用会让交易员的视线偏离主要目标。

第 10 章　对于应纳税投资者的投资管理

税收在多个方面让决策复杂化。以下是几个重要例子：

· 资产配置，最重要的投资决策之一，在投资者面对的特定税率，投资期间，投资组合中未实现的增值等方面被复杂化。

· 即使是对同一类应纳税投资者，也有许多不同的税率。在联邦税率中，长期资本收益、短期资本收益以及股息收益的税率各不相同。此外，根据投资事件（如兑现收益）是否发生在近期应纳税或延迟纳税的投资组合中，联邦税率也存在极大差异。还有许多州对收益和股息增税。

· 在考虑税收时，投资组合评估变得更为复杂。应纳税投资组合的价值在很大程度上取决于未来发生的事。要计算收益是困难且特殊的，不但取决于税率，还取决于投资组合流入和流出的现金流次序。因而在税前一个经理人表现出色在税后可能就变得糟糕。最后，没有单一基准甚至一组基准能适用于所有应纳税投资者。

· 税收影响所选择的投资策略。许多投资策略都能吸引应纳税投资者，因为这些策略必然具有低周转率。税收让寻找超常收益和重新平衡投资组合的工作都变得更加复杂。

· 税收影响投资工具的选择。许多混合工具由于规模收益吸引免税投资者，但对于应纳税投资者没有吸引力。分立账目能为用户提供灵活的税收管理。

· 税收改变投资组合的风险特征。

· 税法十分复杂并且经常更改。税法的复杂性使得对税收敏感的投资变得更加困难，并且频繁的税法更改让最佳税务计划成为不可能。

纳税是义务，与投资资产之间有千丝万缕的关系。对这种义务的最佳管理是与资产协同管理。要成功处理税收问题，经理人必须改变他们的免税投资方法。了解税后绩效衡量的经理人必然偏向特定的投资风格（例如，相对被动的投资方法）。明智的税收管理方法能够提供税后收益。

在税收问题下的投资决策

税收的种类

我们将在本章讨论三大类税收：资本收益税、股息税和不动产税。

资本收益税

资本收益税发生在证券出售之时。税率取决于持有时间，一般地，时间越长，税率越高。联邦税率在已兑现的资本收益上差异极大，少到5%（针对拥有少量其他收入的个人），多到35%（针对拥有短期收益和大额其他收入的企业或个人）。

从投资组合经理的角度看，要证明交易某只证券是正确的，资本收益税是他们必须克服的障碍。在考虑证券销售时，经理人必须计算应缴税金并评估出售证券的益处即是否能保障收益的兑现。答案往往是否定的。投资管理人应格外小心短期收益的兑现，如果对短期收益征收的税率高于长期收益的税率。在大多数情况下，投资者可以选择不兑现未兑现的收益。延迟兑现收益是历史最悠久也是最直接的提高税后绩效的方法。

股息税

个体投资者一般在股息上缴纳的联邦所得税高于在资本收益上缴纳的联邦所得税。

股息通常是比资本收益更加可靠的收益来源。当股息和资本收益的税率相同时，应纳税投资者可能偏好持有侧重股息的投资组合，这些投资组合提供高于平均线的收益。这些投资组合一般具有价值特征，其中一些和超常收益有关。但由于“价值”常常是短暂的，价值投资组合会经历高周转率，这会潜在提高资本收益税。

然而，当股息税率高于资本收益税率时，投资者可能会将投资组合控制在低于平均收益水平的成长股。但要成功投资成长股可能十分困难，因为成长（即少量公司在一段较长时间里以高出平均速率的态势成长）通常是短暂的，并且预期成长往往已经反映在当前股价中。

某些股息（例如，所谓的“不合格股息”和房地产投资信托分派的股息）的税率和普通收入的税率一样，目前为35%。应纳税投资者可能会避免投资这类证券，但这类证券是有用的投资组合分散工具。这论证了一条公理，即在金融界没有免费的午餐。执行一个成功的节税投资策略既困难又冒险。

不动产税

不动产税对个体投资组合具有重要意义。投资者的不动产不用缴纳资本收益税。在不动产评估的评估日期（一般为持有者死亡日期），持有者的证券成本上升到市场价值。这一事实所产生的效应给年老的以及最终生病的投资者的被评估证券提供了生命保险。当这些投资者死亡后，保单被付；或者如果他们事先出售他们的股票，保单注销。这种类似期权的特征使得投资决策复杂化，让继续持有增值证券的做法变得有价值，即便这些证券的长期前景可能不那么令人满意。

税后绩效衡量

当前投资绩效报告的行业标准是全球投资绩效标准（GIPS），由CFA 协会及其他机构颁布。GIPS 的美国版本和加拿大版本均包含一节有关税后绩效的内容，然而，这些标准作为计算税后业绩和说明结果的指示，仅仅建议（而不是要求）给出税后收益。基本等式为：

税后收益 = [兑现收益 ×（1 - 资本收益税税率）+ 未兑现收益增量 + 应纳税收入 ×（1 - 所得税税率）+ 税金 - 自由收入]/ 起始现金价值

经理人的总税后收益数据所具有的效用是有限的。个体应纳税投资者的业绩是短暂的。在一家公司里，管理有效的节税投资组合必定具有不同成本的控股。该公司的各个客户或许在收入和资本收益税率上存在极大差异。和免税经理人的情况不同（期望小收益差），对税收敏感的经理人对各个客户区别对待，将获得较大的收益差。

税后绩效评估

绩效评估需要衡量投资组合从一个时期到另一个时期的价值改变。在计算税后收益时，行业做法是扣除股息税和已兑现资本收益税。晨星用这种方法衡量共同基金的税收效率。

斯坦（1998）深入讨论了投资组合评估问题，提出了更精确且更有用的价值衡量方法。对投资组合价值的两个简单评估是：

市场价值（V_m）：在任何时候，为获取收益出售证券并支付税金，V_m就降低。

清算价值（V_l）：在另一个极端，假设我们要即刻按税率 t_g 清算投资组合（在这里，为了简化问题，长期和短期资本收益税率都设为 t_g）。如果我们定义成本基准为 V_c，那么清算价值 V_l 为：

$$V_l = V_m - t_g\ (V_m - V_c)$$

这两种评估都存在局限，因为它们过度简化了税务问题。如果投资组合在未来继续保持投资，我们就需要更加精确。图 10.1 显示了两个不同的方程式，可用于计算投资组合的成本基准和随时间推移的市场价值。

> 假设一个投资组合在 N 个时期后将得到清算，任何未兑现的税款将得到支付。设收益率（r），股息率（d），股息税率（t_d），资本收益税率（t_g），收益兑现时的价格（g），我们可以计算投资组合最后的税后价值。设在时期 I 起始时市场价值和成本基准分别为 V_I 和 C_I。在时期 I 末尾，股息税为 $d V_I$，已兑现资本收益为 $g[(1+r-d)V_I-C_I]$。股息和资本收益被再投资，投资组合的税金得到支付。为简化问题，我们允许资本损失，赋予投资组合节税价值。那么，在时期 $I+1$ 起始时，
>
> $$C_{I+1}=C_I+(1+t_d)dV_1+g(1-t_g)[(1+r-d)V_I-C_I]$$
>
> $$V_{I+1}=(1+r)V_1+t_d dV_I-t_g g[(1+r-d)V_I-C_I]$$
>
> 在 N 个时期后最终清算价值为 $V_N-t_g(V_N-C_N)$。
>
> 这两个不同方程式给出了投资组合在各个时间段的成本基准和市场价值。

图 10.1 确定成本基准和随时间推移的市场价值的方程式

举一个例子。假设一个投资组合的初始市场价值为 100 美元，成本基准为 50 美元，让该投资组合发展 20 年。假设年增值 6%，股息率为 2%，年资本收益兑现率为 5%，股息税率和资本收益税率为 20%。表 10.1 显示了该投资随时间推移将如何发展。

现在，这种估算让我们能够更仔细地评估税务问题。要评估投资组合，我们须提出以下问题——当前什么现金价值将导致最终价值等于在同一投资假设下的清算价值 353.89 美元？我们将这种情况命名为投资组合的“全额成本”（FCE）价值。如果 $V_c<V_m$，FCE 价值介于市场价值和清算价值之间。最后，在这个例子中，FCE 价值为 95.23 美元。

该估值依据以下参数：

· 投资期限。

· 最终的资产配置（某些投资者由于继承遗产，纳税基准升高）。

· 未来税率。

表 10.1　有 20 年期限的投资组合发展

假设：

初始市场价值	=	$ 100	资本收益兑现率	=	5%
初始基准	=	$ 50	股息税率	=	20%
年增值	=	6%	资本收益税率	=	20%
股息收益	=	2%			

	年																			
	1	2	3	4	5	6	7	8	9	10	11	12	13	14	15	16	17	18	19	20
起始市场价值	$100.00	$107.04	$114.58	$122.65	$131.30	$140.55	$150.46	$161.08	$172.44	$184.61	$197.64	$211.59	$226.53	$242.52	$259.65	$277.99	$297.62	$318.64	$341.15	$365.25
起始基准	50.00	53.84	57.94	62.31	66.98	71.97	77.30	82.99	89.08	95.59	102.55	109.99	117.94	126.46	135.56	145.30	155.72	166.88	178.81	191.58
终止市场价值，税前且不计股息	106.00	113.46	121.45	130.01	139.17	148.99	159.49	170.74	182.79	195.69	209.50	224.29	240.12	257.08	275.23	297.67	315.48	337.76	361.62	387.16
股息	2.00	2.14	2.29	2.45	2.63	2.81	3.01	3.22	3.45	3.69	3.95	4.23	4.53	4.85	5.19	5.56	5.95	6.37	6.82	7.30
收益（未兑现）	56.00	59.62	63.52	67.70	72.19	77.02	82.19	87.75	93.71	100.10	106.95	114.30	122.18	130.62	139.67	149.36	159.75	170.88	182.81	195.58
兑现收益	2.80	2.98	3.18	3.38	3.61	3.85	4.11	4.39	4.69	5.00	5.35	5.71	6.11	653	6.98	7.47	7.99	8.54	9.14	9.78
纳税	0.96	1.02	1.09	1.17	1.25	1.33	1.42	1.52	1.63	1.74	1.86	1.99	2.13	2.28	2.44	2.61	2.79	2.98	3.91	3.42
再投资	3.84	4.10	4.37	4.67	4.99	5.33	5.70	6.09	6.51	6.96	7.44	7.96	8.51	9.11	9.74	10.42	11.15	11.93	12.77	13.67
终止成本基准	53.84	57.94	62.31	66.98	71.97	77.30	82.99	89.08	95.59	102.55	109.99	117.94	126.46	135.56	145.30	155.72	166.88	178.81	191.58	205.25
终止价值	107.04	114.58	122.65	131.30	140.55	150.46	161.08	172.44	184.61	197.64	211.59	226.53	242.52	259.65	277.99	297.62	318.64	341.15	365.25	391.05
清算价值																				353.89

·未来收益率——包含资本增值和股息（通过未兑现税款的投资收益）。

·资本收益在投资期限结束时兑现的价格。

斯坦（1998）表示，如果 $0 \leqslant f \leqslant 1$，FCE 估值 V_f 可写为：

$$V_f = V_m - ft_g(V_m - V_c) \tag{10.1}$$

或者：

$$V_f = (1 - f)V_m + fV_l \tag{10.2}$$

与清算价值 V_l 的定义相比较，根据等式（10.1），我们可以将 FCE 价值当作清算价值，但在调整税率 ft_g 时，因子 f 调低了实际税率。根据等式（10.2），我们可以将 V_f 看作市场价值 V_m 和清算价值 V_l 的加权平均值。对于表 10.1 中给出的举例数字，f 等于 0.48。

评估投资组合的一个简单方法是，计算投资组合的清算价值，但将真实税率的一部分 f 用作资本收益税的税率。这一部分的价值取决于投资者，投资期间，预期收益以及收益兑现率。或者，你可以简单计算清算价值和市场价值的加权平均数，其中，f 等于清算价值的比重。

绩效基准

在评估投资组合绩效时，基准是关键。将投资组合的税后收益对比基准税前收益，将会有误导性；因此，基准也必须是税后的。然而，只有少数公司发布税后基准收益。

对于不是始于现金而是始于原有增值股份的投资组合，一个有用的基准是基于未改变的初始投资组合，一个好的经理人必须提供该基准的税后附加值。

然而，对于始于现金的投资组合，理想的基准是带有现金流的指数投资组合。投资流影响投资组合的绩效和基准绩效，税收取决于购买证券的成本基准。

斯坦（1998）通过电脑模拟确定了标准普尔 500 指数投资组合的历史税后收益，并探索税后收益的起始日期的效应。这些模拟十分复杂，但我们可以进行简化。比如，你可以将标准普尔500指数投资组合中的某项投资当作单独证券对待，利用标准普尔500指数投资组合的每个月的实际周转水平，用图10.1所示的不同方程式来估算成本基准和价值如何随时间改变。如果有必要，可以进一步简化，在基准指数中用统一的年周转率。比如，在1995年到2005年间，标准普尔500指数投资组合的年均资本加权周转率约为5%。在任何情况下，基准指数的税后收益取决于指数中的证券基准，因此也取决于分析的起始日期。比如，对于从1990年开始投资的投资者和从1996年开始投资的投资者，1996年标准普尔500指数投资组合的税后基准收益不同（前者低于后者）。

税后风险

投资管理的基本目标之一是通过分散控制风险。在这里，我们将风险定义为收益的波动性或相对基准的“跟踪误差”。税收的出现改变了风险的性质。下面让我们考虑税收的几个方面。

提到分散，一个普遍的实用性考虑是：为了分散一个低基准控股投资组合，现在付款（由于立即对资本收益征税）的价值有多高？这一次，同样没有一个简单的答案，答案取决于预期范围、拟定资产的预期收益、现有资产的预期收益、税率以及投资者的风险承受度。

免税投资者常常监控投资组合相对于基准的跟踪误差。典型的关注是，主动型经理人在追寻主动收益时承担的风险（相对于充分分散的基准）。关注这一问题的应纳税投资者需要指定衡量跟踪误差的基准。税前基准是不适用于应纳税成交额的。在实际中，承受相对于税前基准的跟踪误差是值得的，如果这样可以降低税额。

为论证税收会改变风险的性质，让我们探讨一个简单模型。假设两只股票A和B有同样的预期收益率但波动程度不同，如图10.2所示。在t_0时刻，两只股票的购买价值都为1美元。各股票在t_1时刻有两个相等的税前收益结果，预期收益率都为10%。然而，股票A的波动性低于股票 B。

进一步简化，假设在 t_1 时刻之后，两只股票在 20 年里具有相同收益率，即每年 10%，都以资本收益形式发生，之后将对投资进行清算。我们假设资本收益的税率为 20%，此外，还假设投资者在 t_1 时刻获得外部资本收益，同时不存在资本损失限制（也就是说，投资者能够承受任何损失）。

使用我们在前面提到的 FCE 方法，假定在 t_1 时刻 f 值为 0.4，我们用此确定各股票在 t_1 时刻的价值。如果股票 A 在 t_1 时刻上涨至 1.15 美元，其 FCE 价值为 1.138 美元。如果股票 A 价值升至 1.05 美元，其 FCE 价值为 1.046 美元。因此，股票 A 在 t_1 时刻的预期 FCE 价值为 1.09 美元。由收益率（0.06）标准差衡量的税后风险低于税前风险。

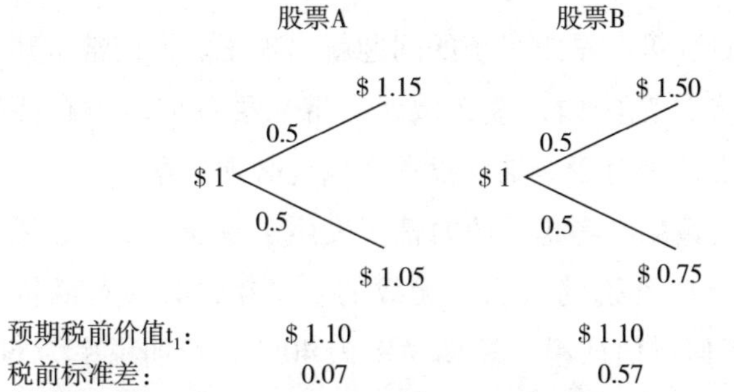

图 10.2　税收改变风险性质

类似假设股票 B。如果股票 B 在 t_1 时刻上涨至 1.50 美元，那么在 t_1 时刻其 FCE 价值为 1.460 美元。然而，如果股票 B 下跌至 0.70 美元，我们可以兑现损失，节约税金。价值是 \$ 0.70 + 0.2 × 0.3 = \$ 0.76。因此，股票 B 在 t_1 时刻预期 FCE 价值为 1.11 美元。

注意，波动性更高的股票 B 具有更高的税后预期收益，原因在于兑现损失的方式。虽然损失永远不受欢迎，但投资者可以利用确实发生的损失，降低损失程度。因此，应纳税投资者应当比免税投资者更加愿意追求高波动性税前收益。这种现象在本质上源自对资本收益税的选择。投资者可以选择时机兑现资本收益，这种选择具有价值。

税后资产配置

税后资产配置是一个特别复杂的问题，最不受行业重视。或许研究税后资产配置的最简单方法是进行均值－方差研究。但因税收要调整收益率，所以免税债券在投资组合中占据重要地位。

对于一个新开始的投资组合，其成本基准十分关键，将影响决策。布鲁内尔（1997）简要讨论了这一课题，并提出一个复杂的三维有效边界概念，其中第三维是投资组合的成本基准。对操作方案的实际选择绝非易事。一般说来，各资产类别的投资范围和预期周转率将影响决策。

一旦做出配置决策，重组平衡的问题就出现了。人们常常建议将配置严格控制在允许范围内，这么做就会带来税务成本。有些人建议，重组平衡触发范围对于应纳税投资者来说必须更宽。

执行资产配置策略在考虑税收时情况发生了改变。现在，用衍生证券以获取更多资产类别的做法是无效的。每年，必须对期货合约（举个例子）的任何增值征税，短期税率为40%，长期税率为60%。如果你想追求战略配置，任何兑现的收益都将缴税。杰弗里等（1993）证明，执行战略策略的一个有效方法是让基准投资组合尽可能长时间积累未兑现收益，然后用期货进行重组平衡。

个体投资者能够积累延迟纳税的储蓄。虽然这是有力的节税工具，但问题是如何组建平衡的总投资组合，合理选择不同资产，追求主动策略。比如，一个节税方法是在应纳税部分投资被动股票投资组合，在免税部分追求进取性的主动决策。免税储蓄的清算会伴随大额税务罚款，因为长期收益和合格股息都按正常所得税税率征税。

这一课题仍处于发展初期阶段。

投资工具

应纳税投资者面临的一个重要问题是在投资股权时要用独立账户还是混合账户。

独立账户提供管理资本收益税的最佳机会。保持单项税金记录可以带来极大优势。投资者在资产的最终配置上有更大的灵活性。比如，他们可以选择将哪些资产留给继承者，将哪些资产捐给慈善机构。

混合账户同样具有一些优势，只要混合工具具有低周转率。税收控制指数共同基金和交易型开放式指数基金（ETF）对于许多人都具有吸引力。使用混合账户的成本一般低于独立账户。一个更加微妙的优势是混合账户可能遇到更少的分散问题。对税收敏感的独立账户常常积累集中在多年后增值较大的资产。

然而，混合账户也有一些问题。其中一个问题是在投资组合中加入混合基金的投资者可能购买平均基准低于当前市场价值的股份或共同基金。最终这一投资将纳税，讽刺的是，这一问题对于低周转率基金而言更加糟糕。

混合基金的主要问题更加严重。投资者不可能承担由另一个投资者的行为引起的纳税义务。

我们可以通过一个例子解释这一问题。假设投资者 A 和投资者 B 各投资 100 美元到一个新共同基金中，该基金只有他们两位股东。他们的 200 美元投资升值到 400 美元。投资者 A 决定清算自己的股份。经理人卖出一般基金，向投资者 A 支付 200 美元的现金，这次出售创造了 100 美元的兑现资本收益。在年末，基金经理将申报 100 美元的资本收益分配，唯一剩下的股东（即投资者 B）将因此缴税。因此，年末，在美国国税局眼中，总兑现收益为：

投资者 A：兑现资本收益 100 美元；

投资者 B：兑现资本收益分配 100 美元；

投资者 A 的退出导致投资者 B 的税务义务增加，总税务义务是 200 美元的兑现收益。

虽然这个例子有些极端，但问题是真实存在的。投资者不能通过不购买马上进行年终资本收益分配的共同基金股份，从而排除这一问题。这一问题永久存在，参加混合基金投资的投资者会承担理应属于其他投资者的纳税义务。

投资组合管理方案

税收让投资决策复杂化。只要投资组合经理了解税收对绩效的影响，就会选择特定的投资风格。此外，谨慎税务管理更难过提高税后收益。虽然这是一个复杂课题，但在著作中得到了少量正式关注。

应纳税投资组合经理需要建立自己长期满意的投资组合。理想地说，这种投资组合将广泛分散，并且以极低价格实现资本收益。经理人或许想调整投资组合以适应客户的税务情况：与股息收益相比，个体投资者或许更偏好资本增值；而企业或许偏好股息收益。此外，投资组合至少还应匹配合适的税后基准的收益率。

被动投资的力量

我们首先关注资本收益。基于成交量征收的税款实际上是交易成本。杰弗里等（1933）显示，能将兑现率降至最低限度的经理人能够收获长期利益（比如，将每年的收益兑现率从 70% 降至 30% 并没有多大价值，真正的价值来自更低的兑现率，如 10% 以下。）从本质上说，这种利益来自延迟税款的再投资，这是一种非常被动的方法，每年兑现极少量收益。（“被动”一词有两个普通的投资含义。第一，被动投资组合比较固定，并不购买、出售证券，只在取款时兑现收益。第二，被动投资组合不涉及“主动”股票选择。）

假设：每年总收益的2%来自股息；20年后清算；股息税和长期资本收益税的税率均为20%，短期资本收益税税率为40%；在收益兑现率（周转率）为T%时，T为短期收益，$(1-T)$为长期收益。我们还要假设存在额外的50bp主动投资组合管理费。

其实并没有听起来那么复杂。市值加权指数投资组合（如标准普尔500指数或法兰克·罗素公司的罗素3000指数）是合适的起点，因为这种投资组合只在指数构成发生改变或在股息被重新投资时才需要行动。如果没有成分股改变或企业行动，在开始时被编入索引的投资组合在未来将继续被编入索引，不论成分股的股价如何变动。

在许多发达市场，指数投资组合极度分散，可贡献中等税前业绩，因而具有附加利益。此类投资组合是大量市场参与者的相同期望，就此意义而言近似“有效”。

虽然免税投资者难以打败被动指数投资组合，但其对于应纳税投资者而言甚至更加强大。看到这一点的一个方式是评估主动投资组合经理为了证明兑现资本收益而必须在税前克服的“阻碍”。用图10.1中的差异方程式以及在简单假设下，我们评估该阻碍（见表10.2）。

表10.2　税前阻碍（阿尔法，百分比）——市场收益率和资本收益兑现率的函数

市场收益率	年资本收益兑现率										
	5%	10%	20%	30%	40%	50%	60%	70%	80%	90%	100%
6%	0.6	0.7	0.9	1.0	1.2	1.3	1.5	1.7	1.9	2.1	2.3
8%	0.7	0.8	1.1	1.3	1.6	1.9	2.1	2.4	2.7	3.0	3.3
10%	0.7	0.9	1.3	1.7	2.0	2.4	2.8	3.2	3.6	4.0	4.5

许多研究都探索过共同基金群体的税后绩效问题。所有研究都得出结论，指数投资组合在扣除税款和费用后，一直是更好的业绩执行者。事实上，一些学者提出，广泛分散的零周转率投资组合或许是以现金开始的长期投资者的可行选择。在年均周转率超过70%的情况

下，很少有经理人能够实现表 10.2 中要求的持续的税前超额收益率。

主动税务管理

投资经理通过谨慎管理税务，提高税后业绩。迪克森等（1993）讨论了税务分批核算的益处，并表示这种益处是实质性的。

一些简单的损失管理方法具有很好的效果。在分散的投资组合中，通常发生单个持股损失，这种损失甚至发生在整体投资组合表现很好的情况下。这种损失对于投资者具有价值——如果他们立即兑现。如斯坦等（1999）提到的，表现如“麦克斯韦妖”的投资组合经理（在损失发生时立即兑现损失，并且放任收益浮动），能够为投资者获得非凡的税后优势。

不论何时对投资组合进行重组或优化，必须考虑税收。在风险（跟踪误差）和资本收益兑现中一般存在一个平衡。对于指数应纳税投资者来说，紧握偏离指数的证券往往是有益的——如果将其出售将实现资本收益。这将导致与指数的跟踪偏差。

主动股票选择

对于对税收敏感的主动型股票经理来说，他们面临的挑战是找到愿意长期持有的证券。他们需要相信自己的股票选择。福勒等（1996）讨论了主动型股票管理的挑战，提出两点：第一，对税收敏感的优化过程十分重要，同时应谨慎评估各项交易的风险/收益冲击；第二，以价值为基础的策略一般在长时期里比以动量为基础的策略表现更好。

对于主动投资组合管理来说，最困难的挑战出现在投资组合已经建立数年并且某些证券已经生成大量未兑现收益之时。此时，“更新”投资组合或许是令人满意的做法，但这么做的税务成本将会很高。要将现有证券换成其他在很长时期后才会跑赢大盘的证券是极端困难的。

第 11 章　社会责任投资

社会责任投资（SRI）的发展伴随着人们对企业社会责任（CSR）兴趣的日益增长，同样吸引着越来越多的学术关注。考虑社会责任投资策略的主流机构投资者日益增多，这在负责任投资原则组织（PRI）得到了验证。PRI 由联合国于 2006 年发起，签署成员达到 183 个国家和地区，所管理资产（AUM）规模达 8 万亿美元。

基本概念

社会责任投资的定义

社会责任投资最初被称为道德投资，20 世纪 90 年代，道德投资一词几乎退出舞台。相对来说，没有多少人尝试在著作中对社会责任投资进行精确定义。库珀等（1993）提到，业内对这一术语的定义没有达成一致。斯巴克思（1994）和考顿（1994）分别提出了相似定义。后者提出，社会责任投资的鲜明特征在于在选择和管理股票投资组合时用到道德和社会标准，后来又提出，社会责任投资是在股票投资组合组建中，除了将通常的风险和收益作为确定因素外，还加入对社会或环境问题的考虑的一种投资原则或风格。

社会责任投资以股票为基础

社会责任投资在本质上是股票投资组合管理。美国社会责任投资贸易主体，社会投资论坛，每两年做一次题为《美国社会责任投资趋势报告》的调查。《美国社会责任投资趋势报告》（2006）称，美国社会责任投资总资产在2005年达到2.29万亿美元，占美国总投资资产的9.4%。这些资产中大部分来自社会活动组织，即用股东投票权提出并支持社会代理的大型机构投资者。

社区发展或道德银行

社区发展，又称道德银行，指的是资助者提供的发展经费——提供自身资本在一段时间内的使用权，并放弃大部分或全部利息。比如，芝加哥南岸银行发起的社区发展计划，以及英国共同利益银行等提供的低息或零息储蓄账户，以资助在发展中国家进行的“公平贸易”计划。虽然这些活动值得称赞，但我们需要将其和社会责任投资区分开来，因为社会责任投资的关键属性是利用股东的权力和影响力影响企业行为。因此，社会责任投资必须以股票为基础；以债务为基础的活动没有这种影响力。另一个差别在于财务收益。道德银行的实质是资助者自愿接受低于市场的收益率以便帮助他人，而社会责任投资旨在获得资本的市场收益。对财务收益的考虑也是区分社会责任投资和慈善事业的一个因素。

社会责任投资和“绿色”投资的关系

公众对近些年来的气候改变的持续关注以及政治对此采取的行

动，推动了“清洁科技”的快速发展。从概念上说，目的在于收益最大化的环境投资与鼓励可持续发展的投资之间存在明显差别。仅有极少量（如果确实存在的话）社会责任投资共同基金是以绿色道德为基础，事实上，现在所有社会责任投资共同基金都是运用环境标准。

财务收益的重要性

在考虑社会责任投资时，很重要的一点是不要忘记风险－收益目标。机构投资者在考虑社会责任投资策略的潜在投资绩效成本时，通常受制于信托责任准则，而个体投资者对于社会责任投资所引起的任何可能的收益减少也高度敏感。有学者于 1997 年报告了针对美国投资者的一项调查，发现 80% 的美国投资者不会考虑社会责任投资，除非社会责任投资能够创造客观收益，这一观点得到了伍德沃德（2000）的证实。麦克拉克伦等（2004）发现，在财务收益的重要性方面，具有社会责任感的投资者和传统投资者之间“不存在很大区别”。

识别社会责任投资的需求因素

有关社会责任投资投资者的需求偏好的分析相对较少，要么是将这种需求偏好当作理所当然，要么是将其当作异质或认为其不成熟。虽然各社会责任投资共同基金的排除筛选存在差异，但整体上高度一致。表 11. 1 显示了 2007 年美国社会责任投资共同基金的数量，这些基金要么在表中所示范围内没有投资，要么是限制投资。

考顿等（1993）试图识别社会责任投资考虑因素是否具有任何主要模式，这是早期该研究的方向之一。他们用多变量因子分析法，发现在一项英国社会责任投资投资者调查中，一半的回复截然分为两类，他们分别称之为“政治”和“宗教”。当这些群体具有强烈并且重叠的考虑因素时，他们支配着评级，这在当时意味着种族隔离。2000 年，伍德沃德联系了一位杰出的英国金融顾问（专门从事社会责任投资）的数据库中的 2 000 人。她还发现人们的考虑因素自然分为两类，与考顿等提出的宗教和政治相似但并不相同，尽管环境正成为越来越重要的问题。其他一些研究发现，社会责任投资投资者比一般投资者的受教育程度更高，且有一些（尽管不是所有）研究发现女性占据比例较大。

表 11.1　2007 年美国社会责任投资共同基金

	酒精	烟草	赌博	武器
基金数量（只）	97	97	97	97
排除数量（只）	78	95	77	88
排除百分比	80.4%	79.9%	79.4%	90.7%

社会责任投资的历史起源

社会责任投资共同基金的主要原则和考虑因素源自教会投资者，即与大西洋两岸基督教会相联系的慈善基金会和养老基金（斯巴克思，2006）。这一历史背景解释了为什么负面排除发展称为标准的共同基金策略，尤其是为什么如武器、酒精和烟草等方面问题仍然是今天使用最为广泛的回避标准。这些问题很少得到公众的激烈辩论，不像全球化或气候变化问题。先驱者创造了排除特定板块的投资组合，被排除的是被教徒判定为有害的传统板块：酒精，烟草，武器以及赌博，有时被通称为“罪恶股”。教会群体同样是美国（帕克斯世界基金，1971）和英国（友诚看守者基金，1984）社会责任投资共同基金的先驱。斯特曼（2004）提出一个有趣观点：社会责任投资是一种宗教，有自由/正统断层线。

社会责任投资策略

排除或负面筛选

最知名的社会责任投资技巧是排除，又称负面筛选或回避。这是几乎所有社会责任投资共同基金采取的主要方法，指的是避免投资业务运作被判定为不可接受的活动。大多数基金依赖于提供社会责任投资研究的外部供应者，其充足的企业数据库能提供具体详尽的答案，回答特定活动产生的成交量的比例和性质问题。

一个典型的社会责任投资共同基金用定量筛选排除被认为不可接受的活动的投资。这种筛选常常以公司的周转率为基础，如与武器相关的活动不高于5%。迈克尔逊等（2004）描述这是一种“如果怎样，绝对排除”的情况。和机械排除一样，也可以采取更多的定量工作。例如，一个有5%武器排除限制的基金可以进行第二层分析，评估这一活动的严重性，因此可判断一个将10%的成交量出售给军方的布料制造商，比制造核武器的航空公司问题更小，即便核武器只占航空公司总销售量的5%以下。除了源自教会的“罪恶股”之外，其他常用的筛选包括色情、动物实验、人权、供应链以及环境。这其中也存在文化差异，如多元化在美国是常用的筛选方法，但在其他国家比较少用，而生物多样性在英国正成为越来越常用的筛选方法。

某些基金混用正面和负面筛选，而其他一些基金寻找“同类之最”，后者指的是将相关公司在行业板块中排名，只投资在环境和社会道德上得分较高的公司。不过，总的来说，从社会和环境因素选择社会责任投资共同基金主要用到负面筛选。

排除等级与投资者的投资组合方法

零售社会责任投资基金的资产经理，在基金中运用各种负面筛选时相当理性，以便达到目标客户基础和销量的最大化。比如，一些潜在的社会责任投资投资者强烈反对动物实验，他们只愿意投资排除动物实验的社会责任投资基金；而其他一些投资者对于环境问题有类似态度；我们将如何处理这种境况呢？这种高等级排除不可避免带来相对于某项指数的高跟踪误差，至少会带来较低的财务收益。然而，大多数参与此类基金的投资者采取的投资组合方法是，仅将小部分投资资产投资于此类基金，而将大部分个人财富放在标准金融市场和共同基金中，因此将财务成本降至最低。

股东积极主义

海格等（2004）将股东积极主义定义为："在各管辖证券法规定下，上市公司的股东申请股东会议并就特定决议投票的过程。"这一定义似乎限制过度，因为提出决议只是积极股东权力的一部分。积极股东还可以利用宣传，与执行官进行私下对话，甚至发起接管威胁等。对"股东积极主义"更确切的定义应该是用普通股赋予的投票权，影响公司管理的行动。美国社会责任投资积极主义从有利的美国法制背景中受益良多，该背景在其他地方相对不为人所知。

社会责任投资积极主义

在美国，社会责任投资决议通常被描述为"社会代理决议"，或"社会代理"。《社会责任投资趋势报告》（2006）显示，从2003年到2005年，美国社会责任投资在社会和环境问题上决策的数量增长了16%，达到348项提议；提交社会或环境问题决议的机构投资者所管理资产增长57%，达到7 030亿美元。这些决议的正式提交通常代表了机构投资者与企业执行官之间对话过程的顶点，这些对话的内容是可能延伸多年的有关社会责任投资的考虑因素。这种活动的目标是改变企业行为。通常，仅仅是威胁这种社会代理即将出现，就能说服高级执行官与提议者达成协议，因此在公司年度大会召开之前，决议被友善地撤回。许多（或许是大多数）被提议的社会责任投资决议永远不会被正式呈交给股东。

美国教会投资者是社会责任积极主义的前驱，尤其是成立于1973年的企业责任和宗教信仰中心（ICCR）。ICCR是由275个以信仰为基础的机构投资者组成的联盟，总投资资产超过1 100亿美元。其工作可分为9个方面：医疗保健，建立供应商体系，企业管理，提供资本、环境公正，全球变暖，提高人权，社会暴力和军事化，水和食物。ICCR至今仍是社会责任投资的筛选先导。

非政府组织的倡导对比社会责任投资积极主义

社会责任投资将社会、环境关注与投资策略结合起来，与非政府组织（NGO）的倡导活动存在鲜明对比（这种倡导活动利用股东权进行宣传，提出高姿态的股东决议，或在公司年度大会上提出批判问题，见表11.2）。这些活动不具有投资目标，目的甚至是损害公司财务状况，进行方式或许是鼓励消费者开展抵制运动，很难想象存在任何情况，社会责任投资基金经理确实想看到所持股份价值下跌。宣传是竞选团队的标准工具，而和企业执行官进行私下讨论更符合社会责任投资的特征。

表11.2　NGO的倡导活动对比社会责任投资

NGO倡导活动	社会责任投资
专注于单个问题	关注多个问题

续表

NGO 倡导活动	社会责任投资
没有财务考虑	强烈的财务兴趣
寻求对抗	寻求对话
寻求宣传	避免宣传

参与或对话

机构投资者对社会和环境问题的兴趣日益增长，促成他们与公司就敏感问题进行定期对话，通常这被称为“参与法”。他们避开在美国流行的社会责任投资积极主义模型，部分原因在于相对较难提出社会责任投资决议。英－荷出版公司为我们提供了成功参与策略的一个很好的案例。一小队社会责任投资投资者向高级执行官表达他们对公司组织武器展的看法，提出这一活动尽管比重很小（占集团营业额的0.5%），但和公司经营核心医药和学术期刊业务并不相符。建议者强调，他们相信卖掉这一业务会给股东带来长远利益，因为该业务会损害公司的出版业务。2007 年 6 月，公司管理层接受了这一符合逻辑的社会责任投资建议，并宣布出售武器展业务的计划。

这一案例是最高水平参与的绝佳事例；针对特定公司，以大量研究为基础。然而，这种方法需要大量资源。典型的参与方法聚焦程度更低，依赖于一般活动，焦点可能为企业社会责任过程，而非公司特有的问题。有人批评社会责任投资分析师过于专注过程中的问题而忽视企业行动和绩效指标，公司则抱怨“社会责任投资问卷苍白无力”。古普塔拉（2001）批评参与法的广泛运用，提出当对表面活动产生恐慌时，是否能真正达成任何实质性的东西，还有待商榷。对于这类批评，社会责任投资基金经理需要展示出更高的透明度，公布他们的参与活动，并提供某种道德审查以证明营销活动中的一些主张。

合作型参与

如前面提到的，高质的参与工作要求运用大量资源，应对这一挑战的一个方法是机构投资者相互合作以解决所关注的问题。气候变化机构投资者团体（IIGCC）于 2001 年在英国成立，以推动成员以及其他机构投资者对气候变化问题形成更好的理解，并鼓励 IIGCC 成员所投资的公司和市场应对与气候变化相关的业务所遇到的任何重大风险和机遇，以及转向低碳经济的风险和机遇。IIGCC 的政策陈述论证了倡导和积极主义之间的差异。IIGCC 称其寻求从感兴趣的投资者（意识到气候变化的含义）变为有责任感的投资者（采取行动，管理气候变化对他们投资所带来的风险），但并不想成为参与的投资者（提倡能源和经济活动立即发生改变或发生根本性改变）。IIGCC 报告了资源池的优势：具有更大冲击力，更高效率，改善问卷无法应对的状况。

法律框架

法律限制

社会责任投资中的机构投资受到法律限制的制约，增加人们对社会责任投资可能牵涉投资绩效罚金的恐惧。在大西洋两岸，养老基金和慈善机构都应履行信托法规定的受托人义务。传统的法律观点认为，机构投资必定专注于财务收益，对此的解读是机构投资排除了对社会和环境因素的考虑。在英国，两起高姿态法律案例证实了这种解读，分别是 1984 年牵涉矿工领导亚瑟·斯卡吉尔的案例，以及 1991 年涉及牛津主教的案例。然而，当代英国法律观点越来越质疑这些针对社会责任投资的先例的正确性。英国慈善机构受英国慈善委员会的监管，后者制定了针对投资的指南——《CC14：慈善基金投资》。

大部分美国法律观点似乎仍将传统的负面观点附加于社会责任投资。然而，金德（2007b）中肯地提出，这种观点忽视了对这一问题唯一重要的法院判决，即1989年马里兰法庭的判决。该判决称，如果社会责任投资能够提供竞争性收益，则其“不应被视为轻率”，而受托人也完全有权避免投资与信托目标相冲突的领域，因此贵格会慈善机构可以避免对军备的投资。（这里的推理实际上和牛津主教案例中英国法官的推理一样。）金德还观察到，对社会责任投资的偏见往往忽略了斯科特《信托法》（这是美国信托法的标准参考法）的观点，即受托人“可以合理考虑企业的社会绩效”。

养老金新法规

1999年7月3日，英国政府明确推动社会责任投资的发展，颁布养老金新法规，强制所有私募养老基金考虑将社会责任投资和投票权作为整体投资政策的一部分，并公开：

1. 受托人在选择、保留以及实现投资时对社会、环境或道德方面的考虑程度。

2. 引导与投资相关的权利实施的政策（如有此政策）。

斯巴克思（2002）展示了这一举措如何刺激英国社会责任投资快速发展，如表11.3所示。这一举措本身也大大改变了社会责任投资的构成。社会责任投资养老金法规由布莱尔政府推出，在1997年生效。当时，教会投资者主宰着英国社会责任投资，跟随其后的是慈善机构和共同基金。4年后，不但社会责任投资的管理资产增长了10倍，而且市场由养老基金和慈善机构主宰（在规模上）。

法国、澳大利亚等其他国家相继复制英国社会责任投资的模式，颁布法规强制机构投资者采用社会责任投资策略。金德（2005，2007b）提出，2003年通过的美国证券交易委员会（SEC）代理投票规则事实上已经执行了与英国类似的规则，改变了那些以受托人身份持有股票者的信托义务。美国证券交易委员会现在要求共同基金和投资顾问：

· 公布他们在企业选举中的投票策略和投票程序。

· 报告他们在各公司就各问题如何进行实际投票。

表 11.3 法规变化导致的英国社会责任投资市场的改变

	1997 年（10 亿英镑）	1999 年（10 亿英镑）	2001 年（10 亿英镑）
教会投资者	12.5	14.0	13.0
社会责任投资单位信托公司	2.2	3.1	3.5
慈善机构	8.0	10.0	25.0
养老基金	0.0	25.0	80.0
保险公司	0.0	0.0	3.0
总计	22.7	52.2	224.5

注：单位信托公司资产从保险总额中扣除。

金德提到，美国证券交易委员会的规则要求投资顾问在投票决定他们的代理之前，监控“企业事件”；且根据美国证券交易委员会的定义，企业事件不但包括标准的企业管理事项，还包括“社会责任和企业责任问题”。金德提出，虽然这些法规仅适用于共同基金（包括401k 计划——自我管理型养老金），但它们跟 1994 年美国劳工部根据1974 年《雇员退休收入保障法》（ERISA）确定福利计划的指南是一致的。

积极主义的法律背景

股东积极主义在美国得到蓬勃发展，原因在于美国证券交易委员会法规赋予股东提出股东决议的权利。根据这些法规，一项决议的主要发起人必须最少持有价值 2 000 美元的公司股票，并且最少已持有一年时间。要重新提交一项决议，决议在第一年必须得到至少 3% 的投票，在第二年至少为6%，在后来的年份至少为10%。社会责任投资积极主义在美国发展蓬勃，但在其他地方并非如此，就是因为这种有利的背景。（到2007年年底，美国证券交易委员会发布了对委托股东提议进行限制的法规修改建议，与强制性股东提议相对，这一变化被普遍视为是对建立已久的社会责任投资实务进行限制。

1987年，加拿大法院裁定，指责拖拉机公司麦赛－弗格森参与南非事务的股东决议触犯了《加拿大商业公司法》（CBCA）。此后，只要股东决议涉及的社会或环境问题超出“常规业务”范围，加拿大公司有权立刻予以拒绝。麦赛－弗格森判决预防了美式社会代理提案，直到2001年11月，渥太华政府颁布了有关《加拿大商业公司法》的新规定，调整后的加拿大代理决议法规和美国类似。

英国是除美国外唯一一个在社会责任投资积极主义上获得重大发展的国家，尽管英国股东决议要克服障碍比美国更为艰巨。英国股东决议的提出必须获得100位投资者的支持，每位投资者需持有票面价值达100英镑的股份（以股票的面值而非当前市场价格为准），或者拥有超过5%的有表决权的公司资本。在英国较少有社会代理之争，尤其与自然资源公司（如荷兰皇家壳牌、英国石油公司、力拓矿业集团）发生的社会代理之争少之又少。

对财务绩效的冲击

简要文献综述

大量学术著作研究社会责任投资基金和指数相对于标准基准（如标准普尔500指数和富时指数）或可对比的投资工具的相对绩效，以及风险概况接受的冲击（跟踪误差）。

笔者的结论是证据并不清晰，或许在证据中能够确定的唯一东西就是社会责任投资策略不一定会导致任何重大绩效损失。这一结论可能听起来虚弱无力，但这和汉密尔顿等学者（1993）的结论相似——投资者可以“期望投资于社会责任投资共同基金不会有任何损失”，当然，“任何损失”是相对于其他共同基金而言。汉密尔顿发现在1981年至1990年间，传统的共同基金和美国社会责任投资共同基金在风险调整收益上没有显著差异，它们的表现都低于市场指数。笔者进一步提出，社会责任投资的排除法在任何合理的时间框架内所引发的指数收益差异微乎其微。换句话说，如果通过排除酒精、烟草、武器等板块创造出某个“富时全股道德指数”，该指数在较长时期内的表现将和标准全股指数一致。

库尔茨（1997）分析历史悠久的社会责任指数多米尼社会指数（DSI），得出类似结论。他发现尽管分散成本不可避免，多米尼社会指数所对应的社会责任投资在股票领域并不会低于市场表现，不论是在票面上还是风险调整基础上，也就是说，相比标准普尔500指数，并没有较大的跟踪误差。他用复杂的归因模型试图论证在筛选后的投资组合的收益中，存在社会因素，但他并没有找到。他还发现，人们一直对较小公司以及评级较高的社会责任投资基金存在偏见。

零售社会责任投资基金的绩效

经过较长时期观察可以发现，大多数英国社会责任投资单位信托基金和美国社会责任投资共同基金表现低于相关基准指数的表现，如全股指数和标准普尔500指数。然而，我们不能用这一事实证明，社会责任投资具有负面绩效效应，因为我们大家都知道，其他大多数共同基金也具有这种特征，延森（1968）的开创性论文早已论证此问题。该论文发现56只美国共同基金在1945—1964年间，每年在去除费用后有负阿尔法值（-1.1%）。延森对阿尔法的度量在著作中得到广泛运用，以识别受单个经理人技能或风格因素影响的收益的组成。从形式上说，α的计算涉及以下方程式：

$$R_{jt} - R_{ft} = \alpha_j + \beta_j(R_{mt} - R_{ft}) + \mu_{jt}$$

其中：

R_{jt}为该时期的基金收益率；

R_{mt}为市场收益率；

R_{ft}为无风险资产的收益率；

β_j为基金的市场风险或贝塔；

μ_{jt}为随机误差项。

为清晰分离社会责任投资共同基金的特征，我们需要将其与在其他方面类似的共同基金进行对比，有时这被称为基准问题。我们可以用匹配配对法，或者用同类群体板块分析法，分析具有类似目标的所有基金。笔者个人更倾向于后者，因为这一方法似乎更好地利用了可得资料，特拉弗斯（1997）同样表达了这种观点。

2000 年以后出版的著作支持早期结论，即在平衡社会责任共同基金时创造的收益大致和标准基金的收益相等。比如，斯塔特曼（2000）确认了早期发现——美国社会责任投资共同基金的风险调整收益和传统基金相当，但两者的业绩都低于标准普尔 500 指数。在世界范围内，社会责任投资得到越来越多的投资者的接受，这意味着现在我们可以在美国和英国（社会责任投资的摇篮）之外寻找证据。鲍尔等学者（2002）发现，在欧洲（包括英国），社会责任投资的绩效和传统基金的绩效之间并不存在较大差异。克雷德等学者（2002）同样分析了 40 只欧洲社会责任投资共同基金，尽管当中有 18 只为英国基金。考虑到社会责任投资在欧洲的历史相对较短，该研究只针对 1996—1998 年这 3 年时间。用延森的阿尔法数据，该研究发现了基准绩效优胜的证据，尽管这种优胜在统计数据上并不明显。鲍尔等学者（2007）分析了加拿大社会责任投资共同基金数据。该研究反映出社会责任投资在加拿大相对较不成熟，研究仅分析了 8 只基金，但得出的结论在今天人们相当熟悉：社会责任投资基金和传统共同基金的收益在统计数据上的差异微不足道，两类基金的绩效都低于标准普尔/多伦多证券交易所综合指数。

除了同行评论过的学术著作外，还有大量其他资料针对社会责任投资绩效提出了观点。社会责任投资新手应该注意到，这些资料中有些相当盲目，作者要么是热切希望社会责任投资成功的虔诚信徒，要么是抱有相反想法的怀疑者。这类资料的读者应当注意以下问题：

· 该资料是以实时数据或事后检验的数据为基础的吗？

· 是否有可能对所用的完全分析性模型进行检验？或者该资料是否仅得出概要观点？

· 该资料是否进行了真实对比？注意以前有关共同基金低于市场表现的观点。或许最重要的一个问题是，该资料是否进行了详细的因素归因分析？

另外，许多社会责任投资共同基金侧重较小的公司，在进行分析前必须考虑这种趋势，才能真正识别社会和环境限制对投资收益的真正冲击。

实质性问题

近些年来，社会责任投资研究经历了一些发展，这种发展称，社会、环境和企业治理因素是基础分析的有用参数，无论投资者有何种道德需求。这种观点有时被称为“实质性”辩论。2004 年，联合国环境规划署（UNEP）发表《社会、环境及企业治理问题对股票定价的实质性影响》报告，包含 11 个研究板块，由欧洲和日本投资银行编制。德意志银行研究企业治理和股东收益，高盛集团研究石油和天然气板块的环境、社会和企业治理（ESG）因素；日兴（Nikko）考虑消费性电子产品板块的环境、社会和企业治理因素，等等。该报告得出结论：“环境、社会和企业治理问题影响股东的长期价值，在某些情况下，这种影响可能相当深远。”

然而，期刊《持久性》（2004）质疑社会责任投资将环境和经济问题被纳入考虑以致对公司的投资价值产生实际或潜在影响。《持久性》的基本观点是，虽然这些因素可能具有重要性，但当前的社会责任投资研究无法识别它们，部分原因是缺乏可利用的结构化材料。金德

(2007a) 对《持久性》的观点嗤之以鼻，声称其观点经不起数据或事例的考验。金德称当前的社会责任投资研究在排除和积极主义上符合市场客户的需要。金德有力地拒绝了《持久性》所称的中心假设，即社会责任投资研究的有效性只在有助于投资绩效时才得到证明。

悬而未决的问题

罪恶股是否是外因变量

笔者希望在本章结束时，简要评论笔者认为对于未来社会责任投资研究具有重要意义的领域，首先想要讨论的是因果关系。大多绩效研究仅仅通过计算阿尔法计算风险调整后的相对收益，这种方法默认假设社会责任投资筛选的所有负面影响均是外因变量，但情况并非如此。为论证这一点，图 11.1 建立了一个简单的综合指数，称为“英国罪恶股”，该指数度量三大道德排除物（酒精、烟草和武器）的相对绩效，对比富时全股指数，复位基底（1986 年 1 月）=1.00（赌博在英国市场比重很小）。

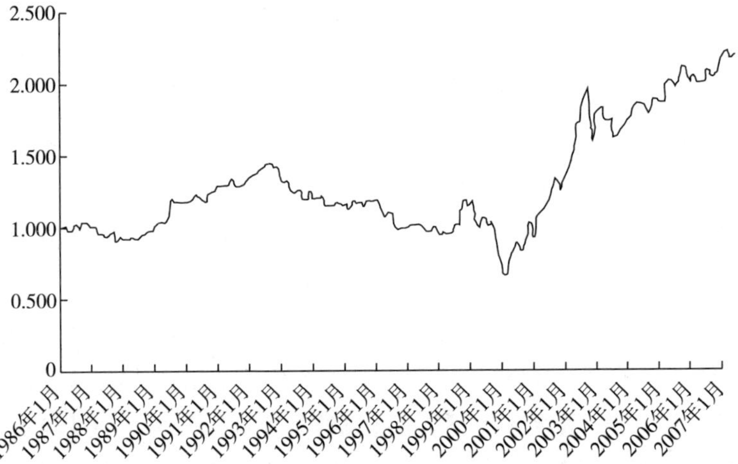

图 11.1 英国罪恶股比较

虽然不可否认，该综合指数是一个原始工具，但确实显示出一些有趣的趋势。比如，罪恶股有稳定的现金流，因此在20世纪90年代以及2001—2002年间的萧条期表现相对较好。它们也具有低贝塔值，在1987年的投机繁荣期和1999—2000年技术狂热期均低于市场表现，因此在市场下跌时收复失地。最后，图11.1并不能得出更长时期的结论。在大多数研究中，与社会责任投资对比的传统市场指数都追溯到了20世纪80年代和90年代。在更长时期里，这些研究没有发现两者存在较大差异。这一点和图11.1相符，因为在1999年中，指数几乎和起始水平相等。然而，未来将面临更大的挑战。

更深入分析的范围

标准金融理论假设投资者寻找风险和收益之间的最佳平衡；实际上，这种平衡具有两维。然而，社会责任投资有三维，因为社会责任投资者除了考虑风险和收益外，还寻求建立反映他们信仰的投资组合。这看起来将是一个多产的研究领域，是比尔等学者（2005）和库尔茨（2005）触及的新领域。斯塔特曼（2000）称社会责任投资让一些投资专业人员感到烦恼，因为它将资金的功利性与他所称的社会责任的“价值表达”特性结合起来。他提倡在未来发展一个“行为资产定价模型”，在这个模型中，标准金融特性和价值表达特性将决定对投资和预期收益的需求。

机构性社会责任投资和零售社会责任投资的区别

零售社会责任投资和机构性社会责任投资具有鲜明的目标：前者希望在财务限制下实现社会和环境效用的最大化，后者则希望在社会和环境限制下实现财务收益的最大化。这看起来是一个可供进一步研究的很好的课题。基金机构或许也应该有更加精细的排除策略——或许将一味回避替换为“同类之最”。基金机构也可以用现代投资组合理论（MPT）的结论将它们所采取的回避策略的主动风险降至最低，如增加与被排除板块正向相关的市场板块，降低对负相关的板块的投资。

国家政策问题

本章最后讨论的是国家政策问题，并会讨论养老基金和其他机构投资者是否应采用社会责任投资策略的问题。可能出于以下两个原因，养老基金和其他机构投资者应该采用社会责任投资策略：(1）符合它们的长期财务利益；(2）这样做对国家有益。利登伯格(2005b）提出，社会责任投资分析能够提供评估不同风险的有价值的工具。霍利等学者（2000）将大型养老基金描述为“万能所有者”，即其规模有效迫使其投资于市场，因此提高长期市场收益是它们的最优策略。

社会责任投资在过去30年左右的时间里得到快速发展，这是一种投资原则，主要采取三大策略：排除，积极主义，参与。在历史上，法律屏障曾限制机构投资者进行社会责任投资，但这些屏障似乎正在瓦解，因此国家政策呈现出更突出的重要性。

第二篇　资产配置

第 12 章　在实务中运用投资组合模型

个体投资者和机构投资者所做的一个重要投资决策是在一定投资期限内选择持有的资产组合。这种定期发生的决策过程被称为资产配置。该决策过程被称为战术资产配置，还是被称为战略资产配置，取决于投资期限是几个季度还是几年。对资产配置的选择往往反映出在资产预期收益和投资者愿意承担的风险水平之间的权衡。随着时间推移，投资者投资组合中资产组成的变化要么反映出投资者对预期收益想法的改变，要么反映出投资者对风险态度的改变。在概念层面，人们可能会想到资产组合在债券和股票方面的持有变化。在实际操作层面，投资者常常面临更多的选择。选择越多，选择合适资产组合的决策过程就越复杂。

为了方便这种决策过程，今天我们可以使用一些投资组合选择模型。然而，采用现有的投资组合选择模型以协助决策过程往往是十分重要的实践，其中一个理由是投资组合的组成反映投资者对不同资产的预期收益的看法，以及这些资产相对于其他资产的风险的看法。随着看法的改变，投资组合的组成随之发生改变，但有些改变方式是非直观的。第二个理由是投资者缺乏对不同投资组合选择模型的优势和弱点的了解，因为在选择输入参数时掺杂主观性，而输入参数对最优投资组合的组成具有重要影响。

本章的目标是对流行的投资组合选择模型进行简要评论，指出它们的优势和弱点。考虑到对这些模型的输入变量是最终生成的最优投资组合的关键驱动因素，本章同样还会讨论选择参数时涉及的经验问题。在特定情况下，对资产组合的选择受到债务考虑因素的影响，养老金主办机构常常就面临这种情况，会根据养老金负债决定投资组合的组成。本章还将探讨在资产－负债匹配框架下，人们在采用投资组合选择模型时遇到的实际困难。本章最后是一个真实案例，说明在投资决策过程中运用投资组合选择模型时所涉及的实际问题。

对现有模型的评述

本部分将评述 3 个投资组合选择模型：均值－方差优化模型，布莱克－李特曼模型，以及一个旨在最小化预期损失的模型。本部分的目的是论证我们对资产收益的经验分布的看法将大大改变模型的复杂程度，同时将重点放在所陈述材料上。

均值－方差优化模型

所有有关投资组合优化的章节都会讨论均值－方差投资组合选择模型。该模型最初由马科维茨于 20 世纪 50 年代提出，以简洁和易执行闻名。该模型的内在逻辑是相信投资者寻找高出无风险利率的预期收益率和组合风险之间的平衡。该模型的简易之处来自一项假设，即可通过投资组合高出无风险利率的超额收益率的标准差（或波动率）来量化投资者的风险。在实际中，你也可以用预期收益率代替超额收益率来表达马科维茨优化问题。不过，我们在这里用超额收益率，有利于讨论接下来将陈述的布莱克－李特曼模型。

假设我们有两项资产，预期超额收益率分别为 r_1 和 r_2，超额收益率的波动率分别为 σ_1 和 σ_2。在由这两项资产组成的投资组合中，两资产的相对权重为 w_1 和 w_2，则该投资组合的预期超额收益率为：

$$r_p = w_1 r_1 + w_2 r_2$$

将 ρ 设为两资产的相关系数，则投资组合收益率的波动率为：

$$\sigma_p = \sqrt{w_1^2\sigma_1^2 + w_2^2\sigma_2^2 + 2\rho w_1 w_2 \sigma_1 \sigma_2}$$

在一般情况下，投资组合有 n 项资产，则预期超额收益率和方差分别为：

$$r_p = \sum_{i=1}^{n} w_i r_i$$

$$\sigma_p = \sum_{i=1}^{n} \sum_{k=1}^{n} w_i w_k \sigma_i \sigma_k \rho_{ik}$$

其中，ρ_{ik} 是第 i 项资产和第 k 项资产之间的相关系数。

寻找有效均值-方差投资组合的投资者将要解决以下优化问题：最小化 σ_p^2，满足限制条件：

$$r_p = r_{目标}$$

$$\sum_{i=1}^{n} w_i = 1$$

$$0 \leqslant w_i \leqslant w_{i,max}, \quad i = 1, 2, \cdots, n$$

在这里，我们应该注意到，优化问题的目标函数是投资组合权重 w_1 的二次函数，而限制函数为线性函数。这样的优化问题被称为二次规划问题，有高效的算法可以解决这个问题。均值-方差模型的一个重要优势是，优化问题的输入参数（即波动率、相关系数和预期超额收益率）可用历史数据代表，因此该模型的执行相对简单。然而，均值-方差优化问题也有一个重大局限，使得其在实际运用中作用受到限制，该局限就是投资组合的权重对于资产的预期超额收益率假设的改变十分敏感。由于对资产的预期超额收益率的估计基本是主观输入，因此使用该模型是否有助于选择最优投资组合组成一直存在争议。

在实践中，投资组合的组成对输入参数的改变较为敏感是一个问题，如果该模型被用于寻找投资组合中具有较大相关性的资产的权重。一个实际例子是这一点的最好论证。假设一位投资者寻找标准普尔 500 指数（S&P500）、雷曼兄弟综合债券指数（LEHAGG）和高盛商品指数（GSCI）中股票的最优投资组合权重，假设该投资者用 30 年（1976 年 3 月—2006 年 3 月）的季度数据来估算优化问题的输入参数，如表 12. 1 所示。

表 12. 1　相关性、年超额收益率及波动率估算（1976 年 3 月—2006 年 3 月）

资产类别	LEHAGG	GSCI	S&P500	超额收益率	波动率
LEHAGG	1	-0. 22	-0. 066	1. 55%	7. 03%
GSCI		1	-0. 046	2. 40%	14. 36%
S&P500			1	5. 10%	11. 46%

用表 12. 1 中给出的输入参数数值，最优投资组合的组成为：7. 9%，S&P500；72. 1%，LEHAGG；20%，GSCI。目标预期超额收益率为 2%。如果该投资者将 GSCI 的超额收益率从 2. 4% 调整为 3%，那么最优投资组合组成将为：5. 2%，S&P500；76. 5%，LEHAGG；18. 3%，GSCI。注意，这一结果是直观的，因为在既定目标超额收益率下，需要降低对风险资产的配置，如果该资产的预期超额收益率较高。

第二个例子，假设一位投资者在企业债券（COR）、不动产抵押证券（MBS）和美国国债（UST）之间寻找最优投资组合配置，输入参数估值如表 12. 2 所示。对于 1. 6% 的目标超额收益率，3 种资产的最优投资组合配置为：企业债券 15. 5%，美国国库券 54. 5%。假设不动产抵押证券的预期超额收益率从 1. 65% 调整为 1. 9%，那么在同样的 1. 6% 的目标超额收益率下，最优投资组合组成为：不动产抵押证券 45. 5%，美国国债 54. 5%。注意，这一结果不太直观，从执行角度看用处不大。均值 - 方差优化模型的这种敏感性问题在实践中问题较大，特别是当投资范围包括高度相关的资产时。

表 12.2　相关性、年超额收益率及波动率估算（1976 年 3 月—2006 年 3 月）

资产类别	COR	MBS	UST	超额收益率	波动率
LEHAGG	1	0.96	0.93	1.90%	8.57%
GSCI		1	0.89	1.65%	8.06%
S&P500			1	1.35%	6.44%

布莱克 - 李特曼模型

在上文中陈述的例子强调了使用马科维茨框架的缺点，即投资组合的组成对资产预期收益率的改变较为敏感。在实践中，资产的历史收益率并不能很好地说明将来的预期超额收益率。考虑到预期超额收益率在最优投资组合的构成上发挥着重要作用，布莱克和李特曼（1992）提出推导资产预期超额收益率的框架，为解决投资组合的选择问题做出显著贡献。在布莱克 - 李特曼模型隐含的概念是，在整个资本市场中，资产的供应应当等同于资产的需求。这一概念提供了一个框架，推导不同资产的均衡预期超额收益率，下面是简要说明。

我们假设，投资者的资产配置决定是以最大化二次效用函数为基础，该函数为：

$$u(w,r) = w^T r - (\gamma/2) w^T \sum w$$

其中，γ 是风险厌恶参数，在不同投资者之间发生变化。r 为资产的预期超额收益率的 $n \times 1$ 向量，$\sum$ 为超额收益率的 $n \times n$ 协方差矩阵，w 为不同资产在投资组合中的相对权重，在该投资组合中，效用函数最大化。要求 w，需解决方程式 $r = \gamma \sum w$，投资组合权重的总和为 1。注意，求投资组合的权重 w，不用解决该方程式，而是可以认为该方程式提供了预期超额收益率的估值——如果投资者愿意持有特定的投资组合权重，该权重为在既定 γ 下 $n \times 1$ 向量 v 。

根据这一观察，以及在资本资产定价模型均衡下，资产的需求将等于供应，因此市值加权投资组合是最佳的，布莱克和李特曼为不同资产推导出均衡预期超额收益率。直观上说，在马科维茨优化问题中使用均衡预期超额收益率应导向带有市值权重的投资组合。在布莱克－李特曼模型中，均衡预期超额收益率由 $n \times 1$ 向量 $\pi = \gamma \sum v$ 表示。风险厌恶参数 γ 可通过在均衡条件下，市场投资组合的预期超额收益率来确定：

$$\gamma = \frac{v^T r}{v^T \sum v} = \frac{r_m}{v^T \sum v}$$

例如，如果全球投资者期望通过投资于收益率波动率为 11.8% 的资本市场，获得高出无风险利率 3.5 个百分点的收益率，那么全球投资者的平均风险厌恶参数为 2.5。我们将用这一数值作为 γ 值，以推导出不同资产的均衡超额收益率。

注意到市场通常并不符合资本资产定价模型的均衡条件，布莱克和李特曼提出了均衡超额收益率估值的不确定性。换句话说，将资产的均衡超额收益率当作随机变量。然而，所选这些随机变量的标准差大大低于不同资产超额收益率的标准差，因为均值的不确定性比收益率本身的不确定性要低得多。考虑到这一点，模拟预期超额收益率 μ 通常分布在均衡预期超额收益率 π 周围，协方差矩阵为 $\tau \sum$ ，其中 $\tau < 1$，且 $\sum$ 是资产收益率高于无风险利率得出的超额收益率的协方差矩阵。

尽管均衡预期超额收益率的概念很有意思，但在投资组合选择上用处不大。事实上，布莱克和李特曼对投资组合选择问题的主要贡献并不是提出计算均衡超额收益率的公式，而是他们建立的框架，表达了对偏离这一均衡值的预期超额收益率的观点。具体说来，他们提出的框架对不同资产的相对收益率表达观点，以及表达了这种观点的相应确信程度。

比如，假设在一个由 n 项资产组成的投资组合中，预计第一项资产表现将超出第二项资产 $q\%$ ，那么我们可以用以下线性限制函数表达这种观点：

$$[1 \ -1 \ 0 \ \cdots \ 0] \ \mu = q$$

在一般情况下，可将 k 种观点表达为预期超额收益率向量的线性限制，即：

$$P\mu = q$$

其中，P 为模拟观点的 $k \times n$ 矩阵，q 为 $k \times 1$ 向量，表示观点所表达的收益率。布莱克和李特曼提出根据上述线性限制，预期超额收益率 μ 以 $N(\pi, \tau \sum)$ 分布，即：

$$E(\mu) = \pi + \sum P^T [P \sum P^T]^{-1} [q - P\pi] \qquad (12.1)$$

在实践中，以对收益率的线性限制表示的不同观点可能与某种程度的不确定性有关。这种不确定性被模拟为 $k \times 1$ 向量 ε，并假设该向量的分布通常具有零均值和对角协方差矩阵 Ω。该协方差矩阵的逆矩阵表示各观点的信心程度。当考虑所表达观点的不确定性时，模拟预期超额收益率的线性限制方程式为：

$$P\mu = q + \varepsilon$$

在这种情况下，预期超额收益率的条件分布为：

$$E(\mu) = [(\tau \sum)^{-1} + P^T \Omega^{-1} P]^{-1} [(\tau \sum)^{-1} \pi + P^T \Omega^{-1} q]$$

在讨论关于投资组合选择的布莱克－李特曼模型时，该方程式得到最多引用。不过，可以对该方程式进行如下变形，以帮助理解布莱克－李特曼模型隐含的概念：

$$E(\mu) = \pi + \sum P^T [\tau^{-1} \Omega + P \sum P^T]^{-1} [q - P\pi] \qquad (12.2)$$

我们注意到方程式（12.1）和方程式（12.2）十分相似，唯一的不同是方程式（12.2）中的附加项 $\tau^{-1}\Omega$。在没有表达观点时，预期收益率收敛于均衡预期收益率。当投资者仅对某一特定资产类别的收益率表达观点，且该观点不存在不确定性时，投资者的预期收益率将取代均衡预期收益率。随着投资者对这一观点信心的下降，预期收益率与均衡收益率的偏离减小。要选择最优投资组合，方程式（12.2）给出的预期收益率被运用于均值－方差优化问题，将观点和观点所表达的信心程度纳入考虑范围。

从从业者角度来看，在投资组合选择中运用布莱克－李特曼模型也有一些问题。具体来说，如何选择矩阵 $\tau^{-1}\Omega$ 的对角元素 w_i^2/τ，模型没有多少指导。尽管 $1/w_i^2$ 项的含义是对第 i 项观点的信心程度，但模型并没有详细指导如何选择参数 τ。由于方程式中只有比率 w_i^2/τ，你或许希望对所表达的各种观点都运用该比率。如果对所表达观点100%自信，则方程式（12.2）应简化为方程式（12.1）；如果对所表达观点毫无信心，则预期超额收益率应接近均衡超额收益率。因此，对比率 w_i^2/τ 的直观选择可以是：

$$w_i^2/\tau = (1/\alpha_i - 1)\sigma_i^2 \tag{12.3}$$

在以上方程式中，σ_i^2 项表示矩阵 $P\sum P^T$ 的对角元素，α_i 表示对第 i 项观点的信心水平。如果某项观点的信心水平为50%，则 $1/\alpha_i$ 项将等于2，因此 w_i^2/τ 将等于 σ_i^2。可以将此解读为，当对观点的信心水平为50%，对照100%，方程式（12.1）中 $P\sum P^T$ 项的协方差加倍。注意，当对观点100%自信时，选择如方程式（12.3）中矩阵 $\tau^{-1}\Omega$ 的对角元素 w_i^2/τ 时，确保方程式（12.2）回归为方程式（12.1）。当信心水平为0时，方程式（12.2）中预期超额收益率等于均衡超额收益率。现在我们用一个实际例子说明布莱克－李特曼模型在投资组合选择中的运用。

假设一位投资者寻求由以下资产组成的最优投资组合，货币为瑞士法郎：

1. 欧洲股票（J. EUR）；
2. 北美股票（J. NA）；
3. 亚太股票（J. PAC）；
4. 新兴市场股票（J. EMG）；
5. 高盛商品指数（GSCI）；
6. 主要国家政府债券（BOND）。

以上资产类别的对冲收益率（以瑞士法郎为货币）的协方差矩阵以及它们的市值权重如表12.3和表12.4所示。假定风险厌恶参数 $\gamma=2.5$，用这些数据推导出的均衡超额收益率也表示在表12.4中。

表 12.3　对冲收益率协方差矩阵（货币：瑞士法郎）（1990 年 12 月—2004 年 6 月）

资产类别	J. EUR	J. NA	J. PAC	J. EMG	GSCI	BOND
J. EUR	0.0310	0.0226	0.0166	0.0271	-0.0027	-0.0006
J. NA	0.0226	0.0249	0.0168	0.0270	-0.0041	-0.0008
J. PAC	0.0166	0.0168	0.0448	0.0286	0.0025	-0.0011
J. EMG	0.0271	0.0270	0.0286	0.0816	-0.0027	-0.0028
GSCI	-0.0027	-0.0041	0.0025	-0.0027	0.0280	-0.0009
BOND	-0.0006	-0.0008	-0.0011	-0.0028	-0.0009	0.0014

表 12.4　市值权重与均衡超额收益率（自 2004 年 7 月起）

资产类别	市值（10 亿美元）	市值权重	均衡超额收益率	有观点时的均衡超额收益率
J. EUR	5 368	17.35%	3.7%	3.17%
J. NA	10 659	34.46%	3.5%	2.87%
J. PAC	2 454	7.93%	3.2%	2.49%
J. EMG	872	2.82%	4.4%	2.67%
GSCI	2 797	9.04%	0.1%	-0.12%
BOND	8 793	28.39%	0.0%	0.75%

假设该投资者认为在接下来的一年，商品指数的表现将低于北美股票 1.5 个百分点，债券高于无风险利率的超额收益率为 1%，则确定超额收益率的线性限定的矩阵 P 和向量 q 为：

$$P\begin{bmatrix} 0 & 1 & 0 & 0 & -1 & 0 \\ 0 & 0 & 0 & 0 & 0 & 1 \end{bmatrix};\ q=\begin{bmatrix} 1.5\% \\ 1.0\% \end{bmatrix}$$

假设该投资者对第一种观点有 25% 的信心，对第二种观点有 75% 的信心，则运用方程式（12.2）和方程式（12.3），我们可以计算出在这些观点影响下的均衡超额收益率，同样表示在表 12.4 中。最后，通过均值 - 方差投资组合优化工具，利用表 12.4 最后一列中给出的超额收益率，可以推导出结合这些观点的最优投资组合。

最小化预期损失

马科维茨和布莱克－李特曼框架下的最优投资组合选择要求估算超额收益率分布的前两项动差，即均值和方差。考虑到最优投资组合提供了风险和收益之间的平衡，投资组合的方差是衡量风险的很好的工具。如果投资组合中资产收益率的联合分布是多变量正态分布，那么投资组合的收益率的方差是衡量风险的很好的工具。这是因为正态分布的所有高阶动差都可通过前两项动差予以确定。因此，最小化投资组合收益率的方差，也将最小化以收益率分布的尾部为基础的风险度量。

在实践中，资产收益率的联合分布是多变量正态分布的假设常常被违背。因此，从下跌风险角度看，当投资组合的损失分布有肥尾时，在既定收益率期望下最小化方差投资组合不一定是最优的。不过，当无法获得下跌风险的闭型解时，根据下跌风险表示并解决优化问题通常十分重要。

乌尔亚耶夫（2000）在最小化下跌风险方面，对投资组合选择问题做出了有益贡献，通过简单变形使得这一问题的计算更加简单。乌尔亚耶夫考虑的具体下跌风险是传统的风险，也称预期损失（ES）。为了论证预期损失最小化问题，我们用 p（r）表示投资组合中各资产收益率的联合密度函数，将投资组合的损失作为投资组合权重 w 的函数，用 f（w，r）表示。乌尔亚耶夫显示，在信心水平为 β 时，预期损失是以下优化问题的解：

$$ES_{\beta}(w) = \min_{\alpha \in \mathbb{R}} F_{\beta}(w, \alpha)$$

$$F_{\beta}(w, \alpha) = \alpha + (1 - \beta)^{-1} \int_{r \in \mathbb{R}^{n}} [f(w, r) - \alpha]^{+} p(r) dr$$

在实际运用中，F_{β}（w，α）的整式可通过从相关联合分布函数 p（r）中产生的收益率向量 r 粗略估计。如果取样产生收益率向量集 r_1，r_2……r_q，则 F_{β}（w，α）的相应近似值为：

$$\hat{F}_{\beta}(w,\alpha) = \alpha + \frac{1}{q(1-\beta)}\sum_{k=1}^{q}[f(w,r_k) - \alpha]^{+}$$

假设投资组合中有 n 项资产，则投资组合损失函数 $f(w, r)$ 为：

$$f(w,r_k) = -\sum_{i=1}^{n} w_i r_{ik} = -w^T r_k$$

如果 Ω 表示投资组合中可行的资产相对权重，则在既定信心水平 β 下，对预期损失的最小化可表示为：

$$\min_{w \in \Omega} ES_{\beta}(w) = \min_{\hat{w} \in \Omega, \alpha} \hat{F}_{\beta}(w,\alpha)$$

要解决以上的优化问题，需要引入辅助变量。用 u_k 表示辅助变量，可如下解决预期损失的最小化问题：

$$\min_{\alpha,\hat{u},\hat{w}} \alpha + \frac{1}{q(1-\beta)}\sum_{k=1}^{q} u_k$$

需满足以下条件：

$$u_k \geqslant 0，k = 1，2，\cdots，q$$

$$w_i \geqslant 0，k = 1，2，\cdots，n$$

$$\sum_{i=j}^{n} w_i = 1$$

$$w^T r_k + \alpha + u_k \geqslant 0，k = 1，2，\cdots，q$$

在这里，要注意到以上的优化问题是一个线性规划问题，通过标准的优化程序就可轻松予以解决。和马科维茨模型和布莱克－李特曼模型不同（要求对资产收益率的前两项动差进行估算），预期损失最小化问题要求一个模拟框架，以生成资产的多变量收益率分布。只有当资产收益率的联合分布被假定为非正态分布时，预期损失方法才变得有意思。下面我们将讨论这种非正态联合分布的模拟。

经验问题

在实际情形中，资产配置活动要求人们对波动性、相关性和预期超额收益率进行估算，或许还要假设资产收益率的联合分布。这些输入参数的估算很有可能会发生改变，是否改变取决于资产配置活动是战术还是战略资产配置行为。下面将指出可能发生的一些问题，并就资产配置时输入参数的选择问题提供一些指导。

收益率的波动率

超额收益率的波动率，也可以称为资产收益率的波动率，可以从历史数据或者已交易期权的价格中推导出来。对于资产配置目标，使用历史数据是计算收益率波动率的更好选择，这是因为有些资产类别的已交易期权的价格是无法得到的。此外，从期权价格中得出的隐含波动率包含风险溢价，这是资产目标不应包含的内容。即便用历史数据计算波动率，人们对于如何选择历史时期以及数据频率，也存在诸多争议。

要解决这些争议，重要的一点是认识到对波动率的估算应该很好地代表了收益率在投资期限结束时与预期价值的离散，对于战术资产配置决策来说尤其如此。因此，对于战术资产配置决策来说，使用过去 1 到 2 年的每周历史数据是合适的。对于投资期限长达多年的战略资产配置决策来说，用 5 到 10 年的月度数据或季度数据更为合适。标准做法是用每周数据或每月数据计算波动率，每年进行一次。总的说来，波动率的估计误差一般远远小于相关性和超额收益率的估计误差。

收益率的相关性

相关性是指两种资产的收益率的相关程度，即在市场事件的影响下，两种资产的收益率表现出类似变动的程度。两种资产如果缺乏相关性，那么它们就是投资组合的很好选择，因为它们可以带来分散利益。大体说来，相关性会随时间而改变，并且对体制状况存在依赖，通常在熊市期间会大幅上升或共同变动。实证研究提出，资产收益率上的这种相关性的改变和流动性风险相关，因此投资者可以认为，收益率的相关性具有体制依赖性。

在常规体制下，驱动价格的基本规律引导着资产收益率相关性的变化。如果我们将价格看作贴现的预期现金流，那么影响预期现金流（如经济周期）和贴现率（如利率）的普通股将产生相关性。然而，在流动性危机时期，金融中介机构愿意以何种价格提供资本，以抵抗持有非流动性证券和危险证券的风险，这同样影响着价格。在这样的时期里，只有当卖家能够承担大幅折扣时，金融中介机构才愿意持有证券的既定头寸，从而推动交易。由于这种非流动性的折扣与中介机构的资本及融资成本相关，而不是和基本面相关，它影响这些中介机构交易的证券价格，从而导致不同资产类别的相关性上升。在资产价格遭遇重大负面冲击的时期，由于缺乏流动性，以及市场间过量的协同流动，不同资产间的相关性在熊市时上升。

出于以上提到的原因，如果发生体制变化，以历史数据估算收益率相关性的做法可能导致重大的估计误差。在正常行情下能够提供明显分散优势的两种资产，在熊市或在资本金融中介机构的造市意愿被限制时，可能无法提供这种分散优势。因此，在资产配置实践中，基于历史数据的相关性估算应考虑这种情况。或许你可以建立因子模型，包括一个无流动资金的虚拟物，以模拟体制变化。

超额收益率

投资者在任何投资期限都能够获得无风险收益。投资者感兴趣的是通过投资风险资产而获得高出无风险利率的超额收益率。在讨论布莱克－李特曼模型时，我们讨论了如何估算不同资产的均衡预期超额收益率。然而从资产配置的角度来看，表达偏离这些均衡值的观点是最有信息价值的。因此，你或许希望可以通过替代方法估算超额收益率。

经过既定的投资时期，资产的超额收益率会和商业周期紧密相关。在任何时期，全球宏观经济情况、货币政策态势、收益增长率以及企业的债务负担都是确定超额收益率的重要因素。对于新兴市场资产类别，汇率政策、当前账户头寸以及计划增长率、与成熟经济体的差异，都是确定这些资产超额收益率的重要因素。旨在了解金融市场收益率的波动行为的实证研究表明，当波动率较高时，资产收益率一般较低。由于金融市场收益率的波动率与预期未来现金流的不确定性相关，在金融市场收益率较低的时期，波动率通常较高。

在了解或估算资产的超额收益率时，以上讨论的各种变量都能提供有用信息。比如，股票和债券的隐含波动性能为市场对风险资产收益率的预期提供有用信息。对于债券市场，利率的期限结构包含未来货币政策的大量信息，这是政府债券市场超额收益率的重要决定因素。

总的来说，资产超额收益率的估算得自对这里提到的各种因素的主观评估。基于历史数据的估值仅对不同资产可能带来的风险溢价（或超额收益率）的分析提供指导。然而，这些估值很少作为输入变量直接用于资产配置模型。

联合分布说明

越来越多针对金融时间序列数据的实证研究表明，金融资产的收益率表现出波动聚集性以及极端活动，与正态分布的随机变量不同。在体现这些特性的不同分布函数中，多变量正态混合分布函数（包括学生 t 分布）是有趣的一类，这是因为正态混合分布函数沿用了多变量正态分布函数的相关性矩阵，因此检验较为容易。如果采用一个模拟框架（运用预期损失最小化方法）进行资产配置，那么模拟资产收益率的联合分布（作为多变量 t 分布）将是合理的选择，因为学生 t 分布比正态分布表现出更陡峭的曲线和更肥大的尾部（受自由度数字控制），能更好地匹配金融资产的实证收益率分布。

对于金融资产的收益率，将学生 t 分布的自由度选为 5 或 6，可以很好地匹配所观察的收益率数据。为资产配置行为生成一系列多变量 t 随机向量。让我们假设该随机向量序列均值为 μ，协方差矩阵为 Σ，将金融资产的收益率模拟为自由度为 v 的学生 t 分布。那么，我们可以通过下面的算法生成由 n 项资产组成的投资组合的多变量 t 随机向量序列。

第 1 步：计算矩阵 Σ 的乔里斯基因子 L，其中 Σ 为资产的 $n \times n$ 协方差矩阵。

第 2 步：模拟 n 个独立标准正态随机变量 z_1，$z_2 \cdots\cdots z_n$，设 $u = \mu + Lz$。

第 3 步：从自由度为 v 的卡方分布中模拟一个随机变量 w，独立于正态随机变量和集合 $s\frac{\sqrt{v-2}}{\sqrt{\omega}}$。

第 4 步：设 $r = s \cdot u$，r 表示所求的 n 维 t 变量，自由度为 v，均值收益率向量为 μ，协方差矩阵为 Σ。

所模拟的多变量 t 变量 r_1，$r_2 \cdots\cdots r_q$ 则可用于前文讨论过的预期损失最小化问题。

引入负债约束

在管理金融资产时，投资专业人员一般专注于在资产的预期收益率和相关风险之间寻找可接受的平衡点。对于没有固定负债的投资者而言，比如许多中央银行的储备经理，在考虑最优资产配置时，关注资产方面的做法是合适的。然而在另一方面，固定收益养老基金计划的发起人必须满足基金资产的增长匹配养老金负债的增长这一要求。对于这样的投资者而言，在资产配置中对负债的考虑可能导致资产配置决策并非最优。考虑负债的资产配置决策和仅以资本市场均衡考虑为准的最优资产配置决策可能存在根本差异。下面我们将讨论在资产配置框架中引入养老金负债将有哪些含义。为了达到这一目的，我们需要模拟养老金负债的动态变动。

模拟养老金负债

养老金负债对资产配置决策的影响取决于养老金计划的类型。养老金计划基本可以分为两类：固定收益计划和固定缴款计划。固定收益计划明确雇员将获得的退休收益，而固定缴款计划明确养老金发起人负担的分摊率。由于养老金发起人负担的分摊率依赖于养老金资产在固定收益计划中生成的收益，因此养老金负债在这些计划的资产配置决策中将发挥作用。相反，参加固定缴款计划的雇员承担投资风险并获得投资回报，因此负债在这类计划的资产配置决策中不会产生影响。

下面我们将聚焦固定收益计划，并拟定一个简单模型，模拟运用预测单位成本法的养老金负债。（预测单位成本法将与工资相关的涨薪和与通货膨胀相关的涨薪纳入考虑范围，并假定雇员将一直工作到正式退休年龄。）拟定这样的模型将帮助我们了解养老金负债的改变如何影响金融资产的收益率，为考虑负债因素的资产配置决策提供便利。在模拟养老金负债时将用到以下符号表示法：

雇员的正式退休年龄 $=T$；

在 t 时刻养老金计划中第 i 位雇员的年龄 $=x_i(t)$；

年通货膨胀率 $=\pi\%$；

雇员每年真实工资增长状况（包括真实工资增长加上升职涨薪）$=g(x_i, t)\%$；

精算负债的年名义贴现率 $=d\%$；

年真实收益率 $=r\%$；

在 t 时刻养老金计划中第 i 位雇员的工资 $=S_i(t)$；

年费因子（从退休年龄起单位养老金价格）$=A(T)$；

年龄为 T 的雇员在 T 到 $T+k$ 岁之间的存活率 $=p(T+k)$；

在 t 时刻第 i 位雇员的应累算利益因子 $=b_i(t)$；

在 t 时刻第 i 位雇员的精算负债 $=L_i(t)$。

在这里，我们要注意到应累算利益因子 $b_i(t)$ 在劳务年限里每年以固定百分比增长，在许多养老金计划中通常范围为1.5%到2%。用以上的表达法和预测单位成本法，第 i 位雇员在 t 时刻的应计养老金负债为：

$$L_i(t)=S_i(t)\times[1+g(x_i,t)+\pi]^{T-x_i(t)}\times(1+d)^{x_i(t)-T}\times A(T)\times b_i(t)$$

年费因子取决于真实收益率和存活概率（得自死亡率表），可表示为：

$$A(T)=\sum_{k=1}^{50}\frac{p(T+k)}{(1+r)^k}$$

年费因子在男性雇员和女性雇员间存在差异，并将未亡配偶抚恤金纳入考虑范围，另外，也可对其进行调整。

对于计划发起人而言，提供固定养老金收益的成本取决于雇员提供额外年限的劳务时负债的增量。在 $t+1$ 时刻，第 i 位雇员的养老金负债为：

$$L_i(t+1)=S_i(t+1)\times[1+g(x_i,t+1)+\pi]^{T-x_i(t+1)}\times(1+d)^{x_i(t+1)-T}\times A(T)\times b_i(t+1)$$

提供养老金收益的成本由当前劳务成本衡量，劳务成本是指雇员因在当年提供劳务而获得的养老金收益的精算值。精算师将劳务成本算作雇员在当年赚取的新收益的当前值，用年度工资总开支的百分比予以表示。假设有 N 个有效雇员，劳务成本（SC）为：

$$SC=\frac{1}{S(t)}\sum_{i=1}^{N}[(1+d)^{-1}L_i(t+1)-L_i(t)]$$

在以上方程式中，$S(t)$ 为 t 时刻的工资总开支。计算劳务成本有助于估算固定收益计划对于计划发起人而言的成本。

养老基金的分摊率取决于偿债能力比率，即养老金资产的市场价值与包括在职雇员和退休雇员在内的养老金负债的精算值之比。当偿债能力比率接近100%时，也即当资产和负债相等时，分摊率将等于劳务成本。当偿债能力比率高于100%时，就需要分摊率低于劳务成本。

实际困难

在考虑负债问题的资产配置中，计划发起人将力求将波动率降至最低，同时将分摊率保持在较低水平。由于偿债能力比率是当前负债值的贴现率函数，因此贴现率的选择对偿债能力比率的数值具有实质性影响，进而也对最优资产配置具有实质性影响。此外，在偿债能力比率的波动率和分摊率之间寻找平衡的能力，在很大程度上取决于资产与负债变化的相关性。

对于财务报告标准的变化将如何影响养老基金的投资策略，人们展开了许多研究。在《国际会计准则第19号》和《财务报告准则第17号》颁布之前，养老金发起人一直用资产的预期收益率而非企业债券的当前收益率，作为贴现率评估养老金负债。现在，向雇员提供固定收益计划的公司，必须在财务报表中以市场价值完全记录精算收益和损失。对于这类公司而言，一个特殊的关注问题是，相对于企业资产负债表的规模养老金负债规模一直在上升。结果是，资产和负债的错误匹配可能导致潜在损失，且这种损失相对于企业资产负债表而言可能规模极大。

然而，为了计算养老金的分摊率，精算师能自由选择他们认为合适的贴现率。由于养老金资产以其预期收益率的比率增长，精算师用养老金资产预期收益率的估算值作为贴现率计算劳务成本，然后用劳务成本确定合适的分摊率。根据会计标准，选择两个贴现率（一个是分摊率，另一个是偿债能力比率），为在资产－负债管理（ALM）框架下选择投资组合选择模型带来挑战。

然而，在资产－负债管理框架下资产配置所遇到的挑战来自会计负债和资产收益率之间的弱相关性。这是因为用于评估养老金负债的因子（如真实利率、通货膨胀率和工资增长假定）都是以长期预期为准，因此相对于金融市场的收益率而言，体现出低波动性。大多数会计负债的估算变化来自名义贴现率（反映未来养老金负债）的改变。因此，唯一与负债变化表现出强相关性的资产是传统债券。相应地，在资产－负债管理框架下选择资产的组成，将促使债券在投资组合中超重。

一个更加实际的资产配置方法是检查影响养老金负债的变量。这些变量包括名义贴现率、真实工资增长率、通货膨胀率以及死亡率的变化。由于所有这些变量都可被看作风险因素，因此收益率对这些风险因素较为敏感的资产自然将是养老金投资组合的选择。比如，死亡率的改变可通过购买长寿债券对冲（尽管此类债券的供应相当有限）。通货膨胀风险可通过购买通货膨胀指数债券对冲。持有传统债券将对冲贴现率风险。要对冲真实工资增长率变化所带来的风险，可持有收益率与生产率相关的资产，对于此类资产而言，生产率增长在较长时期里是真实工资增长率的关键确定因素。由于股票代表持股人对企业收益的主张，因此与通货膨胀挂钩负债或传统债券相比，股票是对冲与工资相关负债的更好的选择。

基于定量的资产配置方法将无法识别这些联系，因为以上确定的许多风险因素只是逐渐影响养老金负债的估值，因为这些估值代表着长期均值。比如，精算师当前的做法是采用介于3%到4%的名义工资增长率，这一范围远远低于经合组织成员的历史平均水平（从1978年到2005年，为5.7%）。如果名义工资的上涨速率高出当前估值，那么养老金将资金不足，迫使雇员承担额外的缴款。这一点提示我们，投资组合选择模型应当始终配合定量判断，以支持资产配置决策。

现实事例

出于论证目的，让我们假设一个例子：一个固定收益计划的发起人希望用资产组合选择模型来确定养老金资产的长期战略性资产配置。我们可以认为，改变计划发起人的目标是在长期分摊率和精算偿债能力比率的波动性之间找到好的平衡。由于精算偿债能力比率的波动主要来自养老金资产的波动，因此计划发起人或许希望在既定目标分摊率下，最小化投资组合收益率的方差。因为在资金充足的养老金计划中，长期分摊率接近劳务成本，因此在优化问题中可以用劳务成本替代分摊率。下面将讨论采用投资组合选择模型指导资产配置选择时的实际步骤。

劳务成本

前文提到的劳务成本估值是多个精算变量的函数。所采用的精算贴现率是影响劳务成本估值的金融变量，而精算贴现率又与养老金资产的预期收益率相关。持有较高比重的较高风险资产将提高养老金预期收益率，进而降低劳务成本——尽管代价是在养老金资产中引入更大的波动性。要评估作为贴现率函数的劳务成本如何变化，让我们假设一只养老金，其参与雇员的平均年龄为 45 岁，在完成 20 年的劳务后，每年可领取 100 000 瑞士法郎的退休金。我们进一步假设以下精算变量：（1）对于每年的劳务，应累计收益因子为 1.75%；（2）真实工资增长率为每年 2.5%；（3）长期通货膨胀率为每年 2%；（4）年费因子为 17（根据早亡和配偶抚恤金调整，假定长期真实利率为 2.5%）；（5）名义退休年龄为 65 岁。图 12.1 显示了雇员劳务成本作为精算名义贴现率函数是如何发生改变的。

根据图 12.1 可知，如果精算贴现率从 5% 变为 5.5%，劳务成本将从 27% 降至 24.6%。如果养老金资产的预期收益率为 5%，则采用 5% 的精算名义贴现率是合理的。将无风险利率设为 3%，下面将讲述假如资产配置的目标是通过投资组合选择模型，让养老金资产获得超出无风险利率 2 个或 2.5 个百分点的超额收益率，将如何进行资产配置选择。

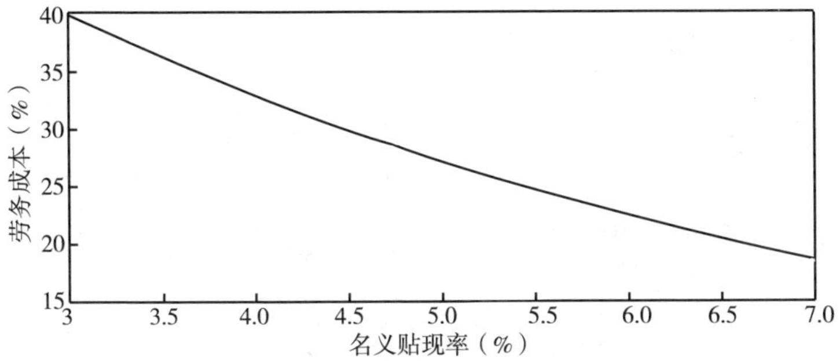

图 12.1　精算名义贴现率函数——劳务成本

战略性资产配置

假设我们用本章前面提到的布莱克－李特曼模型进行战略性资产配置，资产类别如表 12.3 所示，这些资产的均衡超额收益率如表 12.4 所示。假设除前文中提到的两种观点外，计划发起人还持有一种观点，认为新兴市场股票在不同的增长率下将打败欧洲股票，年均超出一个百分点。计划发起人对此观点的信心水平为 50%。在这种情况下，确定收益率线性局限的矩阵 P 和向量 q 为：

$$P=\begin{bmatrix}0 & 1 & 0 & 0 & -1 & 0\\ 0 & 0 & 0 & 0 & 0 & 1\\ -1 & 0 & 0 & 1 & 0 & 0\end{bmatrix};\ q=\begin{bmatrix}1.5\%\\ 1.0\%\\ 1.0\%\end{bmatrix}$$

用方程式（12.2）和方程式（12.3），可估算在这些观点下各资产的均衡超额收益率，如表 12.5 所示，表中同样给出了各资产的均衡超额收益率。运用这些或有或无观点下的超额收益率，以及用均值－方差优化法规划超出无风险利率 2 个或 2.5 个百分点的目标超额收益率（即目标收益率分别为 5% 和 5.5%），两种情况下的最优投资组合组成如表 12.5 所示。一个有趣的现象是，当有观点时，投资组合的组成极其不平衡，一些资产类别的比重为 0。而在没有观点时，投资组合的组成相当平衡，这显示出人们或许应该在没有观点的情况下得出战略性资产配置决策。结合观点的布莱克－李特曼框架可能对于战术性资产配置决策更加有用。

表 12.5　有无观点下的资产配置

资产类别	均衡超额收益率	有观点时的超额收益率	无观点		有观点	
			5.0% 目标收益率	5.5% 目标收益率	5.0% 目标收益率	5.5% 目标收益率
J. EUR	3.7%	2.15%	15.2%	20.0%	0.0%	0.0%
J. NA	3.5%	2.88%	30.8%	38.3%	50.0%	50.0%
J. PAC	3.2%	2.54%	6.7%	8.5%	10.3%	28.3%
J. EMG	4.4%	2.89%	3.1%	3.2%	0.0%	8.3%
GSCI	0.1%	-0.12%	8.0%	8.2%	0.0%	0.0%
BOND	0.0%	0.75%	36.2%	21.8%	39.7%	13.4%

第13章　资产配置与投资组合组建

投资组合管理指的是组建投资组合，并让投资组合逐渐发展以达到投资者确定的目标，同时尊重投资者在风险和资产配置上的选择。组建投资组合有两个对立的方法：由下至上法和由上至下法，前者比后者历史更久，更加传统。由下至上法关注个股选择。由上至下法更注重对不同市场的选择而非个股选择。有研究显示，不同资产类别在投资组合绩效中所做贡献最大，这些研究肯定了由上至下法的有效性。因此，投资组合管理行业逐渐向由上至下法方向发展。更详细地说，由上至下投资过程细分为3个阶段：战略性资产配置，战术性资产配置，股票选择。

资产配置

资产配置包括在投资组合中选择不同资产类别的分布。资产类别可以是资产的主要类别，国内股票投资组合的板块，或者国际股票投资组合的国家。一开始，投资者根据他们的目标和约束条件，确定他们想纳入投资组合的资产类别。

资产配置方法可能取决于资产性质，在任何情况下，资产配置都以两个步骤进行。第一步，依据各资产类别的风险和收益率评估，确定长期配置，即战略性配置。第二步，依据短期预测进行调整，即战术性配置。

资产配置在投资管理过程中发挥着重要作用。现代投资组合理论的成果解释了人们对资产配置的兴趣。现代投资组合理论提出，金融市场得到充分有效的监管，使得资产价格达到均衡。因此，仅仅依靠股票选择以便获取巨额收益的概率被降低了。布林森等学者（1991）表明，投资组合绩效的绝大部分（90%）可归因于最初的配置决策。不过，我们应该对该研究结果持谨慎态度，因为人们常常对其进行误读。

希望提高被动策略的大型投资公司对该项研究有不同的解读。尽管该研究声称 90% 以上的投资组合收益（每季度度量）来自资产类别（换句话说，水涨船高），但仍有 3/4 的评论员推论对资产配置政策的选择以及基准的选择解释了 91% 的投资组合绩效。根据这种误导性解读，执行积极配置管理（特别是“市场择时”和“风格择时”）可能毫无意义；人们的态度将是“让参考指数负责投资组合的核心绩效”。

然而，伊博森和卡普兰（2000）表示布林森等学者研究的结论和解读并不相符，并显示不同基金在收益率上的差异主要源于市场或风格择时。

此外，伊博森和卡普兰推论，被作为所有基金的代表性基准的常规投资组合平均收益率，经过较长时期，解释了 100% 的基金平均收益率。这一结论与夏普（1992）的研究相符。这意味着在数学上，所管理基金的平均收益率不会高出指数的平均收益率。（换句话说，所有收益率都在于市场！）这并不排除不同基金在短期或中期内收益率存在较大差异。

辛格（1997）在回应对布林森等学者研究的批评时，承认当风险和收益率与最初配置时的情况出现较大差异时，应对最初配置进行修改。这一务实方法不再在战略性（非机动）配置和战术性（可变）配置之间划立一个不可通行的界线，并且常常用战略性配置评论证明其存在。

最后，我们应该强调，资产配置对投资者收益率的影响取决于投资风格。在被动投资策略下，战略性配置确实是最重要的决定。然而在执行市场择时的主动管理下，初始配置对收益率的影响较小。

在金融学中现在有一个共识，投资组合绩效的很大一部分可归因于初始配置决策。有一种观点认为，能解释绩效的往往是资产类别和风格，而非经理人的技能，这一观点不但影响着对绩效的度量，还引起人们对资产配置的关注度的上升。资产经理和投资者所处的环境也会导致资产配置基本问题的再现。在坚挺股市中，投资者或许对风险因素和风格偏误考虑较少；而在疲软股市中，分散的基本利益对于投资者而言，将变得十分清晰。

在基于资产配置的投资过程（由上至下）中，第一步是确定战略性配置，即投资组合在较长时期内的配置。第二步是适时确定战术性配置，即在固定风险限制下，权衡与战术投资组合的差异。

今天，基准化管理因使经理人无助地紧跟基准及基准绩效，正面临批判。然而，跟随基准的做法本身和不良绩效并无关联。

“基准”和“指数”这两个词确实让人迷惑。指数是市场的代表（因此紧跟指数会让人依赖市场表现），而基准必须代表投资者所选择的风险，也就是说，长期配置可能和市场指数存在较大差异。

因此，在面对市场动荡时，解决方法不是增大跟踪误差，而是接受基准的不相关性，即便是对比市场参考指数。或许，在这一时期，不要偏离基准（代表战略性配置），而是让战略性配置远离指数（并停止“在指数以外什么也不做”的做法），这才是恰当的做法。

战略性配置对比战术性配置

资产配置过程可分为两个阶段。战略性配置确定在较长时期内，不同资产在投资组合中的权重。这等同于确定基准。而战术性配置关注偏离战略性权重的短期决策。因此，战术性配置必须出现在主动配置策略中。战术性配置的第一步是预测不同类别资产的收益率，第二步是根据预测组建投资组合。

战术性配置一般发生在一次或多次配置委员会会议之后，配置委员会会议每月或每季度举行一次。战术性配置的执行基础是专家的观点和预测，而不是计量经济学模型。任意战术资产配置和系统战术资产配置之间存在差别，前者的资产收益预测是基于专家的预测能力，后者的预测则是基于模型的预测能力。战术性资产配置必须和重组决策区分开来。由于资产在过去不同的收益率导致资产权重的改变，重组决策仅确保这些改变符合战略性配置。在实证金融领域现在有一个共识，即资产的收益率在一定程度上是可以预测的。这种可预测性和收益率的系统成分相关，证明了战术性资产配置策略的正确性。

根据所使用的资产收益率的预测是基于市场因素还是风格因素，这些策略被分为市场择时和风格择时。战术性配置策略在本质上是以战略基准所确定的权重为基础。因此，在力求遵守过于严格的跟踪误差限制时，战术性配置的优势会十分有限，甚至没有优势。如果极其严格的跟踪误差限制了与基准的偏离，那么执行战术性配置策略实际上就是无事生非。

战术性资产配置与战术风格配置决策

现在，在实证金融学领域有一个共识：预期支撑收益率、方差和协方差在一定程度上是可以预测的。坎德尔和斯坦博（1996）提出，即使是低水平的统计学预测也有可能产生经济意义和异常收益率，即便在 100 次中只有 1 次成功对市场择时。

学术研究确实提供了有益的认知，帮助我们认识具有经济意义的变量，这些可能对股票收益产生自然影响。这些变量包括利率的期限结构，以短期利率为代表；利率的期限结构的坡度，以期限范围为代表；信贷息差；以及股息收益。根据这些变量，借用线性或非线性计量经济学理论的最新技术，便可建立预测性模型。

战术性资产配置策略一般涉及在两种资产间分配财富，通常为股票和债券。人们已经成功检验并执行了更加复杂的风格择时策略。尤其是阿门克等（2002，2003）针对战术性风格配置概念进行的研究，该研究涉及在既定资产类别中各种投资风格的动态交易。这些策略的认知基础是，夏普的资本资产定价模型需要得到扩展以解释其他普遍的风险因素，即规模和账面－市值比因素。

$$R_{it} - r_{ft} = \beta_{iM}(R_{Mt} - r_{ft}) + \beta_{i,B/M}(R_{B/M,t} - r_{ft}) + \beta_{i,size}(R_{size,t} - r_{ft}) + \varepsilon_{it}$$

其中，β_{iM}（$R_{Mt} - r_{ft}$）是系统－市场收益率项；

$\beta_{i,B/M}$（$R_{B/M,t} - r_{ft}$）$+\beta_{i,size}$（$R_{size,t} - r_{ft}$）是系统－风格收益率项；

ε_{it}是特定收益率项。

对收益率的这种分解可对主动投资策略进行自然分类：市场择时或战术性资产配置（TAA）策略旨在利用市场因素的可预测性；风格择时或战术性风格配置（TSA）策略旨在利用风格因素的可预测性；股票选择策略旨在利用个股特定风险的可预测性。

阿门克等（2003）将战术性风格配置的优点记录为新形式的市场－中性投资组合策略，旨在通过系统化股票风格择时决策，经过整个经济周期后实现绝对收益率。用稳健的多因子递归模拟法，他们发现了价值和规模风格差异具有可预测性的有力证据，并显示可如何利用这些计量经济学预测以生成系统化风格择时配置决定。这样的投资组合决定，通过交易美国风格指数下的交易所交易基金（ETF）来执行，在2000年6月—2002年12月期间，目标杠杆等于2，在与全球股票指数相关性为零的情况下，创造了10.90%的年收益率和4.71%的波动率。

执行资产配置决定与投资组合组建

估算未来收益率和分析参数是资产配置的关键步骤。这些估值是配置决定的基础，不论采取何种配置方法，都是以这些估值为基础的。有许多种方法可用于组建符合投资目标的投资组合，并且这些方法随着时间逐渐演变。

运用预测

宏观经济预测指的是对以下未来数值的预测：经济集合（如GDP 增长率）、通货膨胀率、失业率、利率、贸易流量等。微观经济预测指的是对单个公司和经济板块相关数据的预测，如收入增长、资产收益率、投资收益等。

在组建投资组合并考查其风险特征时应当结合基础因子，这些因子比宏观经济因子更好，因为考虑了公司的风险特征的变化 。

我们可以说宏观经济因子看起来更加直白，但和经理人的文化相隔甚远——经理人通常坚持分析特定公司或板块的金融数据。

虽然我们可以在计量经济学模型中使用微观经济数据来预测资产收益率，但大量的宏观经济学变量在资产配置委员会的群体决策中或许更加有用。

不同类别资产的收益率基本上与宏观经济变量或宏观经济形势有关。微观经济变量更多是与金融分析师或经理人的知识相对应，多用于组建投资组合和选择证券（见表 13.1）。

预测经济变量是一项艰巨的任务，这使得自由的裁量方法有时比系统预测更受欢迎。当运用系统预测时，一个关键问题是采用同期变量还是滞后变量。实际上，基于同期变量的方法试图预测的是未来收益率。而基于滞后变量的方法试图预测的是市场对已知经济变量的反应。从这一意义上说，后一种方法没有预测任何未来经济数值，而是试图估计两个事实的价值：一是市场参与者没有快速处理信息；二是市场参与者对已知经济变量的反应在某种程度上是可以预测的。

表 13.1　在各配置阶段资产经理常用的预测技巧

配置阶段	常用因子或技巧
战略性配置	宏观经济因子或形势，资产间的相关性
战术性配置	宏观经济形势评论，宏观经济因子的更新预测，采用同期宏观经济变量的计量经济学模型
投资组合组建	相对风险优化与基准相比，以基于微观经济因子的证券风险分析为基础
证券选择	金融分析

运用马科维茨模型

马科维茨（1952）提出的均值 - 方差优化模型在半个多世纪以后仍然十分流行。该模型为各资产类别指定了最优百分比，以便在既定风险水平下获得最高收益率，其中风险水平由投资组合的波动率来衡量。在该模型中，输入数据是各资产类别的均值和方差，以及资产类别之间的协方差。所有最优投资组合的集合被称为有效边界。

然而，在均值 - 方差框架下推导有效投资组合存在一个问题，即对预期收益率、方差和相关性的估算。主要的弊端是对预期收益率的估算具有极大的估计误差，同时投资组合的权重对这些收益率估算值极其敏感。因而，该模型常常将带有最大估计误差的资产配置最高比重。

在存在估计风险的情况下，应对优化战略性配置问题的一个实用办法是聚焦有效边界上唯一的投资组合，也即方差最小的投资组合，对于该投资组合而言，均值收益率估值不是必须的。通过采用合适的统计技巧提高对方差 - 协方差矩阵的估计，你可以选出一个有效投资组合，波动率远低于简单分散的投资组合，而均值收益率不一定更低。布莱克和李特曼（1990，1991，1992）提出一个创新方法，让投资者能够直接解决预期收益率的估算问题，我们将在后面讨论该方法。

马科维茨模型的另一个缺点是将波动性作为风险的度量，只有在极其简化的假设中才合理，要么简化投资者的偏好，要么简化收益率分布（正态分布）。针对传统均值-方差分析的这一缺点，多位学者提出，对于收益率分布高阶动差有较强偏好的投资者，应在均值-方差优化中增加风险价值（VaR）限制。阿门克等（2003）提出，当投资者的资产配置中包含替代资产类别（如对冲基金）时，风险价值限制尤其必要，因为这些资产以肥尾著称。

马科维茨模型的替代选择

人们普遍认为，对预期收益率的估算难以达到适当的准确性。雪上加霜的是，标准优化技巧（如均值-方差分析）对于预期收益率的输入数据十分敏感。由此，投资组合优化工具通常将资本的最大份额分配给预期收益率的估计误差最大的资产。

一些学者努力改进简单的均值-方差分析，以使制定出的资产配置决策与投资者对预期收益率多少有些不确定的观点一致。在这些学者当中，布莱克和李特曼（1973），以及他们的后续改进的贡献尤为突出。特雷诺和布莱克（1973）的现实成功或许源于其研究的简洁性。特雷诺-布莱克所用的对单个资产的绩效度量参数是阿尔法——证券超出其市场风险调整预期收益率的异常收益率。最优投资组合将“倾向”有“优绩”预测的证券，远离有“劣绩”预测的证券。对各证券的最优投资与证券的阿尔法成正比，与证券的公司特定风险成反比。

布莱克和李特曼（1991，1992）将特雷诺和布莱克（1973）的想法引入资产配置情景。他们提出了投资者如何将自己对各种资产的预期收益率的观点同符合均衡模型（夏普的资本资产定价模型，1964）的中性估算糅合起来。在布莱克-李特曼模型中，使用者输入数量（针对随意投资组合的预期收益率），模型将数量与均衡结合起来，生成资产的预期收益率和最优投资组合权重。在这一框架下，经理人的观点和市场共识之间存在概念差异。当投资者对市场没有任何看法时，布莱克－李特曼模型给出的预期收益率符合均衡情况，无约束的最优投资组合是市场均衡（市值权重）投资组合。当投资者对市场抱有一个或多个想法时，布莱克－李特曼模型结合来自均衡的信息，让最优投资组合偏离市场投资组合，朝着投资者的观点方向偏移。布莱克－李特曼模型还可以直接结合投资者对自身观点的不确定程度。

特雷诺－布莱克－李特曼范例的主要问题是它考虑的是静态环境，没有考虑对冲问题，特别是没有提供更新观点的空间，以便对不断出现的信息做出反应。克维塔尼克等人（2006）提出这一担忧，以封闭形式推导一个投资者的最优投资策略。该投资者的首要目标是在一组证券中寻求异常收益率，并以贝叶斯定理法更新自己的优先目标。投资组合中不同证券的优先性的相关程度表现为确定最优权重的关键因素。

股票选择

推导出投资组合的资产配置后，组建投资组合的最后一步就是选择股票，即从各资产类别中选择个股。股票选择将微观经济市场趋势纳入考虑范围。在这一步骤中上场的是专攻特定类型资产的经理人，以及在各类资产中能确保最优股票选择的经理人。因此，股票选择相当有趣。大量定性方法被用于判断股票的吸引力。然而，除了来自现代投资组合理论的方法，有些方法（如股息贴现模型）可以让股票选择以定量为基础，对定性选择标准进行补充。

股票选择一直在主动型管理中承担重要角色。资产管理行业大多依赖这一方法，其概念起源可追溯到20世纪30年代格拉哈姆和多德（1934）的作品。金融分析师和所谓的“明星经理人”的重要性主要在于股票选择技能，也就是凭借超常分析能力或丰富知识，选择正确证券的能力。

由于股票选择主要以对金融报表和商业展望的分析为基础，因此该过程和进入分析师的推荐名单紧密相关。在很多时候，在买方分析师和“拣股者”角色之间没有清晰的界限。对于一家旨在管理风险并执行严格投资过程的资产管理公司而言，基于股票选择的管理过程实际上受限于买方推荐。在这一情景下，投资组合经理在择时和投资组合组建上增加价值，这是拣股者通常不具备的技巧。

第 14 章　可转移阿尔法的谬论

本章目标是分析可转移阿尔法对投资组合效率的影响。举个例子，假设我们认为我们的股票投资经理是熟练的但债券投资经理不是，另外，我们希望在投资组合中均衡配置股票和债券。传统观点指示我们采取以下行动——炒掉债券投资经理，将投资组合中的债券成分进行指数管理，将主动型股票投资组合转为指数基金；指示股票投资经理将所持股票转为可转移阿尔法，并将其扩展至涵盖投资组合的股票和债券成分。人们普遍认为，这些交易将提高投资组合的效率。然而，我们将在后文中展示，除了我们可以通过保持阿尔法和贝塔之间的连接而实现的益处外，这些交易不会为我们的投资组合带来任何益处。因此，这一普遍观点是可转移阿尔法的谬论。

什么是可转移阿尔法

可转移阿尔法是一组所持证券，代表一组权重总和为零的积极赌注。一般而言，这些头寸的预期收益率与市场预期收益率无关，尽管实际情况并非总是如此。阿尔法，业内的通俗叫法，指的是投资组合的收益率和指数收益率之间的差值，而非资本资产定价模型中指定的回归方程的截距。同样，一般而言，这些头寸自筹资金，但在实际中并非完全如此，因为需要有少量资本满足借款成本和保证金要求。

通过卖空我们想减持的证券，再用所收款项购买我们想增持的证券，我们创造了一个自筹资金阿尔法。或者，我们可以根据持有的证券买卖指数，以创造净零头寸。这一自筹资金的特征产生可转移性。通过出售为购买筹措资金，可转移阿尔法几乎不需要资本，除了需要少量资本用于缴纳保证金。人们普遍认为，通过解除限制，我们能够提高投资组合效率，该限制即阿尔法必须只用于自身资产类别。事实上，无须将阿尔法从相关市场收益率中分离出来，我们就可以实现同样的投资组合效率，只有一种特殊情况除外。

可转移阿尔法和固定阿尔法的不变性

为了了解可转移阿尔法和固定阿尔法的不变性，让我们假想一个简单世界。我们将投资组合的60%分配给股票，40%分配给债券，聘请一位主动型股票投资经理和一位被动型债券投资经理。我们再假设股市中只有两种同样规模的证券，我们可以买卖同样权重的市场指数。最后，假设我们是对数财富投资者，也就是说我们追求投资组合几何均值的最大化。

作为对数财富投资者，我们将满意度或幸福感作为财富的自然对数。财富和幸福感之间的这种特殊转换，最初由伯努里（1738）提出，是广义幂效用函数的特例。这类效用函数假定我们偏好于向风险资产分配同等财富，无论我们的财富水平如何。经济学家将这种偏好称为固定相对风险趋避。这类效用函数显示，我们喜欢更多财富，但是相同财富增量带给我们的满意度会逐渐下降，这意味着我们厌恶风险。图14.1展示了对数财富效用函数。

表14.1显示了对可转移阿尔法策略的配置，在一系列随机生成的股票、债券收益率假设下，该配置最大化对数财富效用。

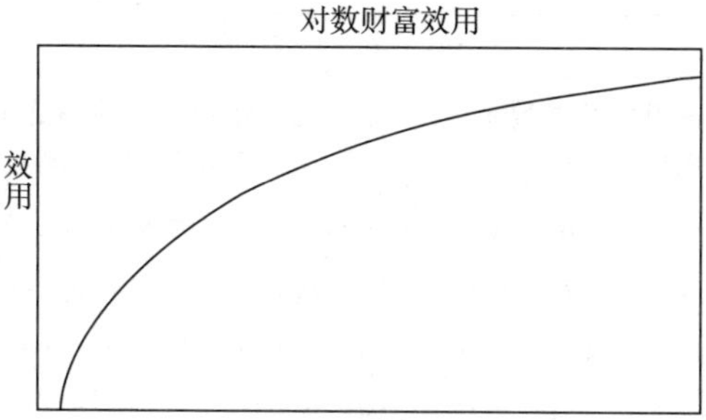

图 14.1　对数财富效用演示

在这个例子中，我们没有将任何资本分配给股票 A 或股票 B，而是将 60% 的资本分配给股票指数，40% 分配给债券指数，以便建立我们所选的市场投资比例（列 7 和列 10）。然后，我们算出对可转移阿尔法的投资比例（列 8 和列 9）——在 60/40 资产混合条件下，最大化预期效用的可转移阿尔法。在这个例子中，对可转移阿尔法的最优投资比例为：股票 A 主动成分 -22.64% 的头寸，股票 B 主动成分 109.45% 的头寸。这些头寸综合起来组成可转移阿尔法。在假定各时期收益率的情况下，对数财富效用如列 12 所示。均值如最后一行所示。

注意，我们在这个可转移阿尔法策略中没有运用杠杆，也没有偏离我们的目标市场投资比例，即股票 60%，债券 40%。我们只是让主动股票投资比例超出投资组合 60% 的股票配置范围，扩大为净主动股票投资比例 86.81%（109.45% -22.64%）。现在让我们来看看在同样的预期效用水平下，我们在没有运用可转移阿尔法时可以得到什么结果。

表 14.1　可转移阿尔法下的预期效用

1	2	3	4	5	6	7	8	9	10	12
股票 A 收益率	股票 B 收益率	股票指数收益率	债券指数收益率	股票 A 权重	股票 B 权重	股票指数权重	+ 股票 A - 指数权重	+ 股票 B - 指数权重	债券指数权重	预期效用
10.00%	-6.00%	2.00%	-9.00%	0.00%	0.00%	60.00%	-22.64%	109.45%	40.00%	-13.89%

续表

1	2	3	4	5	6	7	8	9	10	12
股票A收益率	股票B收益率	股票指数收益率	债券指数收益率	股票A权重	股票B权重	股票指数权重	+股票A－指数权重	+股票B－指数权重	债券指数权重	预期效用
-8.00%	14.00%	3.00%	22.00%	0.00%	0.00%	60.00%	-22.64%	109.45%	40.00%	22.42%
0.00%	-16.00%	-8.00%	7.00%	0.00%	0.00%	60.00%	-22.64%	109.45%	40.00%	-13.43%
21.00%	-5.00%	8.00%	12.00%	0.00%	0.00%	60.00%	-22.64%	109.45%	40.00%	-7.87%
2.00%	18.00%	10.00%	-8.00%	0.00%	0.00%	60.00%	-22.64%	109.45%	40.00%	12.55%
29.00%	10.00%	19.53%	7.00%	0.00%	0.00%	60.00%	-22.64%	109.45%	40.00%	1.93%
24.00%	32.00%	28.00%	8.00%	0.00%	0.00%	60.00%	-22.64%	109.45%	40.00%	22.54%
13.00%	40.00%	26.50%	5.00%	0.00%	0.00%	60.00%	-22.64%	109.45%	40.00%	30.55%
-18.00%	38.00%	10.00%	10.00%	0.00%	0.00%	60.00%	-22.64%	109.45%	40.00%	38.52%
7.00%	-5.00%	1.00%	6.00%	0.00%	0.00%	60.00%	-22.64%	109.45%	40.00%	-5.05%
8.00%	12.00%	10.00%	6.00%							8.83%

假设我们直接投资于股票A和股票B，两只股票的阿尔法固定为它们的相关市场收益率，此外还有债券指数。我们同样将60%的资本分配给股票，40%分配给债券。我们不运用杠杆，不允许持有空头头寸，如表14.2所示。

根据表14.2，通过将投资组合的60%分配给股票B（阿尔法为2%），不分配给股票A（阿尔法为-2%），40%分配给债券指数，我们实现了对数财富效用最大化，然而，这些配置未能获得和可转移阿尔法策略相同水平的预期效用——8.54%对比8.83%。似乎可转移阿尔法确实提高了投资组合效率。

表14.2　固定阿尔法且无空头头寸情况下的预期效用

1	2	3	4	5	6	7	8	9	10	12
股票A收益率	股票B收益率	股票指数收益率	债券指数收益率	股票A权重	股票B权重	股票指数权重	+股票A－指数权重	+股票B－指数权重	债券指数权重	预期效用
10.00%	-6.00%	2.00%	-9.00%	0.00%	60.00%	0.00%	0.00%	0.00%	40.00%	-7.47%
-8.00%	14.00%	3.00%	22.00%	0.00%	60.00%	0.00%	0.00%	0.00%	40.00%	15.87%
0.00%	-16.00%	-8.00%	7.00%	0.00%	60.00%	0.00%	0.00%	0.00%	40.00%	-7.04%

续表

1	2	3	4	5	6	7	8	9	10	12
股票 A 收益率	股票 B 收益率	股票指数收益率	债券指数收益率	股票 A 权重	股票 B 权重	股票指数权重	+ 股票 A − 指数权重	+ 股票 B − 指数权重	债券指数权重	预期效用
21.00%	−5.00%	8.00%	12.00%	0.00%	60.00%	0.00%	0.00%	0.00%	40.00%	1.78%
2.00%	18.00%	10.00%	−8.00%	0.00%	60.00%	0.00%	0.00%	0.00%	40.00%	7.32%
29.00%	10.00%	19.53%	7.00%	0.00%	60.00%	0.00%	0.00%	0.00%	40.00%	8.43%
24.00%	32.00%	28.00%	8.00%	0.00%	60.00%	0.00%	0.00%	0.00%	40.00%	20.21%
13.00%	40.00%	26.50%	5.00%	0.00%	60.00%	0.00%	0.00%	0.00%	40.00%	23.11%
−18.00%	38.00%	10.00%	10.00%	0.00%	60.00%	0.00%	0.00%	0.00%	40.00%	23.74%
7.00%	−5.00%	1.00%	6.00%	0.00%	60.00%	0.00%	0.00%	0.00%	40.00%	−0.60%
8.00%	12.00%	10.00%	6.00%							8.54%

表 14.3 同样假设我们投资于股票指数和可转移阿尔法，而不是仅仅投资于股票 A 和股票 B，此外还有债券指数。该策略也维持 60/40 资产混合比例，没有使用杠杆。然而和前一固定阿尔法策略不同，该策略允许持有空头头寸。

我们通过卖空数量等于 36.05% 的股票 A，购买数量等于 96.05% 的股票 B，以达到 60% 的净股票投资比例（我们的目标股票配置），实现了预期效用最大化。我们保持了阿尔法及其相关市场收益率之间的关联，没有运用杠杆或提高对股票的投资比例，但达到了和可转移阿尔法策略相同水平的预期效用。

在我们检查两种策略的相关证券投资比例时，这种等值效果就变得显而易见。如表 14.4 所示，当我们将指数权重和可转移阿尔法权重解析为相关证券的投资比例时，表 14.3 中的固定阿尔法策略下股票 A 和股票 B 的净投资比例等于这些证券的权重。

表 14.3　固定阿尔法且有空头头寸情况下的预期效用

1	2	3	4	5	6	7	8	9	10	12
股票 A 收益率	股票 B 收益率	股票指数收益率	债券指数收益率	股票 A 权重	股票 B 权重	股票指数权重	+ 股票 A − 指数权重	+ 股票 B − 指数权重	债券指数权重	预期效用
10.00%	−6.00%	2.00%	−9.00%	−36.05%	96.05%	0.00%	0.00%	0.00%	40.00%	−13.89%

续表

1	2	3	4	5	6	7	8	9	10	12
股票 A 收益率	股票 B 收益率	股票指数收益率	债券指数收益率	股票 A 权重	股票 B 权重	股票指数权重	+股票 A – 指数权重	+股票 B – 指数权重	债券指数权重	预期效用
-8.00%	14.00%	3.00%	22.00%	-36.05%	96.05%	0.00%	0.00%	0.00%	40.00%	22.42%
0.00%	-16.00%	-8.00%	7.00%	-36.05%	96.05%	0.00%	0.00%	0.00%	40.00%	-13.43%
21.00%	-5.00%	8.00%	12.00%	-36.05%	96.05%	0.00%	0.00%	0.00%	40.00%	-7.88%
2.00%	18.00%	10.00%	-8.00%	-36.05%	96.05%	0.00%	0.00%	0.00%	40.00%	12.55%
29.00%	10.00%	19.53%	7.00%	-36.05%	96.05%	0.00%	0.00%	0.00%	40.00%	1.93%
24.00%	32.00%	28.00%	8.00%	-36.05%	96.05%	0.00%	0.00%	0.00%	40.00%	22.54%
13.00%	40.00%	26.50%	5.00%	-36.05%	96.05%	0.00%	0.00%	0.00%	40.00%	30.55%
-18.00%	38.00%	10.00%	10.00%	-36.05%	96.05%	0.00%	0.00%	0.00%	40.00%	38.52%
7.00%	-5.00%	1.00%	6.00%	-36.05%	96.05%	0.00%	0.00%	0.00%	40.00%	-5.05%
8.00%	12.00%	10.00%	6.00%							8.83%

表 14.4　可转移阿尔法股票权重

	股票 A	股票 B
60.00% 股票指数	30.00%	30.00%
-22.64% 股票 A 阿尔法		
-22.64% 股票 A	-22.64%	
22.64% 股票指数	11.32%	11.32%
109.45% 股票 B 阿尔法		
109.45% 股票 B		109.45%
-109.45% 股票指数	-54.73%	-54.73%
净投资	-36.05%	96.05%

130-30 策略的无效性

表 14.4 提出了另一种等值效果。越来越受欢迎的 130-30 策略（投资组合的 130% 投资于预期会超出基准表现的证券，30% 为预期将低于基准表现的证券的空头头寸）是固定阿尔法策略的等效策略。比如，我们在表 14.4 中看到，投资组合的 96.05% 分配给股票 B，相

当于60%股票配置的160.08%（96.05% ÷60%），同时投资组合的-36.05%分配给股票A，相当于股票配置的-60.08%（36.05% ÷60%）。如表14.3所示，这些权重是最优的，分别对应总投资组合的78%和-18%。130-30策略只是提高投资组合效率的特别尝试，由于其随意性局限，无法最大化效率。

你或许在想，在这个例子中，可转移阿尔法对比固定阿尔法的预期效用的不变性是否是特例。这并不是特例。不论我们希望最大化对数财富效用、其他幂效用，还是如夏普率等的度量指标，通过投资固定阿尔法为相关市场投资比例的证券，我们都可以获得和分离阿尔法同样的结果。此外，即便我们同时解决资产混合和主动赌注问题，这种不变性仍然存在。

然而，确实存在可转移阿尔法提高投资组合效率的特例。假设我们不想投资股票，但希望从某一经理人的选股技能中获利。表14.5显示了所有债券投资组合的对数财富效用。从投资组合外引入可转移阿尔法以提高预期效用，这是否可行呢？

表14.5 所有债券投资组合的预期效用

1	2	3	4	5	6	7	8	9	10	12
股票A收益率	股票B收益率	股票指数收益率	债券指数收益率	股票A权重	股票B权重	股票指数权重	+股票A-指数权重	+股票B-指数权重	债券指数权重	预期效用
10.00%	-6.00%	2.00%	-9.00%	0.00%	0.00%	0.00%	0.00%	0.00%	100.00%	-9.43%
-8.00%	14.00%	3.00%	22.00%	0.00%	0.00%	0.00%	0.00%	0.00%	100.00%	19.89%
0.00%	-16.00%	-8.00%	7.00%	0.00%	0.00%	0.00%	0.00%	0.00%	100.00%	6.77%
21.00%	-5.00%	8.00%	12.00%	0.00%	0.00%	0.00%	0.00%	0.00%	100.00%	11.33%
2.00%	18.00%	10.00%	-8.00%	0.00%	0.00%	0.00%	0.00%	0.00%	100.00%	-8.34%
29.00%	10.00%	19.53%	7.00%	0.00%	0.00%	0.00%	0.00%	0.00%	100.00%	6.77%
24.00%	32.00%	28.00%	8.00%	0.00%	0.00%	0.00%	0.00%	0.00%	100.00%	7.70%
13.00%	40.00%	26.50%	5.00%	0.00%	0.00%	0.00%	0.00%	0.00%	100.00%	4.88%
-18.00%	38.00%	10.00%	10.00%	0.00%	0.00%	0.00%	0.00%	0.00%	100.00%	9.53%
7.00%	-5.00%	1.00%	6.00%	0.00%	0.00%	0.00%	0.00%	0.00%	100.00%	5.83%
8.00%	12.00%	10.00%	6.00%							5.49%

如表 14.6 所示，通过从外界来源（在这一例子中，外界来源为股票）引入阿尔法，将其和我们的债券投资组合叠加起来，我们提高了投资组合的预期效用，并且没有承担外部来源的市场风险。

表 14.6　所有债券投资组合加可转移股票阿尔法的预期效用

1	2	3	4	5	6	7	8	9	10	12
股票 A 收益率	股票 B 收益率	股票指数收益率	债券指数收益率	股票 A 权重	股票 B 权重	股票指数权重	+ 股票 A – 指数权重	+ 股票 B – 指数权重	债券指数权重	预期效用
10.00%	-6.00%	2.00%	-9.00%	0.00%	0.00%	0.00%	-71.89%	71.89%	100.00%	-22.95%
-8.00%	14.00%	3.00%	22.00%	0.00%	0.00%	0.00%	-71.89%	71.89%	100.00%	32.08%
0.00%	-16.00%	-8.00%	7.00%	0.00%	0.00%	0.00%	-71.89%	71.89%	100.00%	-4.61%
21.00%	-5.00%	8.00%	12.00%	0.00%	0.00%	0.00%	-71.89%	71.89%	100.00%	-6.93%
2.00%	18.00%	10.00%	-8.00%	0.00%	0.00%	0.00%	-71.89%	71.89%	100.00%	3.44%
29.00%	10.00%	19.53%	7.00%	0.00%	0.00%	0.00%	-71.89%	71.89%	100.00%	-6.89%
24.00%	32.00%	28.00%	8.00%	0.00%	0.00%	0.00%	-71.89%	71.89%	100.00%	12.88%
13.00%	40.00%	26.50%	5.00%	0.00%	0.00%	0.00%	-71.89%	71.89%	100.00%	21.84%
-18.00%	38.00%	10.00%	10.00%	0.00%	0.00%	0.00%	-71.89%	71.89%	100.00%	40.72%
7.00%	-5.00%	1.00%	6.00%	0.00%	0.00%	0.00%	-71.89%	71.89%	100.00%	-2.66%
8.00%	12.00%	10.00%	6.00%							6.69%

如最后一个例子所示，只要可转移阿尔法不是来自现有投资组合，则其具有提高投资组合效率的潜能。来自投资组合以外的资产类别的可转移阿尔法，与来自投资组合不会持有的证券的可转移阿尔法一样，即便这些证券是投资组合中资产类别的成员。此外，如果可转移阿尔法能为主动投注的执行提供便利，比如，降低交易成本或提高管理费的透明度，或许还能从更宽的范围内提高投资组合效率。

第 15 章　货币叠加

货币风险长久以来被视为国际多样化的阴暗面，因为投资者认识到货币风险往往位于资产风险之首。一个以美元为本币的投资者，因购买德国政府债券而获得的月收益率将受到德国收益率曲线（利率风险）和美元对欧元汇率（货币风险）的影响。如果放任不管，对利率风险的分散管理将以增加总风险为代价。由此，货币叠加管理业务发展起来，专注于管理来自国际多样化带来的货币风险。

货币叠加管理由此诞生，最初（20 世纪 80 年代）或多或少算是被动型套期保值操作。按今天的用语，我们将这些操作称为风险叠加或贝塔叠加。当时的主要问题是：有多少货币风险应该被对冲为本币？然后，这一对冲比率将由叠加经理人维持，同时相关债券和股票经理人能够专注于选择债券和股票，而无须考虑货币问题。但在不久之后，一个更加专业且更加主动的货币管理方法出现了。在叠加逐渐发展的趋势下，以及在人们对分离被动型风险承担和主动型管理更加关注的趋势下，这一方法被证明是主动型货币叠加管理的催化剂。围绕战略性货币基准的货币多空头寸成为主流。今天，围绕货币叠加管理，一个完整的辅助性业务发展起来，从业者从顾问、投资工作室，发展到专业化货币指数的供应商。

什么是货币叠加？让我们看看表 15.1 的例子。假设一个以美元为本币的投资者，对澳大利亚、加拿大、瑞士和欧洲股票市场进行相同权重的实物投资。这模拟了资产基准（第 2 行）。假设该投资者正经营一个以多空期货合同执行的战术性股票叠加（第 3 行）。期货合同有效期很长，没有涉及货币风险（而非盈亏风险），并且，当股票配置发生改变时（第 4 行），货币敞口相对于实物股票投资保持不变（第 5 行）。注意，只有实物投资会产生货币敞口。如果这位美国投资者觉得自己承担了太多货币风险，他可以利用远期合同将 80% 的货币风险（为简便起见，假设各种货币等量分配）对冲到美元投资中。这种风险叠加（第 6 行）将产生 80% 的美元敞口和 5% 的其他币种，等于主动型货币管理的新基准（第 7 行）。

表 15.1　货币叠加管理

	澳元	加元	瑞士法郎	欧元	美元	总和
股票基准	25%	25%	25%	25%	0%	100%
战术性股票叠加	-5%	5%	-10%	-10%	20%	0%
股票配置	20%	30%	15%	15%	20%	100%
货币敞口	25%	25%	25%	25%	0%	100%
货币风险叠加	-20%	-20%	-20%	-20%	80%	0%
货币基准	5%	5%	5%	5%	80%	100%
货币阿尔法叠加	-5%	+10%	-15%	-5%	15%	0%
总敞口	0%	15%	-10%	0%	95%	100%

这位投资者最想做的是执行主动型风险叠加（第 8 行）。为简便起见，我们假设所有头寸以远期合同执行且不需要初始现金。主动头寸范围是从 -15% 到 +15%。假如我们将主动叠加和被动叠加结合起来，我们将有 15% 的加元敞口，瑞士法郎 10% 的净空头头寸，剩余货币敞口回归为美元（第 9 行）。重新审视表 15.1，我们看到所有叠加都是多空头寸投资组合，加在一起是一个零初始现金的投资。当产生净空头头寸时，叠加将产生杠杆。下文将展示如何推导出最佳风险（贝塔）叠加和主动（阿尔法）叠加。

货币叠加管理的数学运算

惯例

货币叠加管理处理货币收益率和本地资产收益率之间的复杂关系。叠加经理人通常需要回答的问题是，“应该对冲多少货币敞口？”“应对冲哪些货币？”因此，我们需要建立一个在理论上合理的框架来解答这些问题。下面我们以若里翁（1994）的研究为基础，并区分资产超额收益率和货币超额收益率。市场 i（k 个市场中）的资产超额收益率（a_i）为：

$$a_i = r_i + s_i - c_h \tag{15.1}$$

其中，r_i、s_i、c_h分别表示本地资产收益率、货币即期收益率和本币现金收益率。由于投资外币等同于投资外国资本，我们可以将货币超额收益率（e_i）写作：

$$e_i = c_i + s_i - c_h \tag{15.2}$$

方程式（15.1）描述了100%未套保头寸，我们可以将100%套保头寸（统一套期保值）等同为（15.1）的多头头寸和（15.2）的空头头寸。当 $h=1$ 时，结合（15.1）和（15.2），我们得到：

$$a_i = (r_i + s_i - c_h) - (c_i + s_i - c_h) = r_i - c_i \tag{15.3}$$

如果我们用期货或总收益互换投资国外市场，这样的头寸也是自动生成的。现在我们可以问自己货币套保如何影响总风险。假设我们寻求最佳套保率（即风险或方差最小）h，套保资产超额收益率的 h 部分，我们得到：

$$a_{i|h} = (r_i + s_i - c_h) - h(c_i + s_i - c_h) \tag{15.4}$$

其中，$a_{i|h}$表示套保后的资产超额收益率。将方差运算代入方程式（15.4），并实现所有现金利率具有零方差和零协方差（在投资期限开始时所知），我们得到：

$$Var(ai \mid h) = Var(r_i) + (1-h)^2 Var(s_i) + 2(1-h) Cov(r_i, s_i) \tag{15.5}$$

通过最小化方程式（15.5），我们可以得到最佳（方差最小）套保率。我们设：

$$\frac{dVar(ai \mid h)}{dh} = 0 \tag{15.6}$$

注意，所有这些的假设前提是货币的预期超额收益率为零，即 $E(e_i)=0$。这一假设可以让我们只关注风险。经过一些数据处理，我们得到：

$$h = 1 + \frac{Cov(r_i + s_i)}{Var(s_i)} \tag{15.7}$$

方差最小的套保率集中在1周围，依赖于货币收益率和支持收益率的协方差。下面我们将对方程式（15.7）进行直观解释。

货币套保分类

完全或单一套期保值

我们先以方程式（15.7）中 $Cov(r_i, s_i)=0$ 为例讲起。在这种情况下，货币收益率和资产收益率无关，最佳套保率 $h=1$ 或100%。货币风险超过资产风险，并且无法用于对冲基础资产风险。一些从业者对零相关性提出质疑，零预期收益率货币实际上成了“冲积物”，因而这种货币套保变得无关紧要了。虽然从预期收益率角度看这是事实，但从风险角度看是完全错误的。即使我们希望平均收益率接近零，但也有极大风险它会偏离零。

部分套期保值

然而，如果 $Cov(r_i, s_i)<0$，也就是在当地市场正收益率更有可能伴随着货币负收益率时，维持某种货币敞口是合适的，也就是

$h<1$。国外债券投资或许就是如此，下跌的利率创造债券正收益率，代价是牺牲外汇市场不具吸引力的利差（以及货币贬值）。或者，这种情况可能出现在小型出口经济体中，汇率的下跌将刺激出口导向的股市回升。对冲100%的货币风险就不再是最佳选择。如果 $Cov(r_i, s_i)$ 为较大负值，对冲甚至会增大风险。

过度套期保值

假如货币收益率和本地收益率朝同一方向发展，也就是 $Cov(r_i, s_i)>0$，则货币敞口会扩大收益率的范围，最佳套保率 $h>1$。前面叙述的分类如图15.1所示。

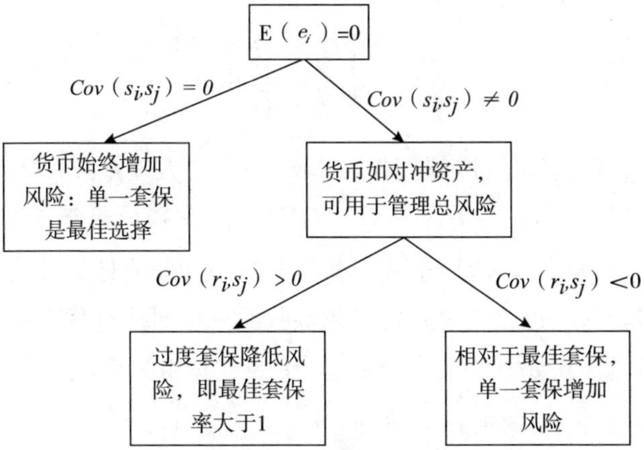

图15.1 货币套保分类

交叉套期保值

如果由于外汇控制，我们无法直接套保货币敞口，那又将如何呢？让我们用方程式（15.4）和（15.7）隐含的原理，推导出最佳交叉套保方案。用高度相关的货币 j 对冲以货币 i 为货币的资产，得到：

$$a_{i|h} = (r_i + s_i - c_h) - h(c_j + s_j - c_h) \qquad (15.8)$$

将方差运算代入方程式（15.8），将第一个结果转为 h，我们得到最佳交叉套保率。

$$h = \frac{Cov(s_i, s_j)}{Var(s_j)} + \frac{Cov(r_i, s_j)}{Var(s_j)} \tag{15.9}$$

首先，我们注意到，方程式（15.9）看起来很像方程式（15.7）。对于所有相关性较高且波动性类似的货币，第一项将近似为1，第二项则反映相对于单一套保的偏差。

基础叠加模型

根据前面的定义，我们可以用综合协方差矩阵，概括资产超额收益率和货币超额收益率的协方差的所有信息。

$$\Omega = \begin{bmatrix} \Omega_{aa} & \Omega_{ae} \\ \Omega_{ae}^T & \Omega_{ee} \end{bmatrix} \tag{15.10}$$

其中，Ω_{aa}表示资产超额收益率的 $k \times k$ 协方差矩阵，Ω_{ee}表示货币超额收益率的 $k \times k$ 协方差矩阵。我们假设资产数量等于货币数量，概括 Ω_{ae}（同样为 $k \times k$）中资产和货币的协方差信息。假设货币套保遵循回归套保，也就是说，资产超额收益率相对所有货币超额收益率回归，以便捕获如方程式（15.11）中的交叉相关性效应。

$$a_i = h_{i,1}e_1 + h_{i,2}e_2 + \cdots\cdots + h_{i,k}e_k + \varepsilon_i \tag{15.11}$$

比如，对美国商品相关股票的投资有可能和商品计价货币（澳元、加元或新西兰元）相关，使得方程式（15.11）中的一些系数变得较大。所有 k 个套保回归结果可用 $k \times k$ 矩阵敞口 h 概括：

$$h = \Omega_{ae} \cdot \Omega_{ee}^{-1} \tag{15.12}$$

货币套保之后的风险表示为：

$$\Omega_{a|e} = \Omega_{aa} - h^T \cdot \Omega_{ee} \cdot h \tag{15.13}$$

在单个货币的情况下，默认为方程式（15.4）。运用如格林（2002）中分块矩阵的逆转结果，我们可将方程式（15.10）变形为：

$$\Omega^{-1}=\begin{bmatrix}\Omega_{a|e}^{-1} & \Omega_{a|e}^{-1}h^{T}\\ -h\Omega_{ae}^{-1} & \Omega_{ee}^{-1}+h\Omega_{a|e}^{-1}h^{T}\end{bmatrix} \tag{15.14}$$

最后，我们需要指定资产和货币权重的向量 $w^{T}=[w_a \quad w_e]$，资产和货币预期超额收益率 $\mu^{T}=[\mu_a \quad \mu_e]$。我们进一步假设一位均值－方差投资者，试图最大化 $U=w^{T}\cdot\mu-\frac{1}{2\lambda}w^{T}\cdot\Omega\cdot w$，其中，$\lambda$ 表示风险偏好。$w^{*}=\lambda\cdot\Omega^{-1}$给出了著名的解答。第一，注意，我们并不需要一个完整的投资限制，如 $w^{T}1=1$。可随时增减无风险资产 c_h 以生成完全投资的组合，在增加现金的情况下既不增加风险，也不增减超额收益率。第二，我们可以将参数 λ 解读为杠杆。对于有不同风险偏好的投资者而言，有效投资组合的相对权重将相同，不同的是头寸的规模。

完全相互依存的解决方案

货币叠加管理的最佳解决方案是对资产和货币头寸的同步优化，充分利用资产和货币收益率的协方差矩阵所包含的所有信息。

$$w_{FIS}^{*}=\lambda\Omega^{-1}\cdot\begin{bmatrix}\mu_a\\ \mu_e\end{bmatrix}=\begin{bmatrix}w_{a,FIS}^{*}\\ w_{e,FIS}^{*}\end{bmatrix}=\begin{bmatrix}\lambda(\Omega_{a|e}^{-1}\cdot\mu_a-\Omega_{a|e}^{-1}\cdot h^{T}\cdot\mu_e)\\ \lambda\Omega_{ee}^{-1}\cdot\mu_e-h\cdot w_{a,FIS}^{*}\end{bmatrix} \tag{15.15}$$

在完全相互依存的解决方案中，我们可以将最佳货币头寸解析为投机需求（取决于风险厌恶和预期收益率）和套保需求。

$$w_{e,FIS}^{*}=\underbrace{\lambda\Omega_{ee}^{-1}\cdot\mu_e}_{\text{投机需求}}-\underbrace{h\cdot w_{a,FIS}^{*}}_{\text{套保需求}} \tag{15.16}$$

如果方程式（15.2）中的货币预期收益率较大，相应的投机需求将较大。套保需求主要为负向，取决于最佳资产投资组合的相关头寸。为进一步阐明叠加投资的机制，我们将（如同在前一节所做的那样）假设货币预期收益率为零，即 $\mu_e=0$。在此情况下，我们发现：

$$w_{FIS}^{*}=\lambda\Omega^{-1}\cdot\begin{bmatrix}\mu_a\\0\end{bmatrix}=\begin{bmatrix}w_{a,FIS}^{*}\\w_{e,FIS}^{*}\end{bmatrix}=\begin{bmatrix}\lambda\Omega_{a|e}^{-1}\cdot\mu_a\\-h\cdot w_{a,FIS}^{*}\end{bmatrix}\qquad(15.17)$$

毫无意外，对货币敞口的需求完全取决于套保考虑。假设现在对于所有货币 j，$Cov\ (r_i,\ s_j)\ =0$，这会对 Ω_{ae} 和 $\Omega_{a|e}$ 产生什么影响呢？我们先观察到在前一情况下，$Cov\ (a_i,\ e_j)\ =Cov\ (r_i+s_i,\ s_j)\ =Cov\ (s_i,\ s_j)$。因此，$\Omega_{ea}=\Omega_{ee}\Rightarrow h=\Omega_{ea}\cdot\Omega_{ee}^{-1}=1_{k\times k}$，最佳货币头寸将反映资产敞口。

$$w_{FIS}^{*}=\lambda\Omega^{-1}\cdot\begin{bmatrix}\mu_a\\0\end{bmatrix}=\begin{bmatrix}w_{a,FIS}^{*}\\w_{e,FIS}^{*}\end{bmatrix}=\begin{bmatrix}\lambda\Omega_{a|e}^{-1}\cdot\mu_a\\-w_{a,FIS}^{*}\end{bmatrix}\qquad(15.18)$$

最后，假设货币收益率和本地资产收益率显示出与货币波动率（各自的协方差）的补偿存在负相关性。在这种情况下，我们要求协方差项加和为零：$Cov\ (a_i,\ e_j)\ =Cov\ (r_i+s_i,\ s_j)\ =Cov\ (r_i,\ s_j)\ +Cov\ (s_i,\ s_j)\ =0$。按有关协方差矩阵，我们得到 $\Omega_{ea}=0\Rightarrow h=\Omega_{ea}\cdot\Omega_{ee}^{-1}=0_{k\times k}$，且最佳货币头寸变为：

$$w_{FIS}^{*}=\lambda\Omega^{-1}\cdot\begin{bmatrix}\mu_a\\0\end{bmatrix}=\begin{bmatrix}w_{a,FIS}^{*}\\w_{e,FIS}^{*}\end{bmatrix}=\begin{bmatrix}\lambda\Omega_{aa}^{-1}\cdot\mu_a\\0\end{bmatrix}\qquad(15.19)$$

这时，最好不要套保货币风险，因为协方差充分负向。由此，$\Omega_{a|e}=\Omega_{aa}$。完全整合的货币管理的困难在于需要同时完成头寸交易，这在机构支持管理中不容易操作，叠加经理人则通常是只关注货币管理的专家。

主动型叠加与风险叠加

大多数货币叠加经理人并不考虑他们货币头寸对相关资产头寸的回馈，也就是说，他们将资产头寸当作外因给定的结果。然而，最佳货币头寸仍然涉及套保和投机需求。将当前的资产头寸设为 w_a，最佳货币头寸可分解为：

$$w_e^{*}=\underbrace{\lambda\Omega_{ee}^{-1}\cdot\mu_e}_{Active\ Overlay}-\underbrace{h\cdot w_a}_{Risk\ Overlay}\qquad(15.20)$$

方程式（15.20）与（15.16）的区别在于将资产头寸当作外因（没有 * 符合，因为头寸不一定为最佳）。然而，我们仍然可以将主动型货币管理（主动叠加，即货币投资组合多空头寸）和被动型货币决策（风险叠加）分离开来，这是机构资产管理中的做法。通常，货币叠加管理分为两个步骤。第一步，在外因给定的资产配置中，选定最佳套保率 h。一旦选定货币基准，接着聘请一位主动型货币叠加经理人根据该基准管理货币。注意，货币基准和主动型货币管理之间有一种微妙关系。如果经理人面对一个100%套保的基准并且不能采取杠杆措施（净空头头寸），他的绩效或许会面临极大限制。在这种情况下，该经理人只能建仓（反常规套保），但不得进一步做空（无杠杆）；他一般可以执行一半的头寸（那些外汇可能升值的头寸）。

谁应该投资货币叠加

为了回答这一问题，我们需要将这个问题改述为两个问题。谁应该购买风险叠加（也就是，谁需要对冲货币风险）？谁应该购买主动叠加（也就是，谁应该对提高货币领域的阿尔法感兴趣）？第二个问题更容易回答。人人都应对赢得阿尔法感兴趣，无论是在私有投资组合、401（k）计划还是在企业资产负债表上或养老基金中。真实阿尔法扩展私人投资者的投资机遇，为机构投资者提供产生净现值的正向股东价值。对于投资者应当当作被动（无条件）投资的一部分的货币风险又如何呢？对于仅投资资产的投资者，可从纯粹的对冲角度回答这一问题，因为货币的无条件风险溢价有可能为零。比如，一个小国的投资者可能希望持有多种货币以便对冲由于本地政策事件导致的本地通货膨胀风险。这并不影响最佳主动货币敞口，我们应将其视为独立决定。对于资产负债投资者而言，解决方案大为不同。养老基金管理是企业风险管理的一部分，如果企业资金管理部门无权承担货币风险（因为该风险不属于计划发起人的核心活动），那么计划发起人的养老基金无疑应承担同样的货币风险。除非计划发起人处于严重的财务危机，否则我们可以说养老金负债应被100%对冲。这只需要单一对冲，但也没什么理由脱离本币贴现因素，即负债模拟投资组合。

主动型货币叠加

常用策略

常用的主动货币叠加策略包括货币阿尔法、利差策略、动量策略、流策略、估值策略和定量货币叠加。我们将对这些策略进行逐个说明。

货币阿尔法

主动投资是一场零和博弈。每个赢家必定对应一个输家。由于主动管理产生交易成本，因此经理人的平均绩效应该低于市场表现，这是由夏普（1991）提出的主动型管理的著名观点。虽然主动型股票投资经理平均绩效低于主要指数，但是主动型货币投资经理的绩效似乎高于主要指数。谁在为主动型货币投资者提供净阿尔法？（谁在间接转移财富？）通常人们认为，货币市场被带有非营利目标的所谓“被迫玩家”所主宰。人们认为，中央银行有更多的宏观经济政策目标，认为企业资金管理更注重企业对冲，在进行货币评估时游客完全被忽略。看到这里读者应当小心，以上提到的研究既没有得到独立来源的担保也没有得到确认，因为这些研究来自对主动型货币管理抱有强烈兴趣的玩家。此外，和传统观点相反，众所周知，中央银行盈利，企业对冲并不带来损失，客流紧跟货币疲软。

利差策略

我们先从货币管理中最著名的策略开始，所谓的利差策略，最初由弗罗特和弗兰克尔（1989）对其进行研究，也被称为远期汇率偏误。这一策略的基础是，如果我们对货币 i（这里我们假定 $i=\frac{AUD}{\$}$）进行以下形式的回归：

$$s_{\frac{AUD}{\$}} = \gamma_0 + \gamma_1(c_{AUD} - c_S) + \varepsilon \tag{15.21}$$

我们将期望回归系数数值为 $\gamma_0=0$，$\gamma_1=1$。只有满足这些条件，我们才有可能得到方程式（15.2）中的预期超额收益率 $e_{\frac{AUD}{\$}} = s_{\frac{AUD}{\$}} + c_{AUD} - c_S = 0$，如未披露的利率平价所显示的那样。然而，实际上有无数的研究证实 $\gamma_1<0$，这意味着收益更高的货币不但没有贬值以抵销息差，而且实际上还在增值。投资者同时获得特定的息差和平均为正的即期收益。

现实中大多定量模型预设 $\gamma_1=0$，主要理由是像方程式（15.21）那样的回归，回归系数可能存在预计误差和时间变化性，因而导致预测结果不稳定。将（$c_{AUD}-c_S$）作为收益率预测结果会显示较低的预计风险。对于偏误和预计风险之间的权衡，大多数从业者偏向可能存在偏误但波动性较低的预测。注意，对于任何一对孤立的货币，这仍是冒险交易。毕竟风险值总和将在8%到15%之间，具体如何取决于所选的货币和时间段。换句话说，方程式（15.21）中的 R^2 很小。因此，采取利差策略的关键是在多种货币间分散，实现息差通过相关风险调整。

动量策略

趋势模型有多种形式，它们在货币领域存在的主要理由来自似乎产生趋势汇率的中央银行的活动，还有来自著名的行为偏误。如洪和斯坦（1998）的概括，投资者表现出对与动量效应相关的经济新闻反应不足和反应过度。

为展示一个简单的动量策略，我们用到一个移动的平均交叉信号，如果短期移动平均数高于长期移动平均数，也就是说，在货币的收益率中存在动量流，则货币必定具有吸引力。货币 i 的信号变为：

$$signal_{i,t} = \frac{1}{\#short}\sum_{j=0}^{\#short} s_{i,t-j} - \frac{1}{\#long}\sum_{j=1}^{\#long} s_{i,t-j} \qquad (15.22)$$

其中，*#short* 和*#long* 是计算多空移动平均数的观察值。信号和权重往往相等，更强的信号也意味着更大的权重。有时，通过扣去横截面均值调整信号：

$$signal_{i,t}^{*} = signal_{i,t} - \frac{1}{k}\sum_{i=1}^{k} signal_{i,t} \qquad (15.23)$$

注意，我们不但需要选择*#short* 和*#long*，还需要确定我们认为动量将要持续的时间。假设我们认为势头将持续 6 个月，而我们每月计算新信号，这将让我们进退两难。一个月后，我们该如何处理旧信号呢？毕竟旧信号对于另外 5 个月是有好处的。解决方案是建立重叠投资组合。每当产生新信号，我们将投资组合抛开，并增加 1/6 的当前动量投资组合。这样，我们总有混合的动量投资组合，因此没有抛弃仍有价值的信息。

流策略

越来越开放的国际金融市场扮演着越来越重要的角色，说服人们更全面地探索风险资产和汇率动态之间的可能关系。国际金融市场之间的动态关联已成为学术研究的焦点。实证研究表明，净股本流平均起来和货币收益率呈正向相关。同时，股本流似乎比债券流更能解释汇率变动。

一个可能的解释是，债券投资者倾向于对冲货币敞口，而股本投资者常常对隐含的货币敞口放任不管。根据这些认知，从业者将本地股市相对业绩（相对于货币锚点，如美元）作为未来货币收益的正向信号。

$$signal_{i,t} = \frac{1}{n}\sum_{j=1}^{n}(r_{i,t-j} - r_{S,t-j}) \qquad (15.24)$$

货币 i 的信号是相对货币收益率的移动平均数。注意，这一程序作为已感知货币吸引力的函数预测未来的流量，而非直接衡量流量。

后者仅限于少数拥有流量数据访问权限的市场参与者。

估值策略

从宏观经济学角度看，货币的公允价值是有关宏观经济基本状况的函数，如货币供给、经常账目赤字、相对 GDP（国内生产总值）、通货膨胀增长等。这和先前的说明形成鲜明对比，即假定息差和相对股市绩效促成金融流量。基本状况模型没有主要业绩记录。首先，人们观测宏观经济数据的频率较低，因此这些数据在估值策略中提供的宽度有限，常常被更改，并且肯定不具有前瞻性。其次，鉴于短期资本相关流量的重要性，这些数据一般只在极度偏离均衡的情况下发挥作用，因为这样模拟了非常冒险的反向策略。

定量货币叠加

定量投资是系统化探索，这使得它非常适合信息量巨大且公开的货币市场，而不适合信息大部分是私有的市场。在这样的市场中，传统投资组合经理在面对个体投资者时，自身的能力并没有多少优势。虽然传统投资组合经理与传统投资者看到的信息相似，但由于不同时间有不同重点，他们几乎都会不断转换主题，不太可能有任何规律性。定量投资的阴暗面被称为数据挖掘，即定量投资者对实证数据过度适应的能力。然而，样本外手段和跨市场验证手段将缓解这一问题，让定量投资成为主动型货币研究的十分有趣的选择。

主动型投资组合的组建及货币视角

假设我们已经选择前面提到的某一项策略，并发现了一组货币预期超额收益率。为了组建有最高风险调整收益率的投资组合，主动叠加管理要求我们估算超额收益率 Ω_{ee} 的协方差。假设我们通过从对数汇率的变化中计算货币收益率为 $i=\left\{\frac{AUD}{\$}, \frac{CAD}{\$}, \frac{CHF}{\$}, \frac{EUR}{\$}\right\}$建立

S_i 模型。使用对数收益率较为方便，因为我们无法仅仅凭借一件事实——如果汇率是对数正态的，则对数收益率是正态分布的（需要注意的是，对数收益率不是附加的），不过我们还可以轻松将货币从一种转换为另一种。

根据定义，$\frac{AUD}{\$}$ 汇率的对数可写为 $\ln\left(\frac{AUD}{\$}\right)=\ln(AUD)-\ln(\$)$。紧跟着我们可以从以下方程式得到$\frac{AUD}{EUR}$即期收益率：

$$\ln\left(\frac{AUD}{EUR}\right)=\ln\left(\frac{AUD}{\$}\right)-\ln\left(\frac{EUR}{\$}\right) \tag{15.25}$$

这很有帮助，因为我们现在可以用方程式（15.25）计算交叉汇率的波动率。让我们用以下定义：

$$S_{\frac{AUD}{\$}}=\ln\left[\frac{\frac{AUD}{\$}_t}{\frac{AUD}{\$}_{t-1}}\right],S_{\frac{EUR}{\$}}=\ln\left[\frac{\frac{EUR}{\$}_t}{\frac{EUR}{\$}_{t-1}}\right] \tag{15.26}$$

现在我们可以得到：

$$S_{\frac{AUD}{EUR}}=\ln\left[\frac{\frac{AUD}{\$}_t}{\frac{AUD}{\$}_{t-1}}\right]-\ln\left[\frac{\frac{EUR}{\$}_t}{\frac{EUR}{\$}_{t-1}}\right]=S_{\frac{AUD}{\$}}-S_{\frac{EUR}{\$}} \tag{15.27}$$

运用方程式（15.27）中的方差运算，我们得到：

$$Var(S_{\frac{AUD}{EUR}})=Var(S_{\frac{AUD}{\$}}-S_{\frac{EUR}{\$}})=Var(S_{\frac{AUD}{\$}})+Var(S_{\frac{EUR}{\$}})-2Cov(S_{\frac{AUD}{\$}},S_{\frac{EUR}{\$}}) \tag{15.28}$$

也就是说，我们完全可以根据现有协方差矩阵计算$\frac{AUE}{EUR}$交叉汇率的波动率。不需要考虑大量细节，我们可以运用瑟库（1980）的早期作品采取捷径。我们定义一个变换矩阵 Θ，该矩阵类似单位矩阵（主对角线上为 1，其余为 0 的矩阵），只是新基准货币列为 -1。以新基准货币为基础的协方差矩阵可写为：

$$\Omega_{eel\ EUR}=\Theta\cdot\Omega_{eel\ \$}\cdot\Theta^T \tag{15.29}$$

我们将用一个例子论证前述的计算。用 2001 年 1 月到 2004 年底的每日数据，我们得到以下协方差矩阵，以美元为视角，涉及的货币为澳元、加元、瑞士法郎和欧元，所有货币都是对美元。

$$\Omega_{eel\ \$}=\begin{bmatrix}109.42 & 37.99 & 55.65 & 55.83\\ 37.99 & 58.18 & 30.58 & 29.37\\ 55.65 & 30.58 & 101.87 & 87.36\\ 55.83 & 29.37 & 87.36 & 84.17\end{bmatrix}\qquad(15.30)$$

为阐明方程式（15.30）中的输入数据，澳元对美元的波动率为 $10.46=\sqrt{109.42}$，约为10%。根据方程式（15.29），我们可以将表示货币风险的针对美元投资者的协方差矩阵转为针对欧洲投资者。我们这样做时无须重新计算协方差矩阵（生成一组新的交叉汇率），只需用美元协方差矩阵中的信息。当估算协方差矩阵的过程本身较复杂时，这种计算就会派上用场。

以欧元为基础的协方差为：

$$\Omega_{eel\ EUR}=\Theta\cdot\Omega_{eel\ \$}\cdot\Theta^{T}$$

$$=\begin{bmatrix}1 & 0 & 0 & -1\\ 0 & 1 & 0 & -1\\ 0 & 0 & 1 & -1\\ 0 & 0 & 0 & -1\end{bmatrix}\cdot\begin{bmatrix}109.42 & 37.99 & 55.65 & 55.83\\ 37.99 & 58.18 & 30.58 & 29.37\\ 55.65 & 30.58 & 101.87 & 87.36\\ 55.83 & 29.37 & 87.36 & 84.17\end{bmatrix}\cdot$$

$$\begin{bmatrix}1 & 0 & 0 & -1\\ 0 & 1 & 0 & -1\\ 0 & 0 & 1 & -1\\ 0 & 0 & 0 & -1\end{bmatrix}=\begin{bmatrix}81.94 & 36.96 & -3.37 & 28.34\\ 36.96 & 83.61 & -1.98 & 54.80\\ -3.37 & -1.98 & 11.32 & -3.19\\ 28.34 & 54.80 & -3.19 & 84.17\end{bmatrix}$$

注意，在我们变形欧元协方差矩阵时，用含 -1 的向量代替单位矩阵的最后一列，得到矩阵 Θ。我们可以输入两个特定数值检验这一结果。首先，直接用具有对称性的对数收益率，我们得到 $Var(S_{\frac{\$}{EUR}})=Var(S_{\frac{EUR}{\$}})=84.17$。对数收益率从1.3上升为1.4将被从1.4到1.3的下降抵消，这是另一货币视角的汇率变动：$\ln\left(\frac{1.4}{1.3}\right)=-\ln\left(\frac{1.3}{1.4}\right)$。如果我们用简单收益率，同样的方式将不适用：$\frac{1.4}{1.3}-1\neq\frac{1.3}{1.4}-1$。其次，我们也可以用方程式（15.28）检验我们的计算：

$$Var(S_{\frac{AUD}{EUR}}) = Var(S_{\frac{AUD}{\$}} - S_{\frac{EUR}{\$}}) = 109.42 + 84.17 - 2 \cdot 55.83 = 81.94 \tag{15.31}$$

这证实了我们的结果。然而，出现了另一个新的问题。当我们转换协方差矩阵时，最佳主动型头寸是否发生改变？也就是说，当我们为美国投资者和欧洲投资者组建主动型叠加时，我们是否需要组建不同的主动型投资组合？我们先看一组货币预测。假设我们正考虑方程式（15.21）中的利差策略。对于美国投资者，我们可以计算（假设对于所有回归，$\gamma_0 = \gamma_1 = 0$）：

$$\mu_{e|S} = \begin{bmatrix} c_{AUD} - c_{\$} \\ c_{CAD} - c_{\$} \\ c_{CHF} - c_{\$} \\ c_{EUR} - c_{\$} \end{bmatrix} = \begin{bmatrix} 1 \\ 4 \\ 2 \\ 1 \end{bmatrix}$$

其中，$\mu_{e|S}$指的是美元视角的货币超额收益率。所有预测都是相对于美元的。

比如，我们认为澳元现金头寸对比美元现金头寸，将表现出高出100个基点的绩效。对于既定的风险趋避参数 λ，主动型货币叠加的最佳解决方案为：

$$w^*_{e|\$} = \lambda \cdot \Omega^{-1}_{ee|\$} \cdot \mu_{e|\$}$$

$$= \lambda \begin{bmatrix} 109.42 & 37.99 & 55.65 & 55.83 \\ 37.99 & 58.18 & 30.58 & 29.37 \\ 55.65 & 30.58 & 101.87 & 87.36 \\ 55.83 & 29.37 & 87.36 & 84.17 \end{bmatrix}^{-1} \begin{bmatrix} 1 \\ 4 \\ 2 \\ 1 \end{bmatrix}$$

$$= \lambda \begin{bmatrix} -1.35\% \\ +8.12\% \\ +8.25\% \\ -9.31\% \end{bmatrix}$$

值得注意的是，头寸总和不为0，也不应为0，因为所有头寸都是以对美元来表示。因此，剩余现金头寸必定为美元头寸。因此，最佳投资组合是澳元空头头寸 1.35%，欧元空头头寸 9.31%，加元多头头寸 8.12%，瑞士法郎多头头寸 8.25%。所有交易都是以对美元来执行，我们有隐含的 -5.71% 美元空头头寸。

现在让我们为欧洲投资者寻找最佳头寸。我们不但需要根据方程式（15.29）转换协方差，还需要用同样的对数和同样的转换矩阵转换预期收益率。

$$\mu_{el\,EUR} = \Theta \cdot \mu_{el\,\$} = \begin{bmatrix} 0 \\ 3 \\ 1 \\ -1 \end{bmatrix} = \begin{bmatrix} 1 & 0 & 0 & -1 \\ 0 & 1 & 0 & -1 \\ 0 & 0 & 1 & -1 \\ 0 & 0 & 0 & -1 \end{bmatrix} \begin{bmatrix} 1 \\ 4 \\ 2 \\ 1 \end{bmatrix} \quad (15.32)$$

方程式（15.32）中的计算对收益率的预期值进行了变基。举个例子，如果一个美元投资者期望澳元对美元具有 100 个基点的优势，和欧元对美元的优势相当，则澳元对欧元的优势为零。

$$\begin{aligned} w^*_{el\,EUR} &= \lambda \cdot \Omega^{-1}_{eel\,EUR} \cdot \mu_{el\,EUR} \\ &= \lambda \cdot (\Theta \cdot \Omega_{eel\,\$} \cdot \Theta^T) \cdot \Theta \cdot \mu_{el\,\$} \\ &= (\Theta^{-1})^T w^*_{el\,\$} \end{aligned} \quad (15.33)$$

同样，我们只需要根据我们的转换矩阵，对针对美国投资者的初始解决方案进行变基。仔细观察：

$$(\Theta^{-1})^T \cdot w^*_{el\,\$} = \begin{bmatrix} 1 & 0 & 0 & 0 \\ 0 & 1 & 0 & 0 \\ 0 & 0 & 1 & 0 \\ -1 & -1 & -1 & -1 \end{bmatrix} \cdot \begin{bmatrix} -1.35\% \\ +8.12\% \\ +8.25\% \\ -9.31\% \end{bmatrix}$$

$$= \begin{bmatrix} -1.35\% \\ +8.12\% \\ +8.25\% \\ -5.71\% \end{bmatrix}$$

我们发现，两个方案完全一样。$w^*_{e|\,EUR}$的前 3 个输入项和 $w^*_{e|\,\$}$ 中的一样，第 4 个输入项是美元输入，是头寸总和的负值，为

-5.71%。反过来，欧元头寸等于总和为-9.31%的剩余头寸。这是一个重要的结果。从美元投资者角度（所有预测都是相对于美元，所有货币风险也是相对于美元）看，对于所有投资者而言，最佳主动型叠加头寸保持不变，不论他们的参考货币是什么。出于实际目的，这是非常方便的，因为它允许我们在不需要重新优化的情况下，将给定的投资组合转换为参考货币。

策略权衡

一旦运作一个主动型叠加策略，我们需要确定某项策略（动量、远期汇率偏误、流策略等）相对于其他策略的比重，并确定在什么情况下应该完全转换策略。第一个问题与策略择时有关，第二个与最终的策略终止有关。

投资组合优化

权衡策略的最自然方式是按历史绩效进行权衡，并运用一些技巧来处理使用过往数据而固有的估计误差。在这里，我们可以运用法博齐等人（2007）描述的全范围的投资组合优化模型。这类模型的基础基本是一个思想——根据定义，主动型收益率（阿尔法）应该不可预测，如果可以预测，那么我们的预测模型中一定缺失了某些因素。如果我们发现某一模型在上升的股市中运作最好，我们必须预测股市，而股市是不容易预测的。此外，如果过往股市会指示未来业绩，我们应该将其作为模型的输入因子。实际上，这些基于优化的运算随时间推移会使配置更顺畅（让配置不会对历史数据“反应过度”）。然而，正是这一原因让优化策略遭到指责。为了让策略更符合情景，有人建议引入转化开关，转向事前预期体制或事后已实现绩效。我们将评述两个最常用的方法：基于体制的事前危机指标（力求辨别过往货币危机发生之前的经济体制）和基于绩效的事后斩仓法则。

基于体制的权衡

先从变量 X 开始，X 可能为货币危机的主要指标。可能的替代选择有：买卖价差，股市绩效，贸易加权汇率，GDP 增长或其他相关变量。同样，我们可能想用主要成分分析法从一系列指标中提取共同成分。如果达到特定门槛 z，（标准化）变量 x 表示一场危机。我们如何得到 z？以所有实现值 $x \cdots\cdots x_m$ 的顺序统计，对于任何既定水平的截断值 z，将信号（s）和噪音（n）定义为：

$$n(z) = \frac{\#\text{随后没有发生危机(假警报)的信号}}{\#\text{没有发生危机的次数}},$$

$$s(z) = \frac{\#\text{有正确危机说明的信号}}{\#\text{发生危机的次数}} \tag{15.34}$$

每当 $x > z$，危机将发生（或不发生）。因此，一旦我们确定了货币危机正确的时间范围和定义（特定货币极其负面的绩效），我们可以用方程式（15.34）计算来自实证数据的每个 z 值。我们的指标被称为临界水平，即信号比率的噪音最小：

$$z = arg\ min \frac{n(z)}{s(z)} \tag{15.35}$$

注意在零假设 H_0（无危机）下，方程式（15.35）可表示为：

$$z = arg\ min \frac{prob(I\text{ 类误差})}{1 - prob(II\text{ 类误差})} \tag{15.36}$$

我们可以将假警报的概率解释为 I 类误差，将错过呼叫的概率解释为 II 类误差。

注意，我们的零假设是 H_0：无危机。基于体制的指标有什么问题呢？上述指标的时间范围将是 6 个月到 18 个月，而不是 1 到 4 周，这样将迫使既定信号在很长一段时间内暂停，大大降低策略的广度。这对于许多对危机风险敏感的策略（如远期汇率偏误策略或任何做空波动率策略）来说很危险，因为这些策略以收益的微小增量为生，平均来说是每天的增量。长时间放弃这些收益对于绩效是不利的。由于货币危机的不稳定性，发生假警报的概率将会很高（使得策略无人问津），所以正确预测危机是绝对无法保证的。

基于绩效的权衡

或者，我们可以采纳另一种观点，认为货币危机根据定义是不可预测的。毕竟，推动货币危机的或许更可能是货币的外因事件，有时是地缘政治事件。从业者常常用基于绩效的斩仓法则处理危机风险。研究在什么情况下斩仓法则能够提高绩效，在什么情况下又是不利的，这是人们值得去做的事。执行斩仓（止赢）法则在随机市场中将降低收益。基本上斩仓/止赢法则是 $x\%$ 的时间投入市场，$1-x\%$ 持有现金。

克里兹曼（2000）解释了投资者最好持有的投资组合是，股票 $x\%$，现金 $1-x\%$，而不是用这些概率随机择时。如果相关市场真是随机的，我们应该预期斩仓策略表现不佳。然而，如果既定货币策略的盈亏具有清晰的模式，结果将会不同。

让我们看看利差策略的例子。它的收益率呈上升趋势，提供持续的正向收益。然而在货币危机时，利差策略表现似乎大大低于市场表现——短时期内便失去了近两个月的绩效。在这种框架下，止赢策略真正意味着停止盈利。另一方面，考虑到策略逆转的短期爆发，斩仓法则似乎很恰当。我们既不能分散风险，也无法预测外因事件，那么我们至少需要确保我们在危机情况下的损失得到控制。

我们可以在图 15.2 中看到斩仓策略的潜在益处。虽然来自正利差（土耳其里拉的利率超过瑞士法郎的利率）的收益从定义上说为正，但贬值（累计）不足以消除正利差，如代表总收益的黑线所示。然而，我们还看到偶尔有非常急剧的下跌（如 2002 年 4 月、2002 年 11 月、2004 年 4 月和 2006 年 5 月）。任何斩仓法则如果能过滤掉起因于地方政策危机的极端事件，将大大提高绩效。要注意斩仓只是一个笨拙的动量策略，只有当下行动量在止损期还在继续时，才能增加价值（通过避免损失）。否则，停止投资的机会成本（主动平均策略收益率）将超出斩仓策略的益处。一个策略的夏普比率越大，那么该策略对下行动量的需求越强烈。

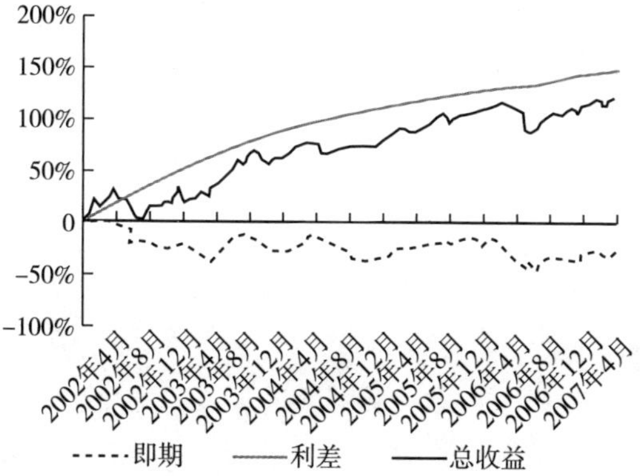

图 15. 2 利差交易：土耳其里拉多头，瑞士法郎空头

策略的终止

对于持续的不良绩效，我们要如何应对呢？首先，我们要将其归咎于主动型策略的正常变化，或者归咎于偶发的不利环境。不过，也有可能是竞争打破了实证规则性，发生结构中断，或更糟的是，异常从未存在过。策略的终止可能源于主观决定，在这种情况下，模型从会议中学习。或者，模型将从数据中学习（贝叶斯误差学习），基于优化的配置算法将失效。

第三篇　投资组合构建

第 16 章　风险评估与投资组合构建

对于我们理解如何实现更有效的多样化来说，马科维茨均值 – 方差分析法是一个巨大的进步与发展。然而，如果不能很好地评估这种方法的局限性，它也可能是所有定量投资中最风险的工具。在本章中，我们将讨论风险预测与投资组合构建。我们将分两部分进行讨论，尽管这两部分在严格意义上并不是独立的。在第一部分中，我们将评估有关投资的知识；在第二部分中，我们将运用这些知识去构建投资组合。

总体说来，在评估投资知识的过程中，我们想对投资组合的回报结果概率分布进行预测。本章最重要的议题就是对预期回报的评估。我们主要讨论回报的中心趋势，因为围绕回报估算的离差是回报结果总体离差估算的一个重要部分。

对于不同的机构和不同的人来说，风险管理的意义大相径庭。今天进行的大多数定量投资风险管理都是为了代理人利益而非投资代理人的服务对象即主要投资者的利益。当然，人们也建立了相应的控制系统来管理针对市场基准指数回报的追踪误差，管理可能导致投资经纪人资格被终止或对冲基金破产；管理增加值与追踪误差之间的信息比率，以展示投资经纪人的技能。这些原则各有用处。然而，本章只是针对投资主体而非投资代理人，因此，我们所说的是绝对回报和绝对风险而非相对回报和相对风险。

为了最大限度地提高预期长期复合增长率，我们需要一定程度的风险规避；要防止中期短缺，就需要更大程度的风险规避。正是由于这个原因，我们通常将风险规避看成是预期回报与预期方差之间的权衡参数。

我们可以从随机增长模型这一大环境中，以一个更好的视角去看待风险管理。我们可以通过公平对待方差和回报偏差与峰度的方式来评估风险对预期复合增长的影响，为风险管理提供更加完整的图景。回报偏差与峰度在下跌风险中起一定的作用。预期复合增长也告诉我们，当方差较高时，预期复合增长就不可能是最优的。最后，预期复合增长对于风险规避也有深远意义。假设我们管理的不是总资产的预期增长率，而是减去投资者负债和未来财务承担的现值之后的净资产，那么我们就可以在复合增长率最大化的目标下，通过指定准备金率来实现任何程度的风险规避。成功的交易者都十分熟悉在实际操作中的多时段风险控制政策。

组合风险预测

马科维茨均值－方差分析法简化了发现最佳短期投资资产组合的过程，我们可以通过这个模型达到目标。这种简化过程既有其优点也有自身缺陷。马科维茨均值－方差分析法的目标是使下面的公式最大化：$X'R-\lambda\ (X'VX)$，式中 X 指资产权重加上单位的矢量，R 指矢量的预期回报，λ 指风险规避参数，V 指预期协方差矩阵。我们应该注意，债务可能包含负权重。协方差矩阵是由本身为点估值的要素组成的。它们通常是投资组合中每对资产的标准回报偏差与相关系数的点估值。权重模型建立在组合中每项资产的权重基础之上，使我们了解组合回报分配方差的点估值。相比之下，一个完整的贝叶斯定理涉及各种均值、方差和协方差的概率，所能提供的回报结果离差要好于马科维茨均值 - 方差分析法。

估算方差

协方差矩阵的对角线要素就是每个资产的估算方差。估算每个资产回报方差的通常程序是估算其历史样本方差。例如，如果我们可以获得一些数据，我们既可以通过 5 年之内每个月的数据计算方差也可以通过 3 年之内每周的数据来计算。这种估算会提出一些实际问题。

足够的观察量

我们经常忽略的一条定律是，当我们把尺度从均值上升到方差时，需要足够的观察量才能达到更精确的估算（在涉及偏态和峰度这样的系数时更是如此）。如果通常的做法是使用 5 年之内的月数据和 3 年之内的周数据，这就不是建立在深层的分析基础之上了。在其他数据相同的情况下，预测一个年方差的过程中使用 1 年之内的每天数据要比使用一年之内的 12 个月回报数据更准确。也就是说，高频率的样本数据能够使我们获得更精确的结果。这里唯一需要注意的是，从一个测算间歇周期到另一个间歇周期的简单缩放比例取决于独立回报，以至于长期的方差接近于短期方差的总和。

向下偏误

一定时段的历史方差只能为我们下一阶段要面对的离差提供部分数据。那些历史数据忽略了我们估算的平均数方差，也忽略了我们估算方差的方差。在任何小样本中，基于历史数据我们有多种可能低估真正方差。也就是说，真正的方差不能比我们估算的方差小太多，因为它被限制为负，但可以大得多。在贝叶斯的统计方法中，由于缺乏研究性工作，定量投资人可能尝试使用历史数据的次样本，以了解在方差估算中会产生什么程度的泡沫以及建立在估算平均数之上的无偏见预测方差。

平均数估算中的离差

在接下来的投资阶段中，我们要面对回报概率分布中的离差部分，当然可以通过高技能赢得市场，从而降低离差。回报来源于平均数的不确定性。但是，一个相对简单的有力措施是利用其他投资者的估算，而对于自己的平均数估算只给予部分权重。也就是说，将自己的估算向着一致价值收缩。在没有专家组委员会的情况下，也许更有效，人们可能会因为假设典型风险规避、市场定价模型或对协方差模型的估算而放弃一个关于预期回报的典型普遍观点。这就是布莱克和李特曼（1992）提出的方法，使用资本资产定价模型作为出发点。换句话说，如果你所操作的是一些相似类型的股票，并试图估算回报差异，一个简单但相对有效的方法就是将你所做的回报估算差异缩小到零。这与一些预言家的倾向一致，不论他们的预言是建立在定量模型基础上还是带有判定性质的，当然，他们都过于自信。

不稳定参数

同样，如果在时间序列分析方面没经过高级培训，投资者如何处理那些真正方差中可能存在不稳定性这样一个事实？股票市场上一个典型事实是，波动性总是聚集在一起，集中出现。也就是说，一段时期的强烈波动之后，很可能接着出现另一段时期的强烈波动。同样，对于微弱波动也是如此。我们可以在过去回报平方的基础上，与回归回报的平方对数进行对比，假设平均回报接近于零，然后构建一个以最近观察到的方差为函数来估算方差的自动回归模型。更高级的时间序列模型方法将给出更精确的结果。

波动性上的长期趋势使我们不得不考虑如何权衡历史观察值，以及在收集观察值方面要追溯到什么程度。例如，2006 年，期权价格波动率指数显示，在标准普尔 500 指数股票价格上，其显示的波动性要比 10 年前低得多。

虽然自回归条件异方差模型和卡尔曼滤波工具之类的时间序列统计方法对于那些接受过时间序列分析训练的人来说十分有用，但对我们中的部分人来说，一个更实际的方法是，使用更近的高频数据去评估当前的波动性。例如，一个敏感的投资者不会使用 5 年前的月度数据或者 3 年之内的周数据去评估波动性，而可能使用最近的日数据。更有趣的方法是，使用长期的低频数据去估算一个基点，然后，在高频数据的基础上，使用短期调整去覆盖这一基点。

指标

波动率指数等期权指数的价格体现了市场对标的证券未来波动性的评价，如对标准普尔 500 指数方差的评价。模型将方差分解成不同来源成分也许有用。

信息浪费

考虑到对相似证券的估算，每种证券的回报方差估算可能会有实质性的改进。只有借助贝叶斯分层模型，我们才能抓住这个机会。但是，一个更具实践操作性的方法是将单只证券估算加权汇总，然后与相似证券的估算平均数结合起来进行试验。也就是说，估算向着同类股票均值收缩。

估算相关性

在本章的撰写过程中，笔者试图放弃相关性这一概念，并直接讨论协方差估算（这样会更安全些），而不是单独的标准差和相关性的点估算。但是，由于通常的用法是处理相关性，所以对读者来说，通过该方法处理这个问题也许更有用。从过去样本数据中估算相关性通常受小样本误差的影响，还受不稳定关系的影响。同时，当我们沿着协方差矩阵的方差对角线移动时，建模时间变化较大成了多参数估算的问题之一，并变得相对更有挑战性。我们如何才能使得这个结果与协方差矩阵对角线的方差以及与隐藏在正负之间的隐含相关系数保持一致？解决方法之一就是至少在近期高频数据基础上估算方差，而在一个完整的样本基础上估算相关系数。虽然这在数学上是更加方便的，但是对实际应用来说，对来源数据进行人工分离是否能够得出一个比直接估算协方差更好的估算，这还是个问题。

高频观察

和回报方差的例子一样，求助于高频样本观察去处理小变量和参数的不稳定性在一定程度上来说对相关性用途不是很大，因为在通常条件下，时间标度之间转换十分不精确。例如，在两个股票回报系列之间，其日间距测算为 0.5，但是月间距测算为 0.7，人们可以看成是这两只股票之间的相关性。

规模问题相依性

对马科维茨均值 - 方差优化模型来说，协方差或者相关性估算精确性高度依赖于资产的数量。我们注意到，虽然被估算的方差数量随着资产的数量线性上升，但协方差或者相关性估算的数量随着资产数量的平方值增加。因此，资产数量越大，协方差矩阵中包含某些非真实的估算相关性概率就越高。后来的通过均值 - 方差优化进行投资组合构建把更多与比例不匹配的权重授予这些证券。长期投资组合中，高权重只会分配给那些显示相关性很低或为负的证券配对。在长短期组合中，如果一组证券之间具有较高的正相关性，那么它们就会被选为多空配对，其中一只证券对冲另一只证券。

针对规模问题的各种解决方法

其中一个解决方法就是将我们自己限制在少量的资产问题上，例如 5 ~ 10 项资产，这个数量对于策略性计划或者个人投资互惠基金和外汇贸易来说都是足够的。另一个常用的方法就是在基金构建后期对较糟糕的估算进行补偿。这种补偿既可以通过对单仓大小进行限制，也可以通过将多层次投资组合的平均数与不同相关性估算进行整合。第三种方法是对问题进行进一步分析，而不是使用未经修改的样本相关性。这种方法通常被一些风险估算的商业卖主用于管理具有大量资产的投资组合。

缩尾化

在计算相关系数样本之前就将回报原始数据缩尾化处理可以提高相关性估算的质量。这涉及将相关性数值最大化或最小化，以减少异常值的影响。例如，我们可以在排名回报中段 95% 这个基础上，计算一个变小的标准差，然后在高于或低于样本平均数的 3 个标准差基础上进行外部限制。然后在计算相关性之前，用这些外部限制取代这些限制之外的回报价值。

因素分析中的相关性估算结构

假设我们对回报进行最小二乘回归，使用一套普通的变量，显示 10 组数据。取平均值，我们计算每 500 种股票的回报变量为 90%。然后，我们就可以通过 10 × 10 矩阵代替大规模的 500 × 500 矩阵来简化协方差的结构，加上 10 个回归贝塔回报和每只股票单独的未解释风险分录。以假设每只股票的未解释变量与其他股票的未解释方差之间不相关的误差为代价，我们减少了被估算参数的数量，从 125 000 个减少到 6 000 个，每只股票有 10 个回归系数数据，加上未解释变量的一个方差，再加上 10 × 10 协方差矩阵中的预测变异。如果现实变量之间也凑巧不相关，我们进一步减少参数的数量，即清除小变异矩阵中的非对角要素。如果我们将变量称为“因子”，就能理解因子分析效益的实质。这些因子可以是经济变量、行业和股票特征，或者是通过回报模型中主要成分或因素分析构建而成的其他特征。

对于过去几年的周回报纯数据分析也可以显示出多种结构，预示着未来几个月的回报趋势。如果你想不加修饰地控制风险，就会对以上结果感到满意。这种方法的缺点在于表面上的主要因素或成分在通常情况下会随着时间的推移要么变得没有任何价值，要么变得不稳定。

也许最流行的方法是将股票以行业为标准进行组合分类，每个行业筛选一个因素，然后将该因素与 12 个特殊的多空投资组合因素联系起来，每个因素体现一个特殊的维度，如高市价率或低市价率、大规模资本化或小规模资本化，等等。随着国际投资时代的到来，考虑到国家和货币效应，这种风险模型可能变得更加复杂。

下面讨论其他两种方法。一种是将资产种类指数回报的波动敏感度作为回报因素。这些因素包括股票市场因素、债券因素、小股票因素、成长股因素、价值股因素等。另一种方法基于对外部经济刺激而变化的敏感性因素，包括利率变化、通货膨胀、工业生产等。

反对纯粹数据方法即回报模型因素分析方法的主要观点是，对于一些积极型投资经纪人来说，他们能够区分哪种情况是偶然的，哪些风险对于想要得到的回报是必须承担的，这一点很重要。正是由于投资者下了大赌注，希望能够减少风险的同时获得相应的回报。同样，这样做与普遍的过度自信一样，这种过度自信会导致低估有关预测的离差。更有甚者，它会妨碍基于股票特征的稳定因素波动预测。

当你需要时，多元化已经在了吗？

实证观察得出的结论是，对于一些大规模的降价来说，回报相关性较高。如果整体上波动性小，每种股票的单独性波动可能就是独立的。然而，在 1987 年 10 月的股票恐慌时期，全世界的股票回报相关性都大幅度提高。这常常归因于部分分割市场在极端情况下的整合。这给我们的启示是，多元化并不像表面看起来那样有价值。然而，这种观点忽视了股票价格既受普通因素影响，也受一些特殊原因影响。尽管投资组合中资产的特殊风险形成的多样化收益可能保持稳定，但一旦因素波动上升，观察到的相关性也会上升。如果因素分析方法在因素变化上保持日常更新，那么这种方法就能帮助我们更好地理解和处理这种问题。

贝叶斯模型的收缩

对马科维茨均值－方差优化分析法来说，在样本输入上，另一种减少误差和使用信息的方法是使用斯坦估计量，也称收缩估计量，因为其将外围的估计缩小到隐含贝叶斯先验或分组平均水平。正如前面的布莱克－李特曼模型中所提出的那样，斯坦估计量可以运用于预期回报中，也可以运用于协方差矩阵中。

最后，还有些临时的特别方法，既具有斯坦估计量的属性，也具有因素分析方法的属性。例如，针对不同的股票，我们可以集合一个贝叶斯先验方差矩阵，该矩阵在方差对角和所有的暗含相关系数上是对等的。然后，样本方差矩阵中的实际差异部分朝着这个先验方差矩阵缩小。另一种方法是将股票进行分类，然后计算同一类型股票每个时段的平均回报。最后，计算不同类型股票之间的相关性。这些可以和每种股票类型的平均标准差结合起来，建立一个贝叶斯先验方差，不论是作为缩小目标还是作为最后的估算，该方差可以运于原始股票协方差矩阵中的每个要素中。

风险价值

如果能够知道均值、方差和概率分布状况等信息，就能预测某一回报或未来两周某一回报突破某个特定损失差额点的概率。同样，如果回报达到了99%（比这更高而不是更低），就能说出可能涉及的损失。这就是风险值计算原理，在上一个10年间，这个原理已经十分流行。正如我们原先使用的那样，假设回报正态分布或者对数正态分布，那么基本上可以将均值和方差等统计参数转换成更实质性的测算，即突破差额点的概率。在出现风险的情况下，这种实质性的测算可能更容易促使人们采取一些矫正措施。通过使用蒙特卡洛模拟方法，这种实质性测算变得更加有效，以至于多种风险来源之间的互动也可以模型化。这样做也可以在投资组合中添加那些衍生股票，产生极端偏态和长尾概率分布情况。非线性衍生产品的开启，以及随着人们逐渐认识到常规统计在处理厚尾分布时易于导致严重错误，都会助推风险价值的实现。

高阶动差风险

风险价值模型的缺点是不能很好地适应整体资产配置和多元化的问题，这可以通过马科维茨均值-方差优化分析法加以解决。正如前面已经谈到的，运用各种工具，均值-方差优化分析法可以应用于常规的、多样化的非衍生产品长期投资组合中。如果每隔一段时间重复使用，均值-方差优化分析法会导致长尾或偏斜回报分布不能进行累加。对于有效多元化和资产分配来说，这种均值-方差优化分析法是一种十分有效的方法。然而，对于高效对冲基金来说，这种方法显得不够，尤其是对于衍生股票的使用来说更是如此。衍生股票的价值以非线性的方式波动。例如，在证券间估算相关系数中所犯的小错误可能暗示着针对杠杆多空头寸投资的风险相对增加。即使是那些最老练的专业投资人士，在对华尔街上一些复杂衍生股票的投资风险特征进行描述时，也会面临很大的困难。

在非线性的情况下，优化投资组合构建的不同程序在有关投资的文献中经常出现。通常这些文献被证明是对的，因为它们认为方差并不能准确反映风险，投资者只是关注向下的波动。虽然公平地说，相对于半方差、索提诺比率、奥米加比率等方法，这种观点在具体情况下是一个十分有用的工具，但是这种观点忽视了这样一个现象，在实践中，方差是潜在下方损失的一个指标。针对这个问题，一个更符合逻辑的辩护性攻击就是这样一个模型，如果产生实质性差别，回报率的高阶动差风险将风险规避分开。沿着这条道路，研究者们取得了一些进步，最著名的是哈维、戴维斯、卡特和卢等，他们充分考虑了偏态和协方差。但是，我们仍需注意，在精确估算协偏态和协峰态的大规模矩阵过程中，数据统计问题要比协方差矩阵的数据统计复杂得多。

投资组合构建

至此，很明显，有效使用马科维茨均值 - 方差优化分析法需要一种对风险估算十分有效的方法。随着我们进入组合构建过程，显然需要一些其他技能。

顺带提醒一下，对于投资者来说，在马科维茨均值 - 方差优化分析法的使用上不走旁道，这一点很重要，不要将马科维茨均值 - 方差优化分析法当成控制窄基准跟踪误差的主要方式，将其作为比测算投资经纪人技能更合适的方式。否则，当美国股票市场达到 1998 年初的高度时，谁还敢为小心投资辩护？风险预算是标准普尔 500 中 3% 的年度预测跟踪误差，这对投资经纪人来说是不可能的。

现在我们讨论对马科维茨均值 - 方差优化分析法最有效的运用。这是一个数学算法问题。选择资产成分的权重，使整个投资组合在下一个投资时段能够将预期回报最大化，能够调整各种风险，适应各种限制。风险调整要减去风险规避参数与投资回报方差之积。

关键假设的处理

要了解使用马科维茨均值 - 方差优化分析法的投资组合构建在什么时候效益明显，什么时候效率低下甚至起到相反效果，我们就需要了解这一分析法背后的假设。

相对均值和方差的运用

前面我们已经提到，要使用马科维茨均值 - 方差优化分析法，就需要将它们运用于整个回报，而不是相对于市场基准的偏差中。

风险规避是可知的

该方法最大的问题是缺乏计算风险规避的合适方法。没有计算方法时，我们可以估算出投资组合中可达到预期回报的每个最小风险有效边界，但不知道选择哪一个。大多数的投资者根据其主观回应或根据类似投资者的典型实践进行操作。

单周期模型

我们知道，交易成本削弱了未来机会将独立于我们现在所作所为的假设。单周期模型特别适用于竞争性强、流行性强的证券市场。

一旦一个优化模型不断被使用，交易成本将对结果产生实质性影响。基于交易成本的推销价值，我们可以通过调整证券买入、持有和卖出的预期回报来反映大部分影响。这里存在的一个近似值是延期到下一个交易的摊销时段长度，只能从投资组合平均营业额中进行粗略估计，该近似值也与这一时段选择的权重有关。十分敏锐的投资者可能会与采用多时段优化程序的专家协商，以挤压由于对交易成本和预期回报衰减充分考虑所形成的深层优势，预期回报衰减是由于某种积极回报因素随着时间的流逝而形成的。

风险度量中方差的适当性

在常规的多样化长期投资组合中，许多单只证券回报的偏态和峰度都会分散。我们能够看到的只是投资组合作为一个整体的属性，显示的只是相对较小的偏态而非中度峰度。然而，如果投资者使用的是衍生证券，均值－方差优化分析法可能就显得不够（参见戴维斯、卡特和卢，2004）。

在投资和金融学术文献中，常有人断言，如果回报呈正态分布，马科维茨均值－方差优化分析法就是真正最优的方法。这是一个长期存在的误解。虽然回报正态分布完全由均值和方差决定，但是回报正态分布不能表述为方差的线性函数。回报正态分布是方差平方、方差立方等的函数。隐性的假设是，方差足够小，投资者效用对方差的敏感性足够低，因此更高的幂次无关紧要。只有当决策之间的时间间歇无穷小并且定价没有间断跳跃的时候，这一点才完全正确。

均值和方差的单点估算

前面我们已经讨论了如何获得更好的单点估算，但是，一旦资产数目过大，即使是最好的风险单点估算也不会产生优化结果。这是由于投资者优化组合的高度非线性过程导致的。（对数学家来说，要考虑逆矩阵）。假设我们不是对均值、方差以及相关性做点估算，而是对它们的每个概率分布有所了解。我们随机从这些概率分布中抽取方差的初始值，然后计算这些值的相关性，最后计算这些值的均值。现在运用你对方差和这些输入的规避，用均值 - 方差法进行优化，并记录每只证券在投资组合中的最后权重。这个过程重复 1 000 次。

现在，对 1 000 次试验中的每种资产记录权重进行平均。最后得出的投资组合与通过米契（1998）提出并取得专利的重复取样方法所产生的投资组合十分相似，尽管不尽相同。

足够的计算设备

在电子制表（Excel）程序中，我们可以制作一个简单的均值 - 方差优化模型。随着资产数目的增加，我们开始考虑交易成本，以及对营业额的额外限制，这一简单直接的程序涉及使用 Excel 解决方案中的插件，鼓励用户额外支付一些商业应用的优化软件。具有定量倾向的投资公司可自动将其投资过程的大部分操作纳入到这样的程序中。对于拥有数学思维的人来说，我们应该注意到，目前使用的大多数优化程序软件依据的是与使用点估算的二次方程式程序相类似的问题解决方案。

实践中的其他考虑

风险估算技能并不能揭示应用均值－方差优化模型获得较好实践结果所必须的知识。除此之外，我们还有哪些方面需要了解呢？

输入变化上的敏感性

许多人发现，优化模型产生了每个月看起来完全不同的解决方法。这是非直觉的，也致使人们在输出上失去信心。在输入中，面对数字上的误差，解决问题更有效的方法是限制这种波动。另一个有效方法就是确认客观函数中增加了现实交易成本。这样就可以过滤许多投资组合变化。如果这些步骤还没有解决这些问题，我们也许就应该改变自己的直觉认识，也就是说，那些对你我看起来完全不同的投资组合，可能是由于集中在不同的行业，这些投资组合对于优化程序来说是相似的，因为这些投资组合预期回报和风险水平十分相似。

要了解交易成本的影响，就应该将每个资产看成 3 种形式之一：持有资产、购买资产和出售资产。一旦发生转移，就会产生购入或出售形式的资产预期回报。作为资产配置，这种回报的吸引力就会小得多。

限制

对多头投资组合来说，除了对权重的典型非负数限制和使所有权重加起来为 100% 这样一个预算的限制外，也可能增加各种针对马科维茨均值－方差优化模型的不同偏离，但仍然保持令人满意的特性，这种特性就像一个可以通过爬山可以反复达到的顶点。在算法允许范围之内的限制类似于二次方程程序，包括对权重的线性限制。例如，每种资产所占的最大比重不超过 3%，或者投资组合的股息率不低于 4%。对风险控制来说，头寸约束是自动防故障装置。投资经纪人也可以用这种装置满足客户的要求。例如，任何股票与市场基准权重的偏离不超过2%，或者任何行业股票的积极权重不超过5%。或者投资组合中不超过10%投资在新兴市场，等等。

我们对均值－方差的估算与后面投资组合构建过程的兼容性如何？其中最有趣的一个测算就是由克拉克（2002）提出的“转移系数”。然而，在预测和现实投资组合回报之间还是存在更综合的比率，或者说很大的差距。

我们可以将积极权重定义为投资组合权重与市场基准指数权重之间的差异。对积极型投资经纪人来说，将资产回报预期和后续回报间相关性与积极头寸和后续回报间相关性进行比较，是有启发意义的。（在不同的情况下，差异比较或者比率比较是实际操作中最有用的比较。）即使投资者在回报预测上十分突出，风险管理、交易成本和不同限制叠加起来的影响（这些限制虽然是令人满意的，但并不是马科维茨公式的组成部分），也会显现出积极头寸与后续回报之间相关性减少。笔者曾经观察到，在实际操作中，有高达80%的有效预测信号丢失，因为对回报估算和组合构建之间的匹配关系没有给予充分的关注。

还有些限制并不符合为找到一个最佳解决方案而设计的数字优化程序。例如，人们可以对优化软件增加一个工具，以确保批量产生推荐性的交易。这种限制在实践中作用很大，但是可能使得优化算法很难找到最佳解。

从个体说来，每个限制都有一个合理化目的。但是，综合来说，如果只注意更好地进行风险度量，人们通常会关注建立一个详尽的限制系统。对限制的需要通常依据的是输入数据可能是错误的假设。一旦这些数据得以更正，最好是将限制放宽，以确保除了在个别极端的情况下不受限制。

交易管理

在积极管理中，控制交易的最有效方法是通过强调持久稳固的回报预测要素来预测回报。然后，计量经济学问题变得具有挑战性：要么大规模降低自由度，要么重叠观察，这需要更尖端的统计知识去完成。换言之，人们可以将预测输入变量在预测回归之前输入，以指数方式平滑所有预测输入变量。这有利于让人们在常规的假设验证和置信区间框架内与非重叠性回报观察保持一致。不论哪种方法，都能提高预测的稳定性。也就是说，人们有时可以通过放弃某些高频率预测换取更稳定的预测和更低的交易成本，以提高投资组合的回报。

多层次

将资产配置的所有问题细节都包含在一个优化程序中并不是好办法。前面我们已经讨论了随着资产数目的增加在协方差估算中出现的问题。在积极预测不同资产种类回报时，另一个问题又出现了。例如，将股票和债券分配至一个全球性的投资组合中也会出现问题。结果是大量的股票预期回报过高，使得股票在投资组合风险所占比例过高，从而导致投资组合中股票的权重远远高于债券所占权重。

对于美国的投资组合来说，虽然点估计是一个相对次优化的策略，但更安全的程序就是首先根据每种资产种类的平均特征对股票和债券进行配置。然后，我们可以运用得到的结果以次优化配置的方式对股票和债券的总体比例进行限制。另一方面，如果全球性的投资组合包括了国际股票和债券，那么它不会受到汇率波动的冲击，且股票和债券之间的货币相关性会使得这一分级过程更具风险。

第 17 章　风险预算

“风险预算”这个术语在金融界变得流行起来，主要是由于很多备受关注的交易灾难发生，例如，1993 年德国金属公司在石油期货交易上的损失超过 10 亿美元，1994 年保洁公司要承担 1.57 亿美元的利率损失，1995 年的巴林银行丑闻，1998 年长期资本管理大恐慌，2006 年美国一家基金公司在一周内交易亏损了 70 亿美元，以及大量其他对冲基金崩溃，都激发了人们对风险评估、风险容忍以及下跌风险的兴趣。风险预算，或通常所说的风险配置行为，在日益增多的投资词汇中已成为被引用最广泛的术语之一。

风险预算和现代组投资合理论（MPT）紧密相连，后者起源于马科维茨 1952 年提出的均值 - 方差分析。几十年以来，它一直是现代投资管理操作的基石。MPT 表明，当投资者面临创建投资组合任务（或投资组合选择问题）时，他们将会在风险和预期回报之间达成平衡，以确保在一定水平的组合风险上获取的投资组合预期回报最大化（这里风险定义为方差，或等同于投资回报的标准差）。更通俗地说，对于投资者而言，其所冒风险必须得到一定的补偿。由此，我们不应该孤立地看待风险预算，而应该从概念上把它同投资的潜在回报联系起来。就其本身而言，我们认为，在投资组合选择或资产配置的框架下，阐述风险预算的概念和理论是非常重要的。

紧随马科维茨的均值－方差分析理论之后，许多研究为风险和回报与效用最大化之间的联系提供了经济学基础。这些研究主要依据个体将会最大化从财富或消费中获得的效用这一概念。尤其是均值－方差分析假定投资者仅仅关注资产回报配置中的前两个统计矩阵（即均值和方差）并假设投资平台是固定在一定时段之内的。在这些有关效用函数或资产回报产生过程的假设之下，效用最大化问题就等同于均值－方差最优化。例如在后者中，多时段的投资平台问题就简化为单时段投资问题。尽管这些假设本身看起来存在诸多疑问，但是均值－方差最优化框架因其实用性及其使用的简单性使它在投资管理领域占主导地位。

本章的主要目标是提供所需的总体框架和技术工具来制定投资问题，并对不同相关投资机会的风险做出最优化的风险分配决策。首先，在投资管理中区分两类参与者是非常重要的，即投资者与投资经纪人。这里的投资者代表那些为达到自己目的而进行投资的人，而投资经纪人则代表那些被分配投资目标进行投资的人。

为达到这一目标，本章把风险预算定义为一个框架，用于制定、分析、实施相关投资机会中的最优化风险配置。这个多步骤过程的核心是最优化风险配置或解决投资组合选择问题。

为什么关注风险

认识风险

在哲学上用一般术语定义风险具有挑战性。这个词经常被用到，但实际上很少有人去定义它。在本章中，我们具体地把风险称为投资风险，把它定义为某一特定投资机会的结果的不确定性。对于风险的完整描述仅仅能从可能结果的概率分布中获得。例如，假定某个人某月在标准普尔500指数中投资100美元（用本月获得的股利再投资），对于此次投资的月末值概率分布，我们可以大致地通过绘制柱状图来表示，如图 17.1 分图 A 所示。

我们还可以考虑投资值（即投资回报）的百分比变化，并通过标准普尔 500 指数总回报的柱状图来描述投资风险（见图 17.1 分图 B）。总的来说，可能结果越分散，投资风险就越大。但是，直接比较两个分布图不是特别有效，因为它们包含了所有可能结果的值以及对应的概率信息。图 17.2 展示了标准普尔 500 指数（分图 A）和纳斯达克综合指数（分图 B）的每个月总回报分布。我们可以很清楚地看到，纳斯达克综合指数回报的分布更离散，风险更大。然而，我们仍需要更好的方法来描述这些分布的离散度，为的是更准确地比较它们。其中分布离散度测量中最常用、最简单的变量是方差、平方根或标准差。

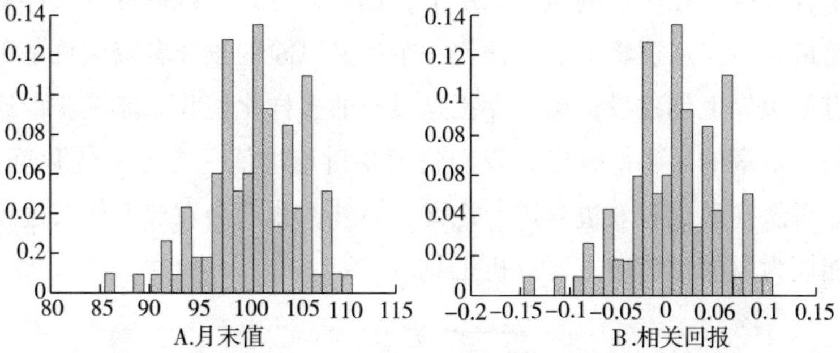

图 17.1　月初在标准普尔 500 指数中投资 100 美元，月底值柱状图和相关回报（1996 年 1 月—2005 年 12 月）

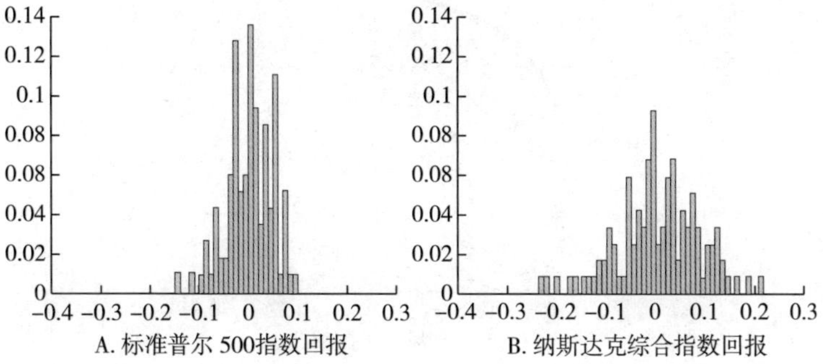

图 17.2　比较两种分布

认识均值－方差分析

马科维茨在1952年正式提出了把风险和回报均衡的概念用于投资问题分析，假设一个投资者在面临一系列投资机会时，将建立一个投资组合，以在规定的方差（或称标准差）水平上获得最大的预期回报。这种理念可以通过著名的均值－标准差图或有效边界表示，如图17.3所示。有效边界图上的每一个点都是3个假设投资的线性结合（即投资组合），表示在特定组合标准差回报水平上的最大化组合均值回报。为了便于比较，我们还展示了1 000种随机权重的投资组合。我们注意到，边界图的上半部分绝对不会落在所有资产的任意组合均值和标准差之下。从根本上讲，这就意味着相对于任何其他的投资组合来说，在一定的风险水平上，以优化方式组合投资所获得的回报是最高的。从逻辑上讲，任何一个规避风险的投资者应该总是尽量在有效边界上创建投资组合。正是投资的多样化使我们能够获得这一结果。本章的后半部分中，我们将简要讨论均值－方差最优化问题，同时对怎样形成有效边界进行论证。另外，我们会发现为什么这种方法能成为风险预算的主要分析工具。

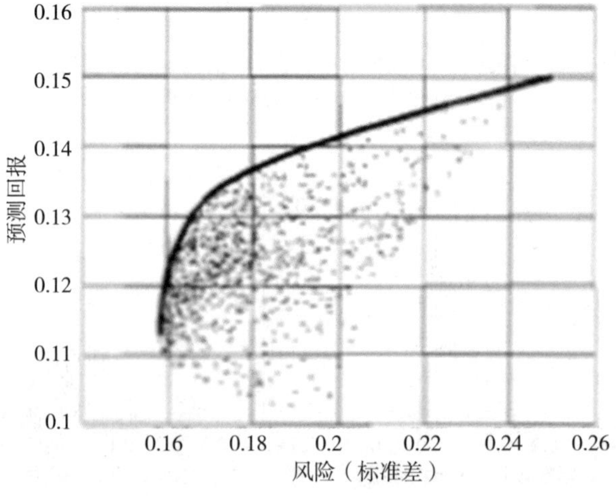

图17.3　有效边界实例

风险与回报间平衡的依据

均值－方差分析假定投资者能够在风险和回报之间达到平衡。这种假设听起来很合理，但这到底是为什么呢？在均值－方差框架中，达到平衡最简单的动因是存在下一周期财富的风险规避效用函数。我们假定投资者把此次投资决策当成把当前财富转移到下一周期（即为下一周期消费节约资金或仅仅是为了增加资产）。投资者通过效用函数把投资的可能结果同自己的满意度联系起来，进而把不同水平的满意度分配到不同回报结果。如果我们对效用函数做出合理的假设，那么一般情况下，在特定的风险水平上投资者会更愿意获得更多回报。

效用函数的关键假设是风险规避特性，从专业术语上讲，我们要求效用函数不断增长，凹形效用函数表现为在不断增长的基础上增长。简单而言，不断增长的效用函数和凹形效用函数主张效用越多越好。但是新增的“一点点”无论如何不如之前的那么令人满意（即边际效用在降低），这一概念如图17.4所示。因为一项投资的可能结果在一个周期中会产生不同水平的财富，投资者将会把自己的效用同本期末财富联系起来。假定效用水平随财富增长，但还存在凹形曲线。

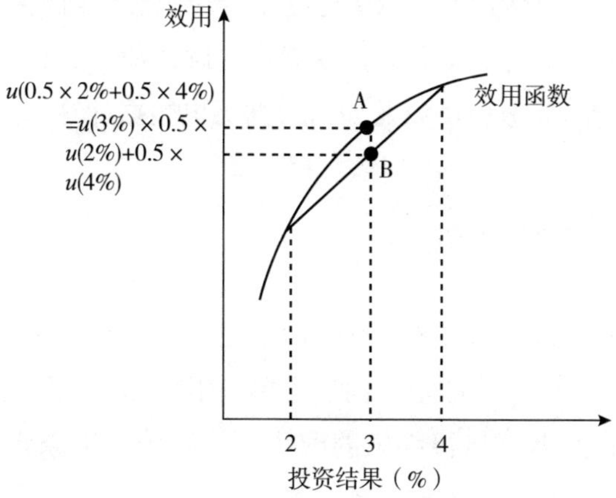

图17.4　风险规避和凹形效用函数

具体来讲，假定一个投资者面临特定的风险投资机会，在一个投资周期末会有两种可能的结果。这一风险用概率分布可描述成：50%的概率获得2%的回报和50%的概率获得4%的回报。此次投资的预期回报仅仅是3%（0.5×2%+0.5×4%），可以肯定的是，所得到的3%回报效用远比有50%的概率获得2%的回报和50%的概率获得4%的回报大得多（见图17.4的点B）。这正是凹形效用函数创造的结果。换句话说，如果投资者面临肯定会获得3%的回报和有可能获得平均3%的回报这两种结果时，投资者总是会选择前者，这其实是规避风险的一种表现。为了诱导投资者接受不确定的结果，必须提供更高的预期回报。

风险测算

在一个周期内存在某一个投资机会，对该投资机会的风险完整描述体现在下一个周期的回报分布中。假定现在有一个投资机会，那么从现在到下一个的周期就会产生一个随机的回报 R，现在投资1美元，到本投资周期末就会增长到 $1+R$ 美元。实际上，根本不知道随机回报 R 的真正分布，但是使用历史数据能够估计这些信息。前文讨论的标准普尔500指数和纳斯达克综合指数总体回报柱状图描述了这些投资回报的历史概率分布。本章将探讨几种常用的测算方法，描述回报 R 的分布离散程度以及如何根据历史数据计算它们。

离散分布与连续分布

到目前为止，我们使用了柱状图描述概率分布，这些图显示了结果可能落在某一个具体的范围内。想象一下，如果我们把柱状图中结果可能出现的范围分出很细微的间距，柱状图中的条形柱就会非常细，条形柱的上端将会连成一条曲线。结果落在一定范围之内的概率可以计算为曲线下方的面积。由此产生了连续概率分布，其中概率曲线被（或概率密度函数）描绘成光滑的连续线条。结果落在某个范围之内，那么概率是该范围之内曲线下的面积。图 17.5 说明了一个连续分布，结果落在概率密度函数曲线下阴影部分 a 和 b 之间，下面将使用连续分布的例子说明在风险测算方面分布形状有所不同。

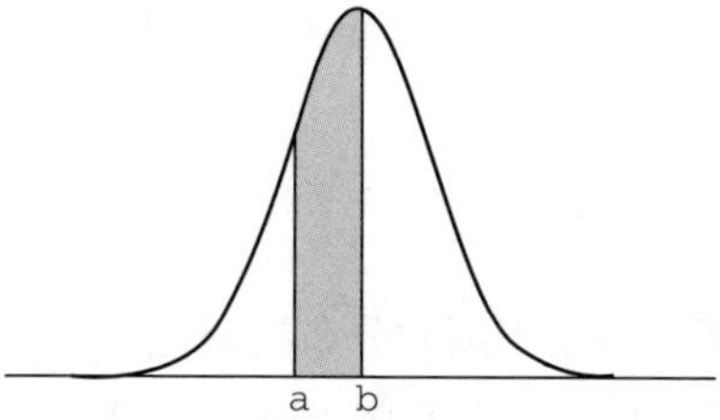

图 17.5　连续概率分布

传统测量

方差与标准差

方差最常用于测算分布的离散度，也是在马科维茨均值－方差最优化框架中使用的风险概念。它仅仅通过从历史数据样本中的各数据与样本平均数之差的平方和的平均数取得样本方差，用 σ^2 表示，公式如下：

$$s^2 = \frac{1}{T}\sum_{t=1}^{T}(R_t - \overline{R})^2 \tag{17.1}$$

式中 T 代表历史回报的可观察数量，$\overline{R}$ 是历史数据的样本平均数，标准差 σ 是方差的平方根，表示数据有相同的单位，方差是每一个样本单位的平方。图 17.6 表示具有相同平均数而方差和标准差不同的两种分布，方差和标准差值较大的分布（点状线）比另一条线更分散（即风险更大），（注意：这里忽略了样本方差有偏差和无偏差之间估计值的区别，当样本足够大时，区别消失，为了简便起见，我们使用偏差估值。）

图 17.6　相同平均数的不同标准差分布

协方差与相关系数

协方差是方差概念应用于两种分布的泛化，本章稍后在讨论投资组合时，将会使用协方差概念。方差用于测量变量与平均数的差异，协方差用于测量两个变量与两者平均数的差异。从本质上讲，当一个变量大于平均数，而另一个变量可能大于（小于）平均数时，那么就可以说变量具有正（负）协方差。对于两个任意的回报 R_1 和 $R_{2'}$，我们得出：

$$\sigma_{12} = Cov(R_1, R_2) = \frac{1}{T}\sum_{t=1}^{T}(R_{1t} - \overline{R}_2)(R_{2t} - \overline{R}_2) \qquad (17.2)$$

相关系数是协方差的标度，没有单位，取值介于 -1 到 1 之间，公式如下：

$$\sigma_{12} = Corr(R_1, R_2) = \frac{Cov(R_1, R_2)}{\sigma(R_1) \times \sigma(R_2)} \qquad (17.3)$$

式中 σ（R_1）和 σ（R_2）分别是 R_1 和 $R_{2'}$ 的样本标准差。图 17.7 显示了相关系数是如何将这两个任意变量联结在一起并相互影响的。该图显示了具有不同程度相关系数的两个变量之间所体现的散点分布。这两个任意变量的平均数为 0，方差为 1。横坐标表示第一个变量的值，纵坐标表示第二个变量的值。

其他风险测量

尽管方差和标准差得到广泛的运用，但是它们并不能描述除正态

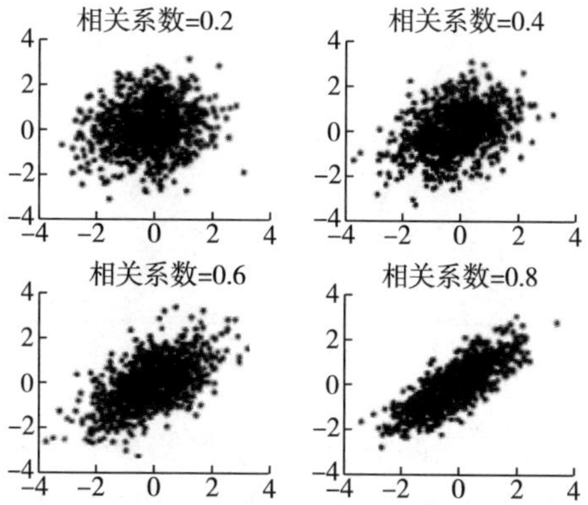

图 17.7　不同相关程度任意两个变量散点分布

分布以外的其他分布形状（见后面内容中更为详细的讨论）。下面的这些测算方法可以用来描述分布形状的其他方面。

偏度

偏度（*skewness*）用于测量概率分布的对称性，有正分布和负分布两种。正分布曲线的右翼比左翼长，而负分布相反。一般而言，如果高回报结果的可能性比低回报结果的可能性大，那么它就呈正偏度分布。如果低回报结果的可能性比高回报结果的可能性大，那么它就呈负偏度分布。因此，偏度风险测量对于评估产生高回报或低回报的可能性都是非常有用的。样本偏度计算如下：

$$\text{偏度} = \frac{1}{T\sigma^3}\sum_{t=1}^{T}(R_t - \overline{R})^3 \qquad (17.4)$$

式中，σ 代表样本标准差。正偏度分布又称右偏度分布，反之，负偏度分布又称左偏度分布。图 17.8 描述了这两种分布，实线表示正偏度，虚线表示负偏度。

峰度

峰度（*kurtosis*）是测量由于观测极端数据所引起的分布方差的一个指标。高峰度分布往往坡面比较陡峭，且底部厚实；而低峰度分

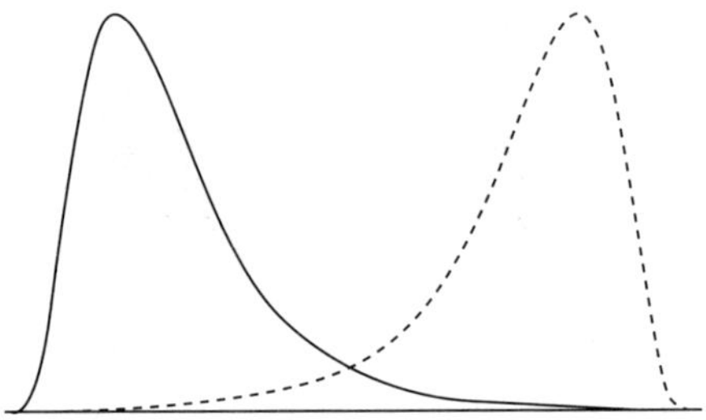

图 17.8　正偏度值和负偏度值分布

布往往坡面比较平缓，底部细小。底部厚实表明有更大的可能性出现极端结果（离均值远）。正态分布的峰度值是 3，样本峰度值公式表示如下：

$$峰度 = \frac{1}{T\sigma^4}\sum_{t=1}^{T}(R_t - \overline{R})^4 \tag{17.5}$$

超额峰度值公式如下：

$$超额峰度 = \frac{1}{T\sigma^4}\sum_{t=1}^{T}(R_t - \overline{R})^4 - 3 \tag{17.6}$$

超额峰度值能进行调整，以使正态分布的峰度值为 0，因此，如果超额峰度值大于 0，那么其分布要比相对正态分布的底部更厚实。风险测量中，这对于评价极端结果出现负值的可能性是很有用的，在风险管理中也非常值得关注。图 17.9 描述了具有不同峰度的两个分布，实线是超额峰度值为 0 的正态分布，虚线是正超额峰度分布。

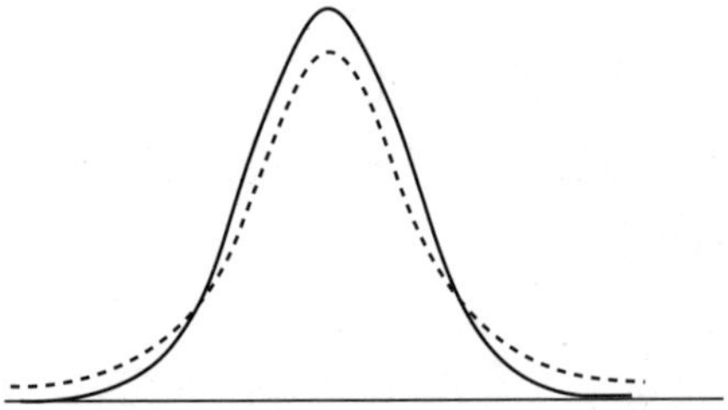

图 17.9　超额峰度值为 0 的分布和正超额峰度分布

半方差

从投资的观点来讲，一些人批评方差在股市下跌和上调结果中的风险配置对称性。可以说，相比正值而言，投资者更应该关注负值。半方差的计算是通过计算平均数以下的均差平方的均值来计算下跌风险，公式如下：

$$半方差 = \frac{1}{T}\sum_{t=1}^{T}\min(0, R_t - \overline{R})^2 \qquad (17.7)$$

半标准差可以解释为半方差的平方根，下跌风险的测量有时可以扩展成在下偏矩中更普通的形式。半方差可以定义为目标均值下而非样本均值下的均差平方的均值。

风险值

20 世纪 80 年代，金融机构日益关注快速增长又复杂多变以及地理位置分散的交易账簿风险影响，包括一些衍生品合约。金融机构致力于建立一个能够整合和测量整个机构的风险的系统，并且能够总结出一种可测量风险以提交报告给高级管理层。所有这些努力的结果是风险测算变成了一个把风险合并成简单数字的产业标准方法。这种测算值称为风险值（*VaR*），它是由摩根士丹利集团命名的，该集团董事长要求员工每天依据当天的股市表现向他提供未来 24 小时之内整个机构可能面临损失的一个单一测量值。公司决定将风险值参数系统中的数据和使用方法在 1994 年面向公众公布，从而使风险值的使用明显增加，进而确立了它在这个产业中的重要地位。

定义

风险值是指在某个特定的信用水平上，下一个投资周期可能出现的最大损失。这些损失能够用货币数量或回报进行计算。应用过程中，计算风险值必须是固定在一个投资周期和一定的信用水平之上。

例如，信用水平为99%的日风险值为2%（或简单说，99%的日风险值为2%）意味着在第二天损失大于2%的概率不超过1%。95%的21天风险值为100万美元意味着在下一个月的损失大于100万美元（21个交易日）的概率不超过5%。美元风险值可以转换为风险值百分比，只需将美元风险值除以投资现值。从图表上看，风险值仅仅是下个一周期回报分布的百分位。以图17.10每日回报分布为例，风险值95%是横坐标数值的绝对值，刚好和日回报分布的第5个百分位对应。如果把下一周期的回报表示为R，那么用数学术语R^*表示概率（$R<R^*$）=（1－95%）时，R^*就是95%风险值。

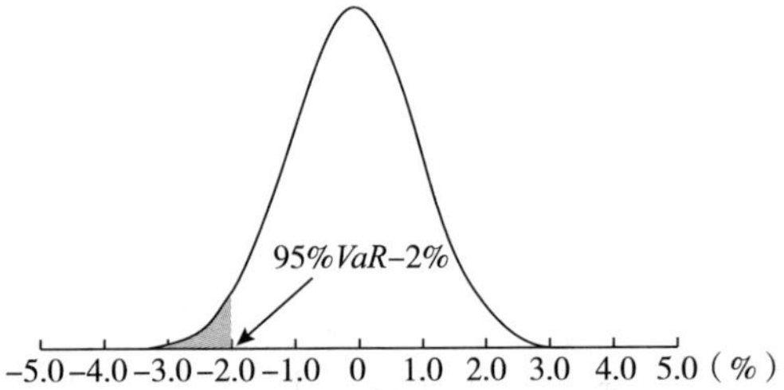

图17.10　风险值计算

尽管风险值得以广泛使用，我们将在本章的后半部分中证明风险值仅仅是用来实施风险预算的工具。风险值，尤其按美元计算的风险值，是一个有形的且在整个组织中能够传达风险预算的概念。但是，我们应该从均值－方差最优化角度来看待最优风险预算或风险配置。风险值能够帮助使用者实现最优风险配置。

正态分布和风险值

基于资产回报分布是正态分布这一假设，在前面的内容中，我们所定义的风险值和标准差实际上是等价的。风险值通过乘法能够转变成标准差。让我们回顾一下正态分布的特点，看看风险值是如何转换成标准差的，反之亦然。

正态分布是使用最为广泛的资产回报分布，因为当我们用相同的基础分布（不管这个基础分布是什么）对大量的独立随机变量进行绘制时，它自然发生。正态分布最重要的特点之一就是密度函数的形状是由两个参数即平均数和方差（或标准差）的分布决定的。平均数确定函数分布位置，方差决定高度和宽度。事实上，图 17.6 显示了平均数相同但方差不同的两个正态分布，实线描述了方差较小的正态分布；虚线描述了方差较大的正态分布。从而能够得出结论，正态分布的特点是通过对正态分布的平均数和方差的了解足以计算出该分布中的任何百分数（及风险值）。图 17.11 说明了这一特点。

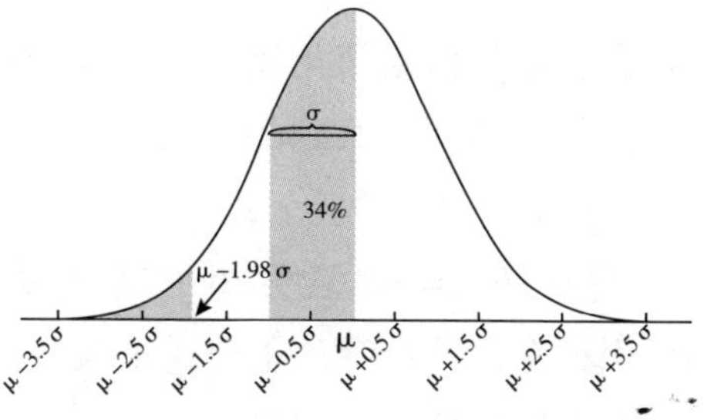

图 17.11 正态分布的风险值和标准差

假定下一个周期的回报 R 呈正态分布，其中平均数 $\mu=0$，标准差为 σ，可能损失大于标准差的概率，$(R<\mu-\sigma)=16\%$。这里要指出的是，标准差为风险值 84%，我们注意到，正态密度右边的面积是 $\mu-\sigma$，也就是 84%（即 50% +34%）。同样，97.5% 的风险值是 1.96 乘以 σ，因为正态曲线下 97.5% 的面积是 $\mu-1.96\sigma$ 右方的面积。

实际操作中，我们通常假定下一个周期的回报平均数是 0。那么，我们从标准统计课本后面的累计标准正态分布表就可以查阅把标准差转换成风险值的信息，例如，对于一个正态分布回报，我们计算 99% 的风险值，只需将样本标准差乘以 2.33，如表 17.1 所示。

表 17.1 风险值和标准差之间的标度参数

风险值信用水平	标准差标度参数
99%	2.33

续表

风险值信用水平	标准差标度参数
98%	2.05
97.5%	1.96
95%	1.64
90%	1.28
84%	1.00
80%	0.84

我们看到，正态分布如何是简化风险计算（包括下面要讨论的风险累计）的，我们将检验所观察到的历史回报是否同正态分布一致。可以构建下面的雅克－贝拉检验公式：

$$\text{雅克－贝拉}(JB) = N(\text{偏度}^2/6 + \text{超峰态}^2/24) \quad (17.8)$$

因此，我们可用雅克－贝拉统计量公式来表达信心，如表 17.2 所示，回报数据不可能从正态分布中获得。

表 17.2 正态分布雅克-贝拉检验的信用水平

雅克－贝拉检验值	信用水平（非正态回报）
>9.21	99%
>5.99	95%
>4.61	90%

风险计算

在风险计算中，我们通常需要跨越时间段或者资产来集中测算。

风险与回报的时间集合

一般来说，多个投资回报期来自投资计划。时间周期通常是日、周、月和年。假定一个投资者已经得到日回报分布。该投资者能使用现有知识推导出不同频率的回报分布吗？很遗憾，总体来说，是不行的，但在一些特殊案例中，是可以的。

假定日回报是呈正态分布的，每日回报的计算都是独立的。让我们用 μ 和 σ 分别表示回报的平均数和标准差。那么，我们将使用下面简单时段比例规则来计算风险和回报。

回报平均数时间标度为：

$$\mu_{N-days} = N \times \mu_{1-day} \tag{17.9}$$

方差时间标度为：

$$\sigma_{N-days}^{2} = N \times \sigma_{1-day}^{2} \tag{17.10}$$

标准差时间标度为：

$$\sigma_{N-days} = \sqrt{N} \times \sigma_{1-day} \tag{17.11}$$

风险值时间标度为：

$$VaR_{N-days} = \sqrt{N} \times VaR_{1-day} \tag{17.12}$$

换句话说，周期为 N 天的回报方差和均值只是相应的日回报方差和平均数的 N 倍，在正态分布的情况下，标准差和风险值的时间比例规则遵循标准差和风险值的等效性。事实上，标准差是方差的平方根。

资产－投资组合风险的风险集合

试想一个投资圈中有两个投资机会，我们把两个投资的下一个周期随机回报分别表示为 R_1 和 R_2'。假定 R_1 分布的平均数为 μ_1，标准差为 σ_1'，R_2 分布的平均数为 μ_2，标准差为 σ_2，由此就形成了由风险水平为 w_1 的投资 1 和风险水平为 w_2 的投资 2 组成的投资组合。一般来讲，如果对风险水平没有任何限制，那么 w_1 和 w_2 就会有正值或负值之分。但是，在某些特殊情况下，我们可能会对这些风险水平的大小和数值进行限制。例如，当我们考虑一个只做多头的股票投资组合时，风险水平可以理解为投资组合中股票的权重。在这种情况下，每个权重的值必须是正的，累加等于 1。但是在本节接下来的讨论中，我们将假定这些风险水平是不受限制的。

这个投资组合 R_p 下一个周期的回报为：

$$R_p = w_1 R_1 + w_2 R_2 \tag{17.13}$$

这个组合的均值回报用下面简单线性关系表示为：

$$\mu_p = w_1 \mu_2 + w_2 \mu_2 \tag{17.14}$$

对于风险，我们需要知道两个随机回报之间的协方差或相关系数。原因很简单，当两个投资回报表现为负相关时，它们就会向相反的方向移动。若这两个投资组合都是正风险水平，那么整体风险会减小，因为两个投资组合互相对冲保值。同样，如果两个投资回报表现为正相关，那么它们就会放大投资组合的风险，这种风险对两个投资都是正值风险。这种影响可以用下面的组合方差公式表示：

$$\sigma_p^2 = w_1^2 \sigma_1^2 + w_2^2 \sigma_2^2 + 2 w_1 w_2 \sigma_{12} \tag{17.15}$$

或相当于：

$$\sigma_p^2 = w_1^2 \sigma_1^2 + w_2^2 \sigma_2^2 + 2 w_1 w_2 \sigma_1 \sigma_2 \rho_{12} \tag{17.16}$$

式中，ρ_{12}处于相关系数 1 和 2 之间。

从这些公式中，我们能够得到以下几点启示。第一，两次投资回报之间的相关系数在确定两次投资组合的风险中非常重要。第二，投资组合的标准差（方差的平方根）通常并不是组合回报平均数的线性叠加，只有当它们之间的相关系数为 1 时，标准差才能够线性叠加。为了阐明这一点，我们看下面的例子。两次投资机会产生了下一个周期的投资回报 R_1和 R_2，其中，$\mu_1 = 7\%$，$\mu_2 = 10\%$，$\sigma_1 = 10\%$，$\sigma_2 = 15\%$，$\rho_{12} = 0.5$。使用上面的公式，可以用 $w_1 = w_2 = 1$ 计算投资组合平均数、方差和标准差。

投资组合回报的平均数 $= 7\% + 10\% = 17\%$

投资组合回报的方差 $= (10\%)^2 + (15\%)^2 + 2 \times 10\% \times 15\% \times 0.5 = 4.75\%$

投资组合回报的标准差 $= \sqrt{4.75\%} \approx 21.8\%$

可以看出，用任意两个变量的标准差——10% 和 15% 组合起来，就可以得到组合标准差 21.8%，该值小于两个标准差之和（即 $10\% + 15\% = 25\%$）。如果两个投资回报的相关系数为 1，那么组合标准差将是 25%，因为 $(10\%)^2 + (15\%)^2 + 2 \times 10\% \times 15\% = (10\% +$

$15\%)^2=(25\%)^2$。这一点恰好证明了多样化投资的好处。如果我们在投资选择中使用小于完全相关系数（即相关系数小于1）的值建构一个投资组合，那么该组合的风险就小于风险组合。

另外，如果所考虑的投资机会都是呈正态分布的，我们从上面可以看到，风险值和标准差之差仅是一个固定常数。在这种情况下，我们就使用下面的公式计算组合风险值：

$$VaR_p^2 = w_1^2 Var_1^2 + w_2^2 VaR_2^2 + 2w_1 w_2 Var_1 VaR_2 \rho_{12} \qquad (17.17)$$

式中，VaR_i 是投资 i 的风险测算值。

上面的公式可以总结为 N 次投资的投资组合，具体如下：

$$R_p = \sum_{i=1}^{N} w_i R_i \qquad (17.18)$$

$$\mu_p = \sum_{i=1}^{N} w_i \mu_i \qquad (17.19)$$

$$\sigma_p^2 = \sum_{i=1}^{N} w_i^2 \sigma_i^2 + 2\sum_{i=1}^{N-1}\sum_{j=i+1}^{N} w_i w_j \sigma_{ij} \qquad (17.20)$$

超额回报与追踪误差

投资组合回报和风险的定义是相对于市场基准投资机会（或简称为“基准”）的。假定一个市场基准的回报分布平均数为 μ_b，标准差为 σ_b，我们可以把在市场基准上的投资组合超额回报定义为：

$$ER_p = R_p - R_b \qquad (17.21)$$

式中，R_b表示基准回报。超额回报的标准差定义为追踪误差，具有前面提到的标准差的所有特性。

风险计算实例

下面要讨论的例子是在 1996 年至 2005 年间的标准普尔 500 指数、纳斯达克综合指数和罗素 2000 指数的每月历史回报数据。图 17.2 显示了标准普尔 500 指数和纳斯达克综合指数的历史回报直方图，且表 17.3 讨论了风险测量计算。

投资组合1等同于标准普尔500指数和纳斯达克综合指数的加权组合，投资组合2等同于以上提到的3只股指的加权组合。对其进行风险分析后，我们可以得出以下结论：

- 就方差而言，纳斯达克综合指数是风险性最大的，随后是罗素2000指数和标准普尔500指数，因为纳斯达克综合指数包含规模更小的、建立时间很短的高科技公司，它们前景不是很确定。但是高风险纳斯达克综合指数也通常以最高平均回报来补偿这种风险。
- 组合1和组合2具有相同的平均回报，但是根据方差权衡，组合2的风险较低，这正是由于组合2的多样化造成的。
- 与正态分布相比，所有的投资组合都有较长的左翼，这是负偏态。另外，它们都有正超峰度，即下拉部分比正态分布更厚实。
- 根据雅克－贝拉验证，除纳斯达克综合指数以外，其他的所有投资组合都不会在正态分布构建，信用水平至少为90%。

表17.3　指数和投资组合统计

	均值	方差	标准差	偏度	峰度	半方差	95%风险值（正态）	95%风险值	雅克－贝拉验证
标准普尔500指数	0.8%	0.2%	4.5%	-0.50	3.27	0.1%	7%	14%	5.3
纳斯达克综合指数	1.0%	0.7%	8.4%	-0.33	3.30	0.4%	14%	23%	2.6
罗素2000指数	0.9%	0.3%	5.8%	-0.45	3.63	0.2%	10%	19%	5.9
投资组合1	0.9%	0.4%	6.2%	-0.51	3.10	0.2%	10%	17%	5.2
投资组合2	0.9%	0.3%	5.8%	-0.52	3.15	0.2%	10%	18%	5.5

续表

相关系数	标准普尔 500 指数	纳斯达克综合指数	罗素 2000 指数	投资组合 1	投资组合 2
标准普尔 500 指数	1.00	0.81	0.72	0.91	0.88
纳斯达克综合指数	0.81	1.00	0.84	0.98	0.97
罗素 2000 指数	0.72	0.84	1.00	0.83	0.92
投资组合 1	0.91	0.98	0.83	1.00	0.98
投资组合 2	0.88	0.97	0.92	0.98	1.00

风险预算

那种认为单一周期均值－方差分析就足以解决组合选择问题的假设并非没有争议。现有大量的文献讨论均值－方差分析方法的漏洞，然而，由于该方法简单实用，它被广泛用于投资管理行业。我们认为，从单一周期均值－方差分析方法中获得的结果可能是仅次于最优化结果的。因此，我们将进一步详细阐述组合选择问题的各个方面，并讨论投资组合选择与资产投资中风险配置的紧密关系。

如前所述，投资者是根据下一周期末的财富来定义凹形效用函数的。换句话说，投资者能够规避风险。考虑到投资组合中的投资风险决定了回报和损失的概率以及投资规模的大小，这种风险规避行为已经证实是合理的、有效的。当出现损失或耗尽财富时，消费肯定会被推迟。投资者或代表投资者的投资经纪人至少在短期内会遭受不同方式的损害。另外，如果一个投资者在短期内遭受很大的损失，那么他就更加应该具备规避风险并克制自身行为的能力，从而阻止损失进一步扩大。基于这些原因，投资者只会承担一定的风险。换句话说，他们只能承受有限的风险。从这个意义上讲，风险是稀缺资源，因此应该得到很好的管理或进行严格的预算。

但是，我们为什么要承担风险呢？虽然投资风险在短期内会给我们带来痛苦，但如果分配合理，从长远看，投资风险是投资行为的推动力。在现代投资组合理论看来，不是投资者规避风险，而是财富的创造依赖于风险。其理念是投资者应该了解风险源，并有效地利用风险。这是风险预算理论背后的核心思想，即将风险置于创造尽可能多回报的地位。至此，读者应该看到了投资组合构建与风险预算之间的关系。一旦形成了投资组合，不同投资方式的风险也随之确立，风险也就隐性存在了。例如，一个投资者计划在股市中投资其财富的60%，如果投资能赶上像标准普尔500指数基金这种宽指数的基金，那么将剩余的40%财富投资到美国国库券上。该投资者已经隐性或显性地建立了自己的风险预算，不论这种风险预算或投资组合是否是最优化的，最优化是另外一回事。本部分的目的是阐述优化投资组合构建与优化风险预算，其实它们是同一个问题，应该从同一角度去看待。

实例：两种风险资产

现在我们通过一个非常简单的例子来说明优化组合建构和优化风险预算背后的理论。我们假定一个均值-方差投资者或代表投资者本人的投资经纪人正在考虑在两种风险资产（股票和债券）之间选择性地投资一定量的原始资产 W_0。从本质上讲，这两种风险资产很容易扩展到多种风险资产。另外，还存在一些无风险资产，比如在本投资周期初很容易获得的现金。我们将运用组合回报的标准差来测算风险，同时假设投资者能够规避风险，并且在头脑中有一个目标风险。另外，我们还假设本周期初所有的风险资产都能够获得下一周期的回报和标准差，即 $t+1$，见表17.4。债券和股票之间的相关系数为0.25。显然，这是一个非常简单的例子，它没有考虑到交易成本，也没有考虑到预测不简单，但必须以某种方式进行估计。但是，这个例子使我们深受启发。现实世界中，不论问题多么复杂，这里所提出的最简单概念应该能够有助于问题的解决。

初始投资组合

在这里，我们假设将投资组合中的总资产对半分，投资于股票和债券。投资者的心中会有一个目标风险。这个权重相等的投资组合是分析的起点。通过使用下面的公式：

$$\sigma_p^2 = w_b^2\sigma_b^2 + w_s^2\sigma_s^2 + 2 \cdot w_b w_s \sigma_b \sigma_s \rho_{b,s} \tag{17.22}$$

我们能够计算出与投资组合有关的回报标准差。公式中的 s 和 b 分别代表股票和债券，W_s 和 w_b 分别代表投资在股票和债券中的部分资产或组合风险水平，σ_i 代表资产 i 回报的标准差，$\rho_{b,s}$ 代表股票和债券之间的相关系数。

把上面的公式应用到权重相等的股票和债券投资组合中，我们能验证假设投资者的目标风险的标准差刚好是 8.0%。有趣的是，如果投资者把 100% 的初始资产投资于债券，将会产生相同的风险系数 8.0%。这是否意味着投资者不关心两者之间的配置？不管股票和债券各占 50%，还是仅债券占 100%？

这个问题的答案取决于方程式中的回报方面。前面提到，最优化风险配置的主要观点是将风险置于能够创造尽可能多回报的地位。因此，一个很自然的问题是，我们从每个投资组合中得到什么样的回报。运用下面的公式：

$$r_{p,t+1} = w_s r_{s,t+1} + w_b r_{b,t+1} \tag{17.23}$$

我们能够计算出投资组合的预期超额回报（即超过无风险回报率的回报）。

公式中，$r_{i,t+1}$ 是指预期资产或投资组合 i 从时间 t 到 $t+1$ 的超额回报。这一超额回报是根据公式 $r_{i,t+1} = R_{i,t+1} - r_{f,t+1}$ 得出的，式中 $R_{i,t+1}$ 是资产 i 在相同的周期内实现的总回报，$r_{f,t+1}$ 是在本周期初的无风险利率回报，又称先验回报。总的来说，投资组合的预期回报只是投资组合中加权产品及其相应的基础资产预期回报之和。

如果我们把上面的公式运用到这里所举的例子中，就能够证明股票和债券权重相等的投资组合的预期超额回报是 3.5%，而仅包括债券的投资组合的回报率仅为 2.0%。因为这两种投资组合的总风险系数均为 8.0%，投资者应该更喜欢权重相等的投资组合，因为这样能够更有效地配置风险。通过图 17.12 中的均值 - 标准差，我们也可以看出这一点。该图向我们展示了两种投资组合处于同一条垂直线上，但是，在同一垂直线上，权重相等的投资组合位于单一债券投资组合之上。从技术上来讲，权重相等的投资组合或比单一债券投资组合更有效。

表 17.4　下一周期资产收益展望

	总体回报	超额回报	标准差
现金（C）	4.0%	0.0%	0.0%
债券（B）	6.0%	2.0%	8.0%
股票（S）	9.0%	5.0%	12.0%
相关系数（B，S）	0.25		

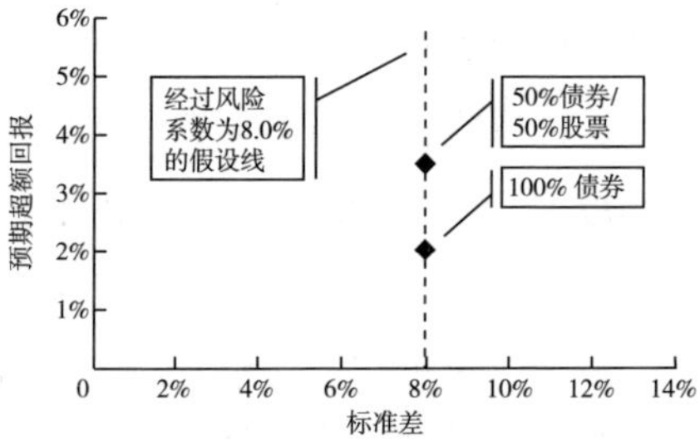

图 17.12　均值 – 标准差图解

对风险的边际贡献

投资者要问的下一个问题是他是否能获得更多的利益。在股票和债券投资组合中，已知具体的目标风险，权重相等的投资组合是最佳的风险配置吗？股票、债券和现金的组合能产生相同的目标风险同时又有较高的预期回报吗？

为回答这些问题，我们先来看看如果将一小部分债券——如 1% 的债券——转移到股票和现金中，那么初始权重相等的投资组合又会发生什么呢？为了解这种转移对投资组合回报的影响，首先需要计算最恰当的股票和现金边际分配问题，使投资组合风险处于掌控之中。

换句话说，需要解决股票和现金之间的恰当权重分配，以使投资组合保持风险不变。但在做这个之前，我们需要计算在投资组合中风险的边际变化，这种变化主要由于其他配置固定不变而基础风险资产配置的小幅增加而导致的。对于熟悉微积分的人来说，这意味着需要计算由每一个基础风险资本的权重产生的投资组合风险的一阶导数。但是对于那些不是很精通微积分的人来说，我们将使用一个很简单的一阶近似理论来解决这个问题。下面这些公式就是用于计算组合风险的边际贡献，其中，组合风险定义为组合的标准差，这里仅有两种风险资产：股票和债券。

$$\lim_{\Delta w_s \to 0} (\Delta\sigma_r / \Delta w)_s = \partial\sigma_p / \partial w_s = \frac{w_s\sigma_s^2 + w_b\sigma_b\sigma_s\rho_{b,s}}{\sigma_p}$$

$$\lim_{\Delta w_s \to 0} (\Delta\sigma_r / \Delta w)_s = \partial\sigma_p / \partial w_s = \frac{w_b\sigma_b^2 + w_s\sigma_b\sigma_s\rho_{b,s}}{\sigma_p}$$

首先，我们来看看股票配置。同样，我们需要计算在股票权重小幅增长而其他资产配置权重保持不变的情况下总体投资组合风险的变化。我们将采用一些符号来表述。$(\triangle\sigma/\triangle w)_s$是指与股票权重增长$\delta w_s$，相关的组合风险边际变化，它是通过除以$\delta w_s$得到的。我们把$(\delta\sigma/\triangle w)_s$称为股票配置对投资组合风险的边际贡献。应该注意，即使我们不拥有这个资产，还是能够计算出任何与可获得的风险资产相关风险的边际贡献。如果设$\delta w_s = 1\%$，那么股票配置增长1个百分点，即从50%增长到51%，但债券配置保持固定不变，仍为50%时，组合风险增长了0.105个百分点，即从8%增长到8.105%。因此，股票配置风险的边际贡献只是0.105%和1%的比率，即0.105。用相同的方法，我们也可以计算债券配置风险的边际贡献$(\triangle\sigma/\triangle w)_b$。由于债权配置增长1个百分点，而持有的其他资产保持不变，投资组合的风险增长了0.055个百分点，即从8%增长到8.055%。因此，债券配置风险的边际贡献是0.055。我们应该把风险边际贡献解释为对投资组合影响的局部线性估值，这个估值是由投资组合中基础资产配置的小幅增加导致的。局部估值这一说法是因为它取决于占主导地位的基础资产配置。

现在我们能够使用下面的公式来计算局部对总体组合风险的影响。

$$\Delta\sigma_p = (\Delta\sigma/\Delta w)_b \cdot \Delta b + (\Delta\sigma/\Delta w)_s \cdot \Delta s \qquad (17.24)$$

这种风险是由股票和债券组合权重同时发生微小变化引起的，式中$\Delta\sigma_p$表示在组合风险中的边际影响或变化，Δb 和Δs 分别代表债券和股票权重的增量变化。

现金总量的边际变化没有列入公式（17.24）中的原因是现金被认定为没有风险。因此现金总量的变化不会对组合风险造成任何影响。在我们的例子中，股票和债券配置增加之差决定现金总量的变化。现在，使组合风险不变的资产分配——如果债券配置降低1个百分点，在公式17.24中，设$\Delta\sigma_p=0$，得出公式：

$$0 = (\Delta\sigma/\Delta w)_b \cdot \Delta b + (\Delta\sigma/\Delta w)_s \cdot \Delta s$$

改写后，可得到下面的结果：

$$\Delta s = -\frac{(\Delta\sigma/\Delta w)_b}{(\Delta\sigma/\Delta w)_s} \cdot \Delta b = -\frac{0.055}{0.105} \cdot (-1\%) = 0.524\%$$

换句话说，如果投资者把初始50%债券分配中的1%转换成股票和现金，即其中的0.524%换成股票和0.476%（1% - 0.524%）换成现金，总的投资组合风险不变。请记住，我们先前使用的简单近似法得出的数字结果可能与理论预测的稍有差别。这里我们的目的并不是要达到数字上的绝对准确，而是要使读者了解均值 - 方差问题解决办法的本质。在现实世界中，只要使用了强有力的最优化算法，对精确度关注就可以相对少一些。

回报的边际贡献

就现有的风险资产配置而言，我们需要判断这种新的分配方式是否更有效。投资者应该像前面描述的那样进行权重转换吗？正如前面提到的，这种新配置实际上具有相同的总体风险。这个问题的答案仍然取决于公式中的回报方面。我们能够很简单地计算出新的投资组合的超额回报，从而确定投资者是否从新组合中获得了更好的收益。借用方程式（17.23）和新的组合权重，我们能证明，与当初的相等权重配置组合相比，新组合可获得0.0062%的附加预期超额回报。因此，投资者应该再一次进行权衡，因为新组合在风险配置上更有效，另一方面，我们也可以运用下面的公式计算出对投资组合预期超额回报的影响。

$$\triangle r_{p,t+1} = r_{b,t+1} \cdot \triangle b + r_{s,t+1} \cdot \triangle s \qquad (17.25)$$

式中，$\triangle r_{p,t+1}$表示组合预期超额回报的影响，$r_{b,t+1'}$和$r_{s,t+1'}$，$\triangle b$和$\triangle s$分别代表债券和股票各权重下预期超额回报和递增变化。上面的公式中仍然不包括现金，这是因为现金超额回报被假设为0，由此，现金权重的边际变化将不会对组合预期超额回报造成任何影响。我们注意到，投资组合的预期回报总体影响只是由资产风险水平的边际变化所引起的个体影响之和。这种观点可以扩展到由多个基础风险资产组成的投资组合上。我们可以用公式将上述例子表示为：

$$\triangle r_{p,t+1} = (2\%) \times (-1\%) + (5\%) \times (0.524\%) = 0.0062\%$$

表17.5总结了讨论的结果。

由此，如前所述，在不用承担任何附加风险的情况下，投资者可以借助边际值改变组合中的权重，提高组合预期超额回报。假设投资者决定一遍遍重复之前的步骤，每一次都从上次改变了的配置开始，他能更进一步地提高资产配置效率吗？他怎么知道应该什么时候停下来呢？换句话说，他怎么知道手头的投资组合是否是最优的呢？事实证明，这些问题的答案非常简单直接。事实上，只要对投资组合的预期超额回报产生的影响为正，那么投资者就应该不断持续这个调整的过程。从本质上说，正是风险和回报之间的基本平衡促使投资者通过最优化算法来寻求最优化的投资组合或风险配置。现实中，总会有一些局限性会约束投资者运用最优化程序。根据不同的组织和产品类型，这些局限性包括流动资金需求、杠杆限制、短期卖出限制、交易成本、公司投资决策和立法等方面。但是，平衡风险与回报边际贡献的最基本理念是风险预算/组合构建问题的推动力量。

表 17.5 权重改变之前和之后的投资组合统计：初次迭代

	初始配置	权重转移后的配置	变化
债券	50.0000%	49.0000%	-1.0000%
股票	50.0000%	50.5240%	0.5240%
现金	0.0000%	0.4760%	0.4760%
权重之和	100%	100%	0%
组合风险	8.0000%	8.0000%	0.000%
预期超额回报	3.5000%	3.5062%	0.0062%

现在，我们先从已变更的配置开始重新讨论上面的边际贡献分析。然后，我们再对优化投资组合的基本条件进行更为正式的描述。这一附加步骤能证明这个过程本身所固有的递减效益。这次我们省略了计算过程，表 17.6 总结了二次迭代的结果。

表 17.6 权重改变之前和之后的投资组合统计：二次迭代

	初始配置	权重转移后的配置	变化
债券	49.0000%	48.0000%	-1.0000%
股票	50.5240%	51.0420%	0.5180%
现金	0.4760%	0.9580%	0.4820%
权重之和	100%	100%	0%
组合风险	8.0000%	8.0000%	0.0000%
预期超额回报	3.5062%	3.5121%	0.0059%

同样，从债券转移到股票和现金的额外权重能够提高投资组合预期超额回报。但这次预期回报的附加效益比前次的稍低，只有 0.0059%，前次的是 0.0062%。实际上，由于投资者不断调整边际配置，这种递增的回报将持续走低，直到他不再关心权重转换。这一点恰好与可获得资产的最优化配置一致。观察边际影响为什么消失的另一种方法是投资者注意到，随着不断出售债券和买入股票，债券配置对风险的边际贡献 $(\Delta\sigma/\Delta w)_b$ 开始下降，股票配置对风险边际贡献 $(\Delta\sigma/\Delta w)_s$ 开始上升。结果是，相对于现金，股票的边际配置较

少，对投资组合的预期回报影响也较小。

最优化风险预算

我们现在获得了均值－方差框架中最优化风险分配的基本条件。我们看到，随着投资者对投资组合中权重的略微重新平衡，对组合预期超额回报的影响将会减小。当边际转换的回报为零时，任何进一步的权重调整都会减少投资组合的预期超额回报。这一点不仅代表了最好的风险配置，也代表最优化资产组合配置。基于以上的观察，我们可以运用公式（17.24）和（17.25），通过设 $\triangle\sigma_p$ 和 $\triangle r_{p,t+1}$ 都为 0，得到最优化投资组合的基本条件。这样，我们可以说，投资组合权重中的边际变化对投资组合风险或预期回报没有影响。公式如下：

$$(\triangle\sigma/\triangle w)_b \cdot \triangle b + (\triangle\sigma/\triangle w)_s \cdot \triangle s = 0$$

和

$$r_{b,j+1} \cdot \triangle b + r_{b,j+1} \cdot \triangle s = 0$$

在每个公式中，整理这些常数就会得到：

$$\frac{(\triangle\sigma/\triangle w)_b}{(\triangle\sigma/\triangle w)_s} = -\frac{\triangle s}{\triangle b}$$

和

$$\frac{r_{b,t+1}}{r_{s,t+1}} = -\frac{\triangle s}{\triangle b}$$

最后结合两个公式会得到：

$$\frac{r_{b,t+1}}{(\triangle\sigma/\triangle w)_s} = \frac{r_{b,t+1}}{(\triangle\sigma/\triangle w)_b} \tag{17.26}$$

因此，我们推导出为了使投资组合达到最优化，基于投资组合风险的边际贡献所分割的预期超额回报，对所有的风险资产来说是等同的。如果这个条件不成立，那么投资者在不改变风险条件的情况下就能提高组合预期超额回报。也就是说，这个条件应该适用于多个资产组合中的所有资产。如果不是这样，投资者应该购买所占比例较高的资产，出售所占比例较低的资产，直到几种资产所占比例相同为止。

我们注意到，如果一项资产的预期超额回报为0，那么优化投资组合的头寸必定为1，同时，针对投资组合的风险边际贡献为0。那些熟悉计算方法的投资者应该认识到，这种情况意味着某个特定资产的权重变化对应的投资组合风险最低。最后，在实际优化中，优化受各种限制的约束，基本条件很难得到完全满足。但是，我们现在终于理解了是什么驱动最优化算法寻求最优化资产配置。

我们重新回到上面的例子，投资者应该持续小幅调整投资组合中各类资产的配置，直到债券、股票和现金的配置比例分别为35.1%，56.8%和8.1%为止。在该点上，债券、股票对投资组合风险的边际贡献分别为0.0451和0.1128。两种资产的预期超额回报和风险边际贡献的比率均为0.443。因此，这种配置满足了最优化组合的基本条件，即对所有可获得的风险资产而言，预期超额回报和风险边际贡献的比率是一样的。实践中，我们总是每一步转移不足1%的权重，最后达到合适的资产配置比率。但是，我们已经说过，这里的目的是为投资组合建构和风险预算问题归纳一个总体观念而非精确的数字。

图17.13总结了前面讨论的主要内容，横坐标表示所有的债券配置，我们小幅地将权重向股票和现金转移。该图展示了股票和债券配置中预期超额回报与风险贡献的比率，还在主纵坐标和次纵坐标上分别展示了相应的投资组合的预期超额回报。我们注意到，随着我们将债券配置的权重从初始的50%转移到股票和现金上并保持总体组合风险不变，债券配置的风险边际贡献开始下降，从而引起相应的预期超额回报和风险边际贡献之间的比率开始上升。同时，我们也能看到，股票配置转移的情况恰好相反。最后，当股票和债券的比率达到相同的点时，投资组合的预期超额回报达到最大。接下来，任何超越这个点的小幅变化都会对组合预期超额回报产生负面影响。

整个例子中，我们都假定以相同的股票和债券权重的投资组合作为起点。然后，我们小幅地将债券的权重向股票和现金转移，目的是使初始投资组合达到最优化配置。但是，如果我们从一个不同起点的投资组合开始，又将如何？这个不同起点的投资组合将如何影响我们

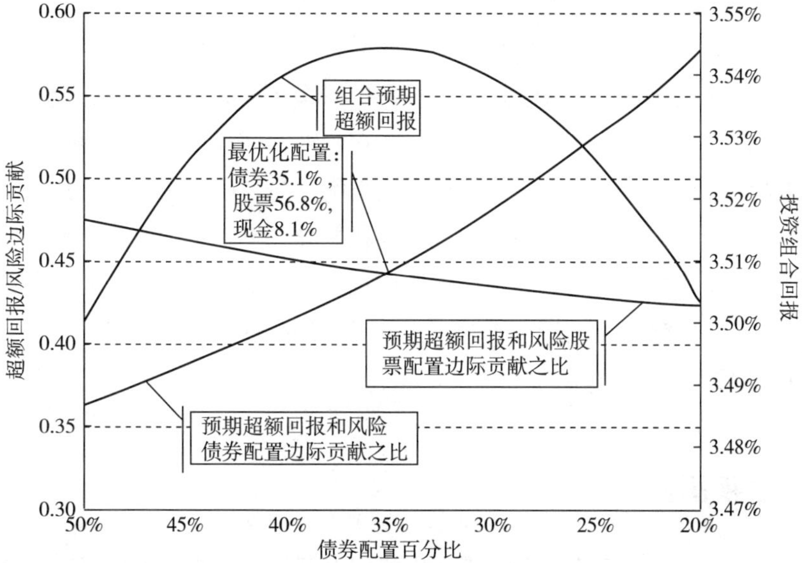

图 17. 13 投资组合的边际分析

所提出的解决办法呢？事实证明，只要总体风险系数与前面的一样，即 8%，那么最终的优化组合就一样。例如，假定我们初始投资组合中，债券所占的比重达 100%，而总体风险系数仍为 8%，小幅将权重从债券转移到股票和现金，最终就会产生同前面例子一样的最优化配置。从图 17. 13 中可以看出它是如何运作的。如果从位于最优配置左边的初始分配开始，比如说债券和股票各占 50%，那么债券配置的预期超额回报与风险边际贡献之间的比率就小于股票配置的预期超额回报与风险边际贡献之间的比率。因此，我们就卖出债券，买进股票，使两个比率相等，然后将配置向右移动，直到达到最优化的那一点。相反，如果从位于最优配置右边的配置开始，那么债券配置的预期超额回报与风险边际贡献之比就大于股票配置的预期超额回报与风险边际贡献之比。因此，我们就会卖出股票，买进债券，使两个比率相等。

另外，追求最优投资组合基本条件的直接结果是，无论目标的投资组合风险是什么，每个投资者都会把相同风险资产组合和无风险资产结合起来。换句话说，风险资产的相对比例总是相等的，只是在现金和风险资产之间的总体配置存在差异。例如，一个目标投资组合的风险系数为6%，而不是例子中的8%，那么债券、股票和现金之间的最优化配置将分别是26.3%、42.6%和31.0%。这也能够证明，股票和债券的最优权重之间的相对比例问题与初始问题相同，只是在现金、股票和债券之间相对配置上存在差异。事实上，通过设置不同的目标投资组合风险来寻找最优化的投资组合配置以及相应的预期超额回报，且存在无风险资产时，投资者总是能够追踪到均值－方差的有效边界。

隐含视图分析

在上面的例子中，我们也假定投资者预期所有可获得的风险资产都有预期回报。现实中，投资者关于所有可获得资产的观点也许是不正确的。幸运的是，目前我们所获得的知识能够帮助我们从略不相同的角度来解决投资组合构建和风险预算问题。这里我们仍然从股票和债券之间相同权重配置开始分析，但是这次我们对股票回报没有一个有把握的预测。我们可以运用投资组合的优化基本条件——公式(17.26)——计算能够使现有的权重相等的投资组合达到最优化的股票数量，就能获得暗含的预期超额回报。事实上，在多个资产组合中，如果至少知道一个资产的预期回报，或任何资产组合的预期回报，我们就能计算出资产组合中剩余资产的隐含预期回报。我们把这种隐含预期回报称作“投资组合的隐含视图”。我们所举的例子中，可以使用公式（17.26）以及债券的暗含预期超额回报、债券的投资组合风险的边际贡献、股票配置等来计算与股票相关的隐含视图：

$$r_{s,t+1}=\frac{(\Delta\sigma/\Delta w)_s}{(\Delta\sigma/\Delta w)_b}\cdot r_{b,t+1}=\frac{0.105}{0.055}\cdot 2\% =3.8\%$$

因此，如果投资者认为3.8%是股票预期超额回报的一个合理估算，权重相等的配置就会成为最优化配置，投资者不应再权衡投资组合的权重。另外，如果这个估算数字看起来太小，投资者就应该提高股票的配置比例。作为一般规则，当相关的隐含视图看起来比投资者认为的合理视图更低，那么投资组合购买资产就是合理的。相反，当这个数字比合理视图的水平高，那么卖出资产就是合理的。需要注意的是，隐含视图分析只是为投资者投资提供方向，而不是确定投资规模的大小。一旦重新定义新资产配置，投资者就应该重复分析。一般而言，隐含视图可以帮助投资者在现有投资组合下做好投资决策。

相关系数的作用

投资过程中还需要强调另一个复杂问题，即在可获得的基础资产中，相关系数在决定最优化风险方面有怎样的影响。在前面的例子中，我们假定股票和债券是两种可获得的正相关风险资产，不用过多注意相关系数所起的作用，我们试图找到最优化配置。将前面的例子扩展，我们用一种新的资产如商品来代替股票，假设该商品的回报标准差为20%，且与债券成负相关，相关系数为 -0.20。这次，我们不为商品预期回报设定任何值，可以使用隐含视图分析来指导投资组合决策。表17.7 总结了新的方案。

为了寻求最优化配置，我们可以像以前一样小幅减少债券配置权重。但是，这一次从债券占投资组合100%开始。前面已指出，初始投资组合选择不应影响最终的解决办法。同样，像前面的例子一样，初始100%债券组合会产生相同的总体风险，即风险系数为8%，所有的计算都与前面例子相似，我们将不再详细讨论。

如前面一样，为了获得递增配置，第一，我们须计算债券和商品配置的组合风险边际贡献。假定在现有的配置中，债券配置增长1个百分点，即从100%到101%，同时假定其他所有的配置保持不变，组合风险系数变化除以1%。我们得出，债券配置组合风险边际贡献$(\Delta\sigma/\Delta w)_{b'}$是0.08。同样，我们假定目前配置中商品权重增长1个百分点，从0到1%，组合风险系数的变化除以1%。商品配置组合

风险的边际贡献 $(\triangle\sigma/\triangle w)_{x'}$ 是 -0.038，商品配置组合风险边际贡献为负值创造了一个新的条件。因为商品同现有投资组合呈负相关，开始时对商品的边际投资会减少投资组合风险。正因如此，我们说商品是一种组合风险多样化产品而不是组合风险来源。前面的分析中，我们卖出债券并买入股票是为了保持风险不变，但现在不能这样了。然而，我们仍然可以运用隐含视图分析来辨别，什么样的商品预期超额回报使投资者不再关心组合中的投资类型。我们运用公式(17.26) 来计算商品隐含视图：

$$r_{x,t+1}=\frac{(\triangle\sigma/\triangle w)_x}{(\triangle\sigma/\triangle w)_b}\cdot r_{b,t+1}=\frac{-0.038}{0.080}\cdot 2\%=-0.95\%$$

表 17.7 对下一周期资产展望（商品）

	总体回报	超额回报	标准差
现金（C）	4.0%	0.0%	0.0%
债券（B）	6.0%	2.0%	8.%
商品（X）	—	—	20.0%
债券和商品之间的相关系数	-0.20		

因此，投资者认为，只要商品预期超额回报小于 -0.95%，就不应该在那种资产中进行投资。需要注意的是，一个具有良好价值的资产与现存投资组合不相关或负相关。在我们的例子中，即使投资者认为商品预期超额回报为 0，他仍需在商品上投资。相反，如果我们假定将 5% 的权重分配给商品，95% 分配给债券，那么整个投资组合的风险就会降低至 7.5%，商品的新隐含视图就是：

$$r_{r,t+1}=\frac{(\triangle\sigma/\triangle w)_r}{(\triangle\sigma/\triangle w)_b}\cdot r_{b,t+1}=\frac{-0.011}{0.079}\cdot 2\%=-0.28\%$$

我们注意到，即使将组合中 5% 的权重配置给商品，仍然意味着商品资产形成负隐含视图。如果投资者认为商品隐含视图仍旧太低，那么如前所述，投资组合可以将更高的权重配置给商品资产，这也是合理的。若我们进一步提高商品相对于证券的配置权重，投资组合的风险最终会增加。同样，在极端的例子中，如果投资组合中只有商品这种资产，组合风险系数将达到20%。因此，肯定存在一个能使投资组合风险最小化的点。在风险最小化这一点上，商品权重的任何增加都会提高投资组合的风险。总的来说，在多资产组合中，任何风险资产都有一个或正或负的最小化风险头寸。同现有投资组合呈负相关资产的一个有趣特征是，在某个正配置范围，这些资产充当风险多元化工具，从而减少组合风险。图17.14展示了例中商品对风险多样化的影响。可以看出，在某个点，如果在现存投资组合中增加商品权重，就会减少投资组合的总体风险，但是，如果我们超越风险最小点，增加商品在组合中的权重，那么投资组合的总体风险又会攀升。

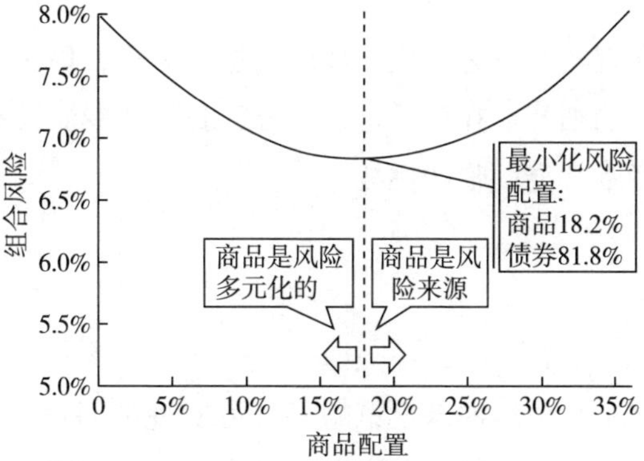

图17.14　相关系数在投资组合构建中的作用

总而言之，投资者可以用隐含视图分析和资产的相关性来识别提高投资组合效益的机会。例如，尽管和投资者现有组合不相关，但具有一定预期超额回报的资产应添加到组合中。除了商品，这些无相关性的资产还包括对冲基金和其他非传统的投资，如私人股权、房地产等。

我们可以得出结论，最优化风险预算和组合构建代表着相同的基本问题。通过定义可获得风险资产的敞口，投资者都会或明或暗地建立风险预算。最优化的风险预算意味着最优化的投资组合建构，反之亦然。同时，我们也在单周期均值－方差分析上做了一些探索，这在投资行业中，对于组合构建来说，这是标准的实践操作。我们尤其分析了投资者借助均值－方差分析及在风险和回报之间所达到的最基本平衡，同时，推算出了隐含在最优化投资组合中的一般条件。我们还介绍了组合隐含视图的概念，并展示了在现有投资组合中它是如何引导投资者做出决策的。最后，我们评价了相关系数在建立最优化组合中的作用，强调了非相关资产在提高投资组合的潜在价值。

高级概念

本章为最优化风险预算提供了一些基本概念和操作性强的成套工具。但是，在现实中，为了成功地应用这些概念，仍面临很多挑战或需要考虑更多的细节。在最后这一部分，我们从专业投资者的角度强调一些投资者常常会面临的挑战。

波动性估算

我们绘制了一个对冲基金策略每月可实现的回报图，如图 17.15 所示。使用这个策略，你预期投资期限为 1 年以上的投资回报会如何波动呢？通过计算，月标准差为 1.37%。考虑到投资期限为 1 年以上，一年按 12 个月计算，遵循标准行业操作原则，用每月标准差乘以 12 的平方根，得到每年的标准差为 4.76%。如果回报呈正态分布，预期年回报的 67% 将在 9.52%（2×4.76%）的区域内，90% 的年回报将会落在 15.71%（2×1.65×4.76%）的区域内。这些统计数据和年复一年的真实数据一样吗？我们可以看看对冲基金策略的年回报，如图 17.16 所示。

与年风险统计形成鲜明对比，12 年中有 7 年的年回报超过 10%，这个幅度比年标准差预计大得多。另外，实现回报的最大区域/最小区域是 33.71%，相当于令人惊奇的 7 个标准差。事实上，基于年度

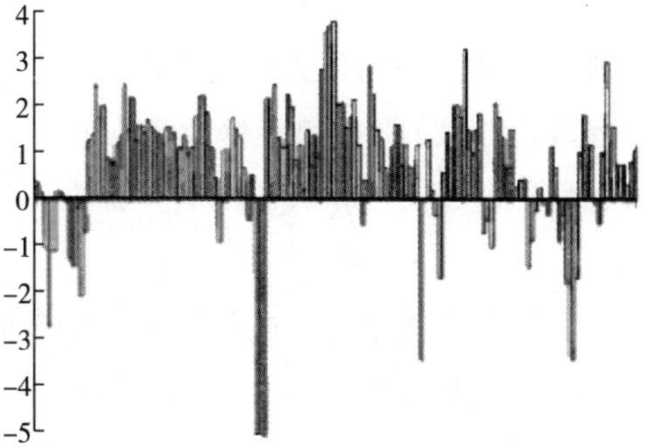

图 17.15　对冲基金策略的月回报

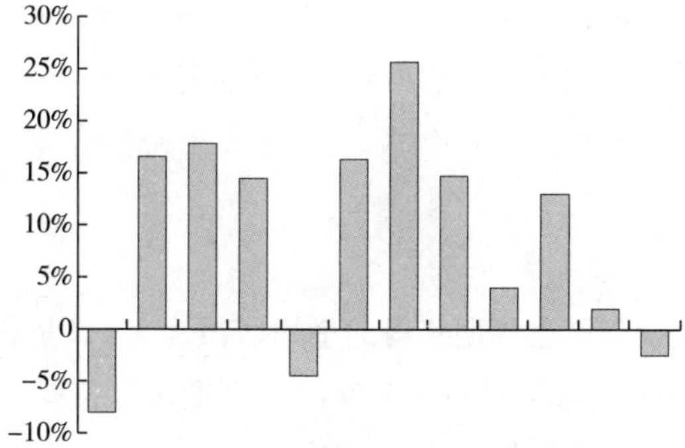

图 17.16　对冲基金策略的年回报

回报计算出的年标准差为10.52%。因此，基于月回报而计算的年实际回报数为4.76%，而基于实际年回报而得出10.52%，二者哪个能更好地代表每年的波动性呢？为什么两种估算会有如此大的差异呢？到底出现了什么问题？

这一切都和周期回报序列相关性问题有关。一系列回报有正（负）序列相关，如果回报在一定周期内高于平均水平，那么在下一周期回报往往会高于（低于）平均水平。事实证明，上面提到的回报系列呈显著的正序列相关。李（2000）及其他一些学者证实，在周期回报中，当存在正（负）序列相关时，预期年波动性就会高于（或低于）真实波动性。在预算过程中，为了避免风险误算，我们需要做出恰当的调整。以只有一级序列相关的最简单个案为例，舍雷尔

(2004）提出了一种简单的风险预算校正方法。

一些为人们所熟知的正序列相关投资方式包括但不限于对冲基金策略（含可转债套利、问题债务和事件驱动、房地产和私人股权）以及在受制于流通性风险、交易量较小的有价证券中拥有重要头寸的其他投资。

最后，管理费的计算方式也会影响投资工具的风险，例如，在对冲基金投资中，基金经理最常用的做法是把回报百分比作为业绩提成的依据。当在某个月基金表现良好时，该月的业绩费将被扣除。相反，如果基金出现负回报，甚至低于其高水平时，那么以前收取的业绩费将被追回。换句话说，这些业绩费用的入账和入账方式在实际操作中平滑了采用基础投资方法所获得的实际回报。

风险聚集

假设一个投资机会预期获得的平均回报为5%，呈正态分布，年标准差为10%。照这样计算，95%的一年期风险值是11.5%。这些统计数据是否足以让我们了解风险呢?

风险测算当然能给出有关回报的确切信息，但是在一整年中，它们并没有告诉我们获得回报的具体途径。换句话说，这些统计数只是关注周期末的财富或回报，并没有给出周期内的动态变化，这一点在研究风险时至关重要。

图17.17的例子对这一点陈述非常清楚。假设我们在为期12个月的投资周期初投资100美元，图中的每一条线代表从开始到年底这个周期内实现投资价值的具体途径。该图显示10条途径中仅有1条在年底损失超过5%，但是在12个月的投资周期中，有3条途径探底到了95美元。尽管大多数途径能够恢复并最终超过95美元，但是很难想象一个投资者在投资评估中会完全不顾这个走向。例如，在对冲基金例子中，基金经理在价格从100美元跌到95美元的过程中已经减少了风险，因此当业绩重新反弹时不能完全从损失中恢复。

简而言之，风险估算并不能完全反映一个投资周期中所经历的风险。因此，在整个投资周期中连续的风险监控或至少频繁的监控是很有必要的。一旦按年度进行风险测算，我们当然需要在年底结束前保持对投资价值的监控。

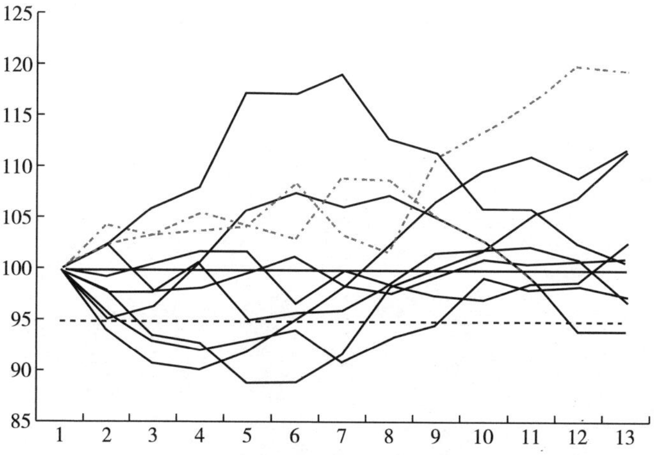

图 17. 17 周期内投资价值的模拟途径

风险值评价

正是由于风险值简单易懂，我们就不难理解为什么风险值测算在风险经理之间已经成为非常流行的通用语。正如在本章前面所清楚阐述的那样，我们认为，只有恰当使用风险值才能发挥它真正的魅力。但它也只能作为风险测算而非风险预算的工具。但是在实际操作中的很多情况下，风险值都被作为风险管理的工具。银行职员通常用"风险值极限"来管理交易账簿和风险。对冲基金的风险管理小组和对冲基金的经理共同负责监控和汇报基金或策略的风险值，以确保他们不会超过预算。虽然作为风险水平汇总的风险值很容易解释，但是当风险值作为风险管理工具时，它的经济意义远不是看起来这么简单明了。